지금, 오를
아파트를
선점하라

지금, 오를
아파트를
선점하라

초판 인쇄일 2024년 2월 22일
초판 발행일 2024년 2월 29일

지은이 김준석
발행인 박정모
발행처 도서출판 혜지원
주소 경기도 파주시 회동길 445-4(문발동 638) 302호
전화 031)955-9221~5
팩스 031)955-9220
홈페이지 www.hyejiwon.co.kr

기획·진행 김태호
디자인 김보리
영업마케팅 김준범, 서지영
ISBN 979-11-6764-064-2
정가 20,000원

일러두기

1. 표준어 어법과 맞지 않으나 부동산 전문용어로 널리 쓰이는 경우, 그대로 표기하였습니다.
2. 책에서 언급한 참고자료 및 수치의 시점은 2022년 하반기~2024년 1월까지로 다양합니다. 시장과 정책 상황에 따라 얼마든지 바뀔 수 있으니, 내용을 이해하기 위한 용도로 보시고 최신 자료를 꼭 확인하여 결정하시길 바랍니다.

인생을 바꿀 **최적의 내 집 마련** & **부동산 투자** 전략

지금, 오를
아파트를
선점하라

김준석 지음

혜지원

20~50대를 위한 내 집 마련 및 부동산 투자의 모든 것

나는 젊은 나이임에도 자족할 만큼의 자산을 소유했다. 남은 평생을 굶어 죽을 걱정은 하지 않아도 된다. 내가 하고 싶은 대로 시간을 쓰고, 내가 살고 싶은 대로 살아도 대단한 욕심만 부리지 않으면 문제가 없을 것이다. 다 부동산 덕분이다.

이 책은 수천 명의 전국 부동산 투자자들을 상담하면서 얻은 인사이트를 통해, 20~50대가 자가 마련을 하기 위해 알아야 할 모든 것에 대해 다룬 책이다. 무려 1년 반 동안 집필에 매진했을 정도로, 그만큼 기초부터 전문가 영역까지의 내용을 담기 위해 애썼다.

이 책의 내용을 따라하고 나면 당신은 거의 모든 필수적인 프롭테크(부동산 정보조사 사이트) 사이트를 다룰 수 있을 것이며, 그 정보를 통해 가치를 가격으로 산정하는 시각을 가질 수 있을 것이다. 또한 경매, 청약, 재건축, 재개발 그리고 급매를 찾아내는 방법과 같은 실전에 필요한 기술까지 얻게 될 수 있을 것이다. 그뿐 아니라 절대 투자하지 말아야 할 대상도 구분할 수 있을 것이며, 현장 임장을 통해 개별 물건 중 어떤 것이 더욱 우수한지도 판단할 수 있을 것이다.

말 그대로 나는 이 책을 통해 당신이 스스로 모든 것을 해낼 수 있기를 바라고 글을 쓰기 시작했다.

1장에서는 현재 나의 상황에 대한 객관화를 주 목적으로 했다. 내가 수많은 부동산 투자자를 상담하며 얻은 결론은, 우선 자신의 상황을 객관화해야 한다는 점이다. 자금 사정과 앞으로의 가족 계획, 직장의 위치 등을 고려하여 전월세 혹은 내 집 마련 등을 선택하는 기준을 배운다. 이를 통해 목표 설정과 자금 확보를 위한 소비습관 조정, 그리고 무주택자에게 가장 유리한 청약에 대해 배우기로 한다.

2장에서는 지역분석, 입지비교, 임장과제, 개별 물건의 가치 판단, 감정평가 연습, 대출에 대한 정보를 담아 첫 집을 가장 현명하게 마련하는 방법에 대해 이야기한다. 부동산은 절대금액이 그 어떤 재화보다 비싼 만큼, 첫 단추를 잘 꿰매지 않으면 이후의 손해는 오롯이 본인이 져야 한다. 투자는커녕 불운한 삶을 살지 않기 위해서라도 최적화된 의사결정을 위한 기본 토대를 배우기로 한다.

3장에서는 수도권 지역분석을 담았다. 수도권의 입지별 특성을 이해하고 핵심 업무지구를 기준으로 도시가 어떻게 확장되며 기능하는지에 대해 설명하였다. 이러한 도시가 흥망성쇠하는 사이클을 이해하면 새롭게 탄생할 도시의 투자 관점을 이해하는 데도 도움이 될 것이다.

4장에서는 내 집을 마련한 뒤에 투자처를 찾는 투자자들을 위한 로드맵에 대해 기술하였다. 전략적 방법으로 내 집 마련과 거주를 분리하거나 1주택자가 가장 선호하는 갈아타기, 부동산 규제 정책과 그 역사에 대한 사이클, 수익형 부동산과 재개발 재건축까지 투자자 입장에서 많은 도움이 될 수 있도록 하였다.

5장에서는 나의 개인적인 경험을 통해 실전 투자를 하며 얻은 수년 간의 현장 경험을 담았다. 법원경매부터 사경매, 그리고 전략적 청약 당첨 방법과 절대 하지 말아야 할 부동산 투자에 대해 기술하였다. 개인적 경험과 투자 마인드 및 목표 달성 사례를 기술하여 현장에서만 느낄 수 있는 팁 또한 담으려고 노력했다.

2017~2021년까지 한동안 부동산 시세가 폭등하며, 너 나 할 것 없이 부동산 투자를 빙자한 투기에 뛰어들었다. 법인 투자 혹은 공시가격 1억 미만 조세 회피식 편법 투자가 기승하고, 민간임대 임차권과 생활형 숙박시설 분양권이 피팔이(실제 운용계획 없이 단기 차익만을 노리고 프리미엄을 얹어 재판매하는 행위의 속어)의 대상이 됐다. 2024년이 도래한 지금 대부분의 결과는 처참하다. 이 책을 읽은 독자라면 최소한 이런 분별없는 투자는 피할 수 있을 것이다.

2024년이 도래하면서 가격이 조정된 아파트들이 헐값에 나오기 시작했다. 뉴스기사만큼 자극적인 수준인 곳도 있고 그렇지 않은 곳도 있다. 중요한 것은 내가 어떻게 시장을 판단하고 정보를 받아들이는가에 따라서 전혀 다른 선택을 하게 된다는 것이다. 누군가는 지금이 사야 할 때라 말할 것이고 누군가는 기다리라고 말할 것이며, 누군가는 이 시장을 떠났을 것이다. 아쉽게도 가장 좋은 기회가 찾아오면 겁쟁이들은 숨는다. 그리고 투자자는 그 기회를 파고들어 잘 설계된 자금 전략과 현장 지식으로 두려움, 리스크와 맞선다.

나는 항상 현장에 있다. 타 지방 도시를 자세히 살펴보기 위해 한 달간 숙박업소에서 숙박하며 걸어 돌아다니기도 한다. 매주 전국 곳곳을 들쑤시고 다닌다. 하루에 최소 4만에서 심하면 7만 보를 돌아다녔다. 하도 걸어 다니니 발가락의 살갗이 벗겨져 신발이 피로 물든 적도 있다.

시원한 에어컨 바람을 쐬며 책상에 편히 앉아 누구나 볼 수 있는 국토교통부의 실거래가 이상치 하나를 가지고 쓴 글을 믿을 것인가, 현장에서 피땀 흘리며 돌아다니고 직접 도장을 찍고 자신의 돈을 쓰며 결정하는 사람의 말을 믿을 것인가는 여러분의 손에 달려 있다. 다만, 이 책에서 전달하는 정보를 통해, 단순히 가격에 초점을 맞춘 자극적인 뉴스 기사를 믿는 것보다 본질적인 가치를 깊이 있게 탐구하고 직접 두 눈과 손발로 느껴 보는 실체적 경험과 지혜를 여러분이 얻기를 바란다.

여러분이 원하는 것이 최적의 내 집 마련 방법과 그 집에 뿌리를 내린 뒤 추가 투자로 확장하여 뻗어 나가는 것이라면 이 책은 후회 없는 선택이 될 것이다. 그리고 그 뒤에 따라오는 경제적 성장은 당신의 삶을 더욱 풍요롭게 만들 것이다. 뭐든지 단번에 성공하는 것은 아니다. 앞으로 소개할 부동산의 근본적인 가치를 탐구하는 능력은 성공적인 내 집 마련뿐만 아니라 투자 활동을 통한 경제적 자유를 목표로 가진 사람들에게 반드시 도움이 될 것이다. 독자 분들의 건승을 기원한다.

저자 김춘석

목차

1장   무주택자를 위한 현명한 '내 집 마련 전략'

2장   **내게 맞는 최고의 아파트를 찾아라**

3장 똑 부러지는 수도권 지역분석

4장 내 집 마련 이후 부동산 투자 로드맵

5장 실전 경험에서 배운 부동산 투자 핵심 정보

1. 자신에게 맞는 가장 최적화된 선택

지난 몇 년간 부동산 시장은 격동의 시간을 겪었다. 2017~2021년 내내 지속된 부동산 가격 상승 열풍에 온 나라가 들썩였다. 대통령 한 임기 5년 동안 30차례에 가까운 부동산 규제 대책이 쏟아지기도 했을 만큼 그 열기는 뜨거웠다. 이후 금리가 빠른 속도로 상승하면서 2022~2023년에는 급격한 조정기를 거쳤다. 그리고 현재는 비교적 완만한 안정세를 유지하고 있다. 근 5~7년 동안 우리는 부동산 가격의 한 사이클을 경험한 셈이다. 앞으로는 몇 년간 이러한 약보합세와 강보합세가 지속되다가 다음 가격 사이클을 기다릴 것으로 내다보고 있다.

그렇다면 이 시기에 아파트를 구매한 이들은 어떻게 되었을까? 모두가 장밋빛 미래를 생각하며 구매했겠지만, 현실은 그렇지 않았다. 최소 5년 이상 장기적으로 아파트를 보유하고 있는 사람들은 여전히 매수 시점보다 높은 가격에 본인 부동산을 유지하고 있다. 하지만 그렇지 않은 사람들은 큰 폭의 가격조정과 높아진 원리금 상환 압박, 역전세난 등으로 고초를 겪고 있다. 한때는 로또라는 말이 자연스럽게 따라다니던 청약 시장도 열기가 한풀 꺾였으며, 끊임없이 신축 아파트가 공급되던 분위기도 전환되어 지금은 건설사가 몸을 사리고 있다.

모두가 축제를 즐기고 있을 때는 누가 가장 빨리 무대에서 퇴장할지 알지 못한다. 그러나 이러한 기간이 찾아오면 성적표를 받아 든 모두가 축제의 무대에 남아 있을 수는 없다. 같은 기간 동안에 어떤 사람은 안정적으로 자산을 쌓고 있지만, 어떤 사람은 자금 압박을 견디지 못해 손실과 걱정만이 쌓인다. 부동산을 매수하는 같은 행위를 했음에도 뚜렷이 다른 성적표를 받은 것이다. 미리 준비해서 현명한 의사결정을 한 사람과 그렇지 못한 사람의 결과는 다를 수밖에 없다. 우리는 지금의 시장 상황을 통해 **자신의 상황에 맞게 자금 계획을 세워 가장 효율적이고 효과적으로 자산을 매입한 사람만이 안정적으로 살아남을 수 있다는 것을 깨달아야 한다.**

우리가 끊임없이 부동산을 공부하고 배워야 하는 이유는 결국 이러한 성적표를 받는 시기가 찾아오기 때문이다.

시장을 훑어보면 '무조건 돈을 버는', '반드시 성공하는' 등의 매혹적인 문구들이 눈에 띈다. 하지만 그 말만 믿고 제대로 공부하지 않는다면 끔찍한 성적표를 받을 것이다. 결과는 상황과 시기마다 전부 다르다. 때문에 획일화된 설명은 거짓말과 다름없다. 그리고 이 결과에 대한 책임은 오롯이 나 자신에게 있다.

부동산을 전문으로 투자하는 사람이라고 할지라도 모든 투자처에서 수익을 달성하는 것은 불가능하다. 다만 그들은 이러한 시점이 다가올 때, 안정적으로 자산을 운용하기 위해 일부 손실을 감내하더라도 조금 더 냉정한 판단을 한다. 감정적으로는 현재의 손실을 회피하고자 하는 마음이 들겠지만, 이성적으로 더 나은 미래를 대비하기 위해 스스로의 몸집을 줄여나갈 줄 아는 것이다. 이러한 냉정한 판단은 자신이 선택한 길을 어디로, 어떤 속도로 걸어가야 할지 알기 때문에 가능한 것이다.

그렇다면 이러한 선택을 하기 위해서 우리는 무엇을 알아야 하며 어떠한 마음가짐이 필요할까? 나는 20대부터 국내를 대표하는 한 온라인 카페에서 100만이 넘는 회원들을 위해 매주 무료로 부동산 투자 및 내 집 마련 상담을 했다. 이러한 경험을 통해 수천 명의 사람들과 상담하며 그들의 고충과 관심에 대해 직접 들을 기회가 있었다. 덕분에 혼자 공부했다면 알지 못했거나 관심 가지지 않았을 다양한 사례와 유형에 대해 공부할 기회를 얻었고, 편협한 사고에서 벗어나 보다 전체를 아우르는 사고 방식을 기를 수 있었다. 이러한 기회를 통해 얻은 나의 결론은 결국 **'자신에게 맞는 가장 최적화된 선택'**을 하는 것이 중요하다는 것이다.

우리는 이 책을 통해 '자신에게 맞는'과 '가장 최적화된 선택'으로 세분하여 부동산 투자 전문가만큼 훌륭한 의사결정을 할 수 있는 과정에 대해 연습할 것이다. 이러한 연습이 된 사람들은 앞서 이야기했던 부동산 가격 상승과 조정기의 파도를 서핑보드를 타는 서퍼처럼 여유롭게 활용할 것이다. 더 깊은 이해를 위해 두 가지로 세분된 문장의 의미를 좀 더 살펴보자.

자신에게 맞는

이는 크게 두 가지로 나눌 수 있다. 자신에게 맞는 시장 타이밍을 찾는 것과 자신에게 맞는 사이즈와 금액의 부동산을 찾는 것이다. 단순하게 생각하면 가장 싼 시점에서 가장 좋은 부동산을 사는 것이 좋은 것이겠지만, 시장 가격이 가장 싼 시점을 정확하게 맞추는 것은 불가능하고, 사람마다 가장 좋은 부동산도 다르다.

그렇기에 우리는 시장과 자신의 상황에 적정한 기준을 확립하여 '비교적' 유리한 조건을 찾아내고 '최대한' 우월한 선택을 하는 방법에 대해 배워야 한다. 이 책으로 시장에 대한 이해(가격 사이클, 역대 정부별 규제, 임대차 시장 현황, 지역별 가격 변동의 역사, 직주근접과 일자리 특성 등)와 자신의 상황에 적정한 기준을 확립(자산 계획 세우기, 리스크 관리 방안, 전세사기 예방, 세대 구성별 내 집 마련 방안 등)하는 방법을 다양한 데이터와 예시를 통해 배울 수 있을 것이다.

가장 최적화된 선택

이 말은 앞서 '자신에게 맞는' 시점과 기준을 확립한 당신이 현재의 상황과 미래를 감안할 때 가장 수익성이 높으면서도 안정적으로 운용할 수 있는 부동산을 찾는 것을 말한다. 현재 확립된 시장과 본인의 기준하에 미래를 내다보며 최대한 현명한 선택을 해야 어떠한 난관이 찾아와도 흔들리지 않고 앞으로 나아갈 수 있다. 이 또한 크게 두 가지로 나눌 수 있는데, 최적화는 어떻게 할 수 있을 것이며, 어떠한 선택을 하면 좋은 것인가에 대해 고민해 볼 수 있다. 따라서 이 책을 통해 가장 최적화된(지역분석, 개발정보 분석, 기본적인 세법과 절세 방안, 임장 방법, 감정평가 등) 선택(임대차, 청약, 대출, 경매 등)을 자세히 배우게 될 것이다.

　1년 반이라는 기간 동안 집필하면서, 단기적인 효과를 달성하는 단순 투자 정보를 전달하는 책이 되는 것은 지양하고자 했다. 되도록 많은 사람들에게 공감을 사고, 장기적인 도움이 되고자 고민했다. 따라서 데이터를 기반으로 한 객관적인 정보와 근본적인 부동산 가치를 알아보고 이를 찾아내는 공부에 대해 담으려고 애썼다. 나는 직접 투자를 할 뿐만 아니라 부동산 상담을 해 왔으며 공인중개사이기도 하다. 그렇게 여러 방면으로 부동산 관련 업무를 수행하면서, 단기적인 기술이 아니라 근본적인 가치를 알아보는 것이 장기전인 부동산 투자에 가장 적합하다고 결론지었다.

　물론 흔한 투자 서적처럼 투자처에 대해 많이 아는 것도 상당한 도움이 되는 것은 사실이다. 다만, 투자처에 대해 다양하게 안다고 해서 그것이 반드시 안정적인 수익을 제공하지는 않는다는 것에 한계가 있다. 이는 근본적인 가치를 탐구하기보다는 기술적인 정보를 활용하는 것이기 때문이다. 예를 들어 똑같은 아파트나 주식을 사도 누구는 손해를 보고 누구는 수익을 얻는다. 이는 단순히 매수 타이밍에 국한된 문제가 아니다. 비록 단기간 손해가 있더라도 얼마 동안 버틸 수 있다든가, 어떤 금액에 매도한다든가는 상황(시장)과 사람(마인드)에 따라 달라진다.

기술적인 정보 활용보다 근본적인 가치를 탐구하는 것으로 집필 방향을 설정한 이유는 앞서 서술했던 '축제'에서 퇴장당하는 일이 없기를 바라기 때문이다. 상승장이 지속되는 기간에는 매수를 선택한 대부분의 사람들이 축배를 든다. 신도시 아파트 주차장에 즐비한 새 차들만 봐도 축제의 분위기를 느낄 수 있다. 그러나 근본적인 가치에 집중하는 사람들은 축제 기간 동안 거래된 실거래가격이 아닌 자신이 스스로 선택한 기준과 감정평가를 통해 실질적인 가치가 반영된 가격으로 미래를 대비한다.

이러한 대비를 위해서 우리는 항상 냉철하게 판단하고 객관적인 기준을 확립하여 근본적인 가치를 찾아내는 방법을 탐구해야 한다. 그래야 오랫동안 축제에서 퇴장하지 않고 머무를 수 있다.

어떠한 시장이든 낙관론자와 비관론자는 항상 동시에 존재해 왔다. 긍정적인 신호가 있음에도 비관론자는 곧 폭락이 도래할 것이라 말한다. 반면 낙관론자는 부정적인 신호가 있음에도 줄곧 상승할 것이라 할 것이다.

그들이 실제 그렇게 믿고 있든 아니면 그 반대이든과 상관없이, 결국 믿을 사람은 나 자신뿐이다. 전문가의 의견 등을 참고하는 것은 바람직한 행동이지만 누군가를 맹신하는 것은 위험하다. 스스로 오랜 기간 노력해서 얻은 지식과 경험이야말로 가장 중요한 자산이다. 우리가 계속해서 관심과 노력을 기울여야 하는 이유이다. 따라서 나는 이 책을 집어 든 독자 분이 스스로 확립한 기준하에 의사결정을 하는 사람이 되었으면 한다. 비록 그 과정이 고단하고 낯설다 할지라도 의미 있는 길이 될 것이다.

2. 왜 20대부터 50대까지 부동산 공부를 해야 할까?

연령대	전국 아파트 매매건수(매월)	비율
20대 이하	2419	5%
30대	**11602**	**25%**
40대	**12619**	**27%**
50대	**9621**	**20%**
60대	6005	13%
70대 이상	2824	6%
기타	2220	5%
합계	47310	

최근 4년간 연령별 매월 아파트 매매 통계(출처 : 한국부동산원)

위 표는 2019년부터 가장 최신까지 조사한 한국부동산원 데이터를 바탕으로 매월 연령별 아파트 매매건수 및 그 비율을 추출해 본 결과값이다. 조사한 표본이 40건 이상으로, 앞으로도 몇 년 혹은 몇십 년 동안 비슷한 결과값을 가질 것이라 신뢰할 만하다. 이러한 통계가 지속될 확률이 매우 높다는 전제하에 우리는 주목할 만한 부분을 발견할 수 있다. **전국 아파트를 매입하는 연령대는 30~50대가 70%를 넘는다는 사실이다.** 이중에서도 30~40대는 전체의 절반 이상을 차지한다. 즉, 우리는 20대부터 공부하여 약 30년간 활용할 지식을 얻고 이를 인생 내내 사용하게 되는 셈이다. 우리가 20대부터 부동산 공부를 시작하여 50대까지 지속해야 하는 이유는 통계적으로도 증명된다.

	초혼	재혼	출산
남	33.72	51.02	33.53
여	31.26	46.79	

🔺 결혼 및 출산 평균 연령 (출처 : 통계청)

한편 생애주기로 볼 때, 가장 주택 구매가 필요해지는 시점도 30~50대이다. 이는 통계청에서 가장 최신으로 발표한 통계에서도 확인할 수 있다. 전국적으로 남자는 평균 33.7세, 여자는 평균 31.2세에 처음 결혼을 하는 것으로 조사되었다. 새로운 세대가 구성되는 만큼 이때가 생애주기에서 처음으로 신규 주택 매입의 필요성을 절감하는 때라고 할 수 있다. 첫 출산 평균 연령은 33.5세인데, 가족의 수가 늘어나는 만큼 더 넓고 좋은 주택을 선호할 계기가 생기는 시기이다. 그 외에도 평균 재혼 연령 또한 고려해 볼 만한데, 전국적으로 남자는 평균 51세, 여자는 평균 46.7세에 재혼하는 것으로 조사되었다. 여전히 40~50대 또한 새로운 세대를 구성하는 주 역할을 담당하고 있다.

그렇다면 단순히 30~50대가 필요에 의해서만 주택을 매입하고 그에 따른 결과가 이들을 전체의 70%가 넘는 전국 아파트 매입 주체로 만든 것일까? 주택의 필요성은 누구에게나 존재하지만 반드시 매입으로만 거주를 해결할 수 있는 것은 아니기 때문에, 조금 더 밀도 있는 조사가 필요하다. 여러 가지를 이야기할 수 있지만, 역시 가장 이해가 빠르고 단순한 것은 돈과 연관된 문제이다.

구분	금액(만 원)	비율(%)
총자산	66,078	100.0
금융자산	16,794	25.4
예적금/저축성보험	6,780	10.3
사적연금	5,139	7.8
국내 주식/채권	2,651	4.0
해외 주식/채권	218	0.3
임차보증금	2,006	3.0
실물자산	49,284	74.6
부동산	47,609	72.1
주택	42,256	63.9
주택 외 부동산	5,353	8.1
기타 (차량, 회원권 등)	1,675	2.5

구분	금액(만 원)	비율(%)
순자산	59,091	-
부채	6,987	100.0
금융부채	5,632	80.6
담보대출	4,320	61.8
신용대출	1,312	18.8
임대보증금	1,355	19.4

▲ 50대 가계 평균 자산 및 부채 현황(2020년 기준)

(출처 : 미래에셋)

미래에셋에서 조사한 보고서에 따르면 2020년 기준 50대의 평균 총자산은 6억 6천 만 원가량이며, 그중 부동산이 차지하는 비중이 70%가 넘는다. 남녀 합쳐서 평균 대략 25세부터 경제활동을 시작했다고 가정했을 때, 최소 25년 이상 근로한 결과 축적된 자산 중 부동산, 그것도 주택의 비중이 압도적으로 높다는 것을 한눈에 확인할 수 있다. 이는 결국 한국에 살고 있는 절대다수의 인구가 수십 년간 주택 마련을 위해 힘쓰고 있음을 말해 준다.

조금 과장되게 말하면 20대 이후 인생의 70%를 주택 구매를 위해 모두가 달리고 있는 셈이다.

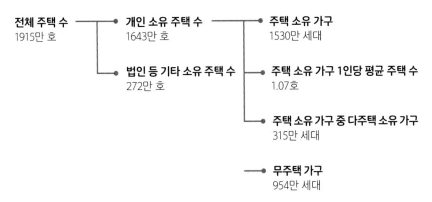

전체 주택 수
1915만 호

개인 소유 주택 수
1643만 호

주택 소유 가구
1530만 세대

법인 등 기타 소유 주택 수
272만 호

주택 소유 가구 1인당 평균 주택 수
1.07호

주택 소유 가구 중 다주택 소유 가구
315만 세대

무주택 가구
954만 세대

🔺 주체별 소유 주택 수　　　　　　　　　　　　　　　　（출처 : 통계청）

　이에 반해 1인당 소유한 주택 수는 어떨까? 통계청 자료에 따르면 주택을 소유한 1530만 세대가 1643만 호의 주택을 소유하고 있으니, 1인당 평균 소유 주택 수는 1.07호에 그친다. 주택 소유자의 85%는 1주택자이며, 15%만이 2주택 이상을 소유하고 있다. 앞서 이야기했던 생애주기와 자산 비중의 중요성을 비추어 볼 때, 우리의 주택 매수 경험이 대부분 없거나 1회에 그치는 데에서 문제가 발생한다. 현명한 선택을 하기 위한 경험이 절대적으로 부족한 것이다. 이 내용을 정리하자면 아래와 같다.

① 30~50대가 가장 많이 주택을 매수하고 있다. 이는 생애주기와 높은 연관을 가지고 있다.

② 최소 25년간 경제 활동을 하여 50대가 되었을 때, 자산의 70%는 부동산이며 그중에서도 주택이 대부분의 비율을 차지한다.

③ 그럼에도 대부분의 사람들은 단 1채 정도의 주택을 소유하고 있다.

④ 생애주기와 자산 비중의 중요성을 비추어 볼 때, 부동산 구매 경험은 현저히 부족하다.

따라서 20대부터 부동산, 주택에 대한 공부를 반드시 시작해야 한다. 의사결정이 일어나는 30대가 되어서 부랴부랴 1~2년 관심을 가진다고 해서 해결될 수 있는 분야가 아니다. 사정에 의해 급하게 주택 소유가 필요해졌다 하더라도, 그때가 정말 본인에게 알맞은 시장 상황인지 판단할 수 있을까? 현명한 아파트를 골라 미래를 대비하는 전략을 세웠다고 장담할 수 있을까? 발등에 불이 떨어져서 무언가를 찾아 헤매게 되면, 시간에 쫓기기 때문에 현명한 의사결정을 하기 어렵다. 때로는 임대차로, 때로는 주택 매수로 시장과 자신의 상황에 따른 유연한 결정을 해야만 미래에도 후회하지 않을 것이다.

내 집 마련, 또는 부동산 투자에는 다양한 숙제와 방법이 존재한다. 예를 들어 규제가 강화되는 시즌에는 청약보다는 경매를 알아본다거나 절세 특례 등을 활용하여 갈아타기를 한다거나, 오랜 기간 가치투자를 위해 정비사업(재건축, 재개발 등)에 투자를 하는 등 셀 수 없이 다양한 경우의 수와 지역, 방법이 존재한다. **이러한 다양한 사례와 방법을 익히고 자신에게 맞는 최적화된 전략을 시장 상황에 맞게 스스로 결정할 수 있을 만큼의 공부가 반드시 필요하다.**

이러한 공부는 단순히 어떤 지역의 개발 호재와 가격을 알고 있는 것과는 차원이 다르다. 전자는 유기적인 구조를 파악하는 활동이라면 후자는 그 표면에 드러난 숫자를 알고 있을 뿐이다. 전자는 상황에 맞게 요인을 바꿔 가며 스스로 결론을 도출해 낼 수 있는 반면, 후자는 호재와 가격이 바뀌면 다시 그것을 외우는 데 그친다. 이러한 서적과 스터디는 어디에서도 흔히 찾아볼 수 있으며, 단 1년만 지나도 시장가격이 변함에 따라 가치 없는 지식으로 버려질 뿐이다.

나는 이 책이 그러한 한철 유행이나 타는 잡지가 되지 않길 원한다. 따라서 20대부터 50대까지 모두의 관심사뿐만 아니라 다소 어렵고 지루하더라도 반드시 알아야 할 이론과 법에 대한 내용부터, 실전에 필요한 팁과 심지어는 경매에 참여할 시 어디에 도장을 찍는가 하는 것까지 세세하게 설명하였다. 최대한 데이터와 수치로 정량화하여 객관적인 내용을 다루려고 노력했고, 대단한 인사이트를 통해 미래를 예측하기보다는, 기본기에 충실한 책이 되어 오랜 기간 도움이 될 수 있도록 노력했다. 적어도 이 책은 여러분이 부동산과 관련된 위기에 봉착하지 않도록 도와줄 것이다. 더하여 최대한 객관적이고 현명한 선택을 하여 독자 여러분의 가계에 보탬이 된다면 더할 나위 없이 기쁠 것이다.

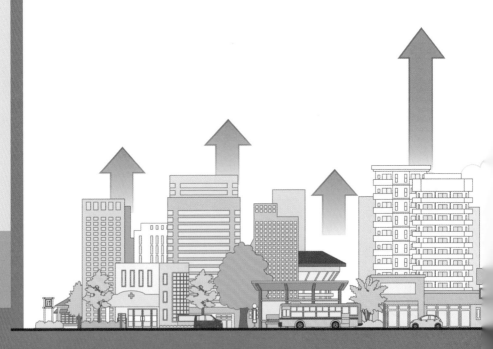

1장

무주택자를 위한
현명한
'내 집 마련 전략'

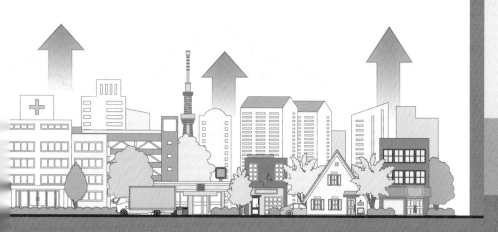

부동산을 구매하는 경험은 일생 내내 한두 번 정도인 경우가 많다. 절대적인 가격 자체가 비싸기 때문이다. 따라서 자신이 무주택자라면 인생에서 내 집 마련만큼 중요한 의사결정도 없다. 하지만 많은 사람들이 정작 이렇게 중요한 일임에도 불구하고 제대로 된 선택을 하지 못한다. 경험과 지식이 부족하여 망설여지고 두려운 마음만 크기 때문이다. 당장에는 의사가 없더라도, 언젠가 내 집 하나 장만하고 싶은 것은 모두의 목표이다. 이런 목표를 꿈꾸는 사람들을 위해 나는 치밀하게 계획하고 준비하는 방법을 끊임없이 고민해 왔다.

그렇다면 무엇을 미리 준비해야 내 집을 현명하게 마련할 수 있을까? 첫걸음은 임대차 이해(전세와 월세의 장단점과 국가 보조정책 등), 다양한 부동산 매수 방법 공부, 그리고 이를 실행하기 위한 투명한 자금 계획을 세우는 것이다.

1장에서는 임대차에 대한 이해를 돕기 위해 전세와 월세의 기본 핵심을 알아보고, 자신의 상황에 맞는 가장 유리한 정부 지원 제도까지 이해해 보자. 그리고 이를 통해 내 집 마련을 준비하는 기간 동안 보다 효율적인 방법으로 임시 거처를 마련하는 방법을 알아보자.

그다음에는 내 집 마련을 위한 가장 대표적인 수단인 청약을 알아본다. 청약의 기본사항과 유형별 자격별 상황에 맞추어 나의 청약 전략에 대해서도 구체화해 보자. 마지막으로 자본과 현금 흐름을 명확히 파악하고 이를 수정 및 보완하는 계획을 수립하는 방법을 알아본다. 전월세와 청약 전략을 결정했다면 이에 맞게 빠르게 자금을 확보하는 것이 내 집 마련의 첫걸음이다.

01 소유와 임차 사이에서 갈등하는 당신을 위해

다른 자산 시장과는 다르게 거주용 부동산은 삶을 유지하기 위한 필수재다. 주식, 채권과 같은 금융자산이나, 금, 은과 같은 광물에 대한 투자는 하지 않아도 삶 자체가 위태로워지지 않는다. 그러나 부동산은 다르다. 당장 나와 가족, 혹은 미래의 나의 가족이 머물 물리적 공간이 없다면, 물리적 환경에 의존하며 살아가는 인간에게는 삶 자체가 위태로워진다.

물론 집을 가지기 싫어서 집이 없는 사람은 없다. 무주택자가 내 집을 마련하지 못하는 가장 큰 이유는 가격 때문이다. 아무리 뉴스에서 부동산 가격이 오르네 내리네 말해도 무주택자 입장에서는 부동산 가격이 항상 비싸다고 느낄 것이다. 그러나 이런 이유만으로 영원히 내 집 마련과 멀어질 수는 없다. 가격은 시대 상황을 반영하여 항상 변동한다. 또한 같은 값이라고 해도 파는 사람과 사는 사람에 따라 체감하는 차이도 다소 크다.

따라서 우리는 **단순히 가격에만 집중하며 비관하지 말고 현실을 냉정하게 바라보고 미래를 계획할 필요가 있다.** 그 첫걸음이 전월세로 임차를 하더라도 나중에 깡통전세와 같은 몸살을 겪지 않도록 현명한 선택을 해야 한다는 것이다.

이 책을 읽고 있는 대부분은 당장 내 집을 마련하기에 부담이 많은 20

대 후반의 사회 초년생부터 40대일 것이다. 자금이 부족한 경우에는 필연적으로 전세 혹은 월세를 택해야 한다. 따라서 내 집 마련 이전에 선행되는 임차에 대해 먼저 공부하고 잘 선택해야 한다. 다음 장에서 전세와 월세의 특징과 장단점에 대해 정확히 알고 나의 상황에 맞게 전월세를 선택하는 방법을 알아보자.

똑똑한 전세 고르기

 전세 제도를 자세히 알아야 종잣돈을 모을 수 있다

전세란, 보증금만 임대인에게 납부하고 월차임(매월 임대인에게 납부하는 임대료)을 지급하지 않는 임차 형태를 의미한다. 우리나라와 일부 극소수 국가에서만 시행하는 독특한 제도이다. 월차임을 지급하지 않아도 될 정도의 큰 보증금을 선지급하기 때문에 임대인은 금융비 절감 효과를, 임차인은 월차임 절약 효과를 얻을 수 있다(월세는 전세와 반대로 적은 보증금을 임대인에게 지급하고, 매월 일정 금액의 임대료를 지급하는 형태이다).

결론부터 이야기하자면, **투자를 잘하는 사람들은 거처를 마련하기 위해 상대적으로 큰 보증금이 필요한 전세를 선택하지 않는다.** 보증금이 클수록 집주인으로부터 돈을 돌려받기가 까다로워지고, 다음 임차인을 구하기도 어려워지기 때문이다. 이러한 사정 때문에 나 또한 전세보다는 월세를 선택하는 것이 내 집 마련 혹은 투자에 여러모로 유리하다고 생각한다. 다만 당장 집을 매수할 계획이 없어 전세를 선택해야 하는 경우도 많다. 이 경우 중요한 점은 **합리적인 전세를 택해야 한다는 점이다.** 그래야

기회가 찾아올 때 자본금을 조금이나마 더 확보해 유리한 위치를 점할 수 있다. 다음의 내용을 통해 우리는 더 깊게 전세제도에 대해 고찰하고, 실제 생활에 보탬이 될 수 있도록 하자.

아파트 연평균 평당 전세가격(단위 : 만 원)

	2013	2014	2015	2016	2017	2018	2019	2020	2021	2022	2023
전국	678	741	826	901	938	951	937	1,003	1,222	1,347	1,205
서울	1,121	1,234	1,400	1,575	1,656	1,742	1,766	1,935	2,405	2,635	2,334
수도권	820	906	1,027	1,145	1,201	1,230	1,219	1,328	1,665	1,847	1,611
5개 광역시	567	600	656	721	748	752	750	785	913	1,025	942
기타 지방	461	491	517	554	557	543	527	534	608	736	723

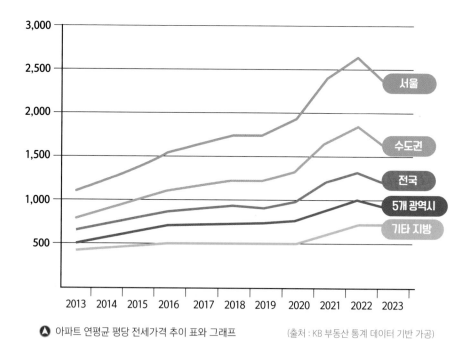

🔺 아파트 연평균 평당 전세가격 추이 표와 그래프　　　　(출처 : KB 부동산 통계 데이터 기반 가공)

전국 전세가격은 2013년 평당 678만 원에서 2023년 1,205만 원까지

1.8배가량 상승하였다. 근 10년간 비교적 전세가격이 전국적으로 안정된 2017~2019년을 제외하고는 가파르게 상승하였다. 상승 랠리를 마친 전세가격은 가파른 금리인상의 여파로 2022년 중순을 기점으로 가파르게 조정받았으며, 2023년 기준 그 조정세가 소폭 감소했다. 하지만 10년 전 전세가격과 비교한다면 현재의 가격은 이전에 비해 상당히 오른 것이다.

그렇다면 합리적인 전세를 선택하는 기준은 무엇일까? 일단 신축 아파트 입주 물량이 많은 곳을 선점하길 바란다. **전세가격은 주로 투자 심리보다는 실제 거주를 원하는 수요자에 의해 결정된다.** 아무리 입지가 더 좋고 대단지라 할지라도, 주변에 공급 물량이 넘친다면 그보다 못한 입지의 구축 아파트보다 전세가가 낮은 경우도 일시적으로 발생할 수 있다.

추가로, 내 집 마련이나 투자를 위해 종잣돈을 모으는 데는 신축 아파트 입주 물량이 많은 곳 인근의 구축 빌라에 전세를 사는 것이 가장 유리하다. 신축 아파트 입주 물량이 증가하면 시장의 상황과 관계없이, 해당 지역의 전세가격 안정 또는 하락에 즉각적인 효과를 발휘한다. 따라서, 신축 아파트 전세가격이 안정된 곳이라면 상대적으로 선호도가 떨어지는 구축 빌라의 전세가격은 더 큰 폭으로 하락하고 있을 가능성이 높다. 이러한 상황을 이용하여 잠시 낮은 구옥에서 지내며 저렴한 전세 약세 상황을 이용하는 것도 하나의 전략이 될 수 있다. 더 높이 도약하기 위해 숨을 고르는 셈이다.

---

* 2017~2019년을 보면 매매가격은 올랐음에도 전세가격은 안정되었다. 주요 이유로는 2016년도 233,138호에서 2017년 313,676호, 2018년 386,426호, 2019년 336,166호로 3년 사이 전국에 100만 호에 가까운 신축 아파트가 공급되었기 때문이다.

전세의 단점을 극복한 특혜를 활용하자

전세는 월세에 비해 보증금이 상대적으로 높기 때문에, 부동산의 담보 가치에 비해 전세 보증금이 지나치게 높다면 임대인으로부터 보증금을 돌려받지 못할 위험이 있다. 또 전세와 월세 보증금의 차액만큼이 투자에서는 수익에 대한 기회비용으로 남게 된다. 따라서 지금 당장 투자를 병행하려면 아무리 저렴한 전세라 할지라도 월세에 비해서는 기동성이 떨어질 수밖에 없다. 그렇다면 월세 대신 전세를 선택하더라도 지출을 줄이고 저축액을 늘릴 수 있는 방법은 없을까? 전세의 단점을 극복한 특례를 알아보고 적극 활용해 보자.

다음 내용은 사회 초년생과 신혼부부 등이 단기간 거주를 해결하고 종잣돈을 모으기 위한 전략으로 활용하면 유용하다. 공공기관으로부터 주거 안정을 위한 정책으로 특혜를 받아 주거비용을 상당히 아낄 수 있기 때문이다. 다만 지원 대상, 금리, 한도, 기간 등은 시장 상황에 따라 유동적으로 변동하는 편이니 반드시 해당 홈페이지에 접속하여 최근 변동 내역이 있는지 확인해 보도록 하자.

📍 중소기업취업청년 전월세 보증금 대출 이용

* 대상 : 아래의 요건을 모두 충족해야 함
  - 부부 합산 연 소득 5천만 원 이하 또는 외벌이 3천 5백만 원 이하이면서 순 자산가액이 3.45억 원 이하인 무주택 세대주 혹은 세대주가 되려는 자 (예비 세대주 포함)

- 중소·중견기업 재직자 또는 중소기업진흥공단, 신용보증기금 및 기술보증기금의 청년창업 지원을 받고 있는 자

- 만 19세 이상~만 34세 이하 청년(만 19세가 되는 해의 1월 1일을 맞이한 미성년자 포함, 병역 의무를 이행한 경우 복무 기간에 비례하여 자격 기간을 연장하되 최대 만 39세까지 연장)

- 금리 : 연 1.5%(시기에 따라 변동되므로 반드시 홈페이지 확인)

- 한도 : 최대 1억 원 이내

- 기간 : 최초 2년(4회 연장으로 최대 10년 이용 가능)

주택도시기금이 운용하는 중소기업취업청년 전월세 보증금 대출(https://nhuf.molit.go.kr)은 임차하려는 부동산 면적이 85㎡ 이하이면서 보증금 2억 원 이하의 전세 대상물에 사용할 수 있다. 금리가 1.5%로 매우 낮기 때문에, 월 이자 20만 원 정도만 납부하면 내 자금 1~2천만 원만으로도 1억 원가량의 전세는 계약할 수 있다. 당장 내 집 마련이 어려운 사회 초년생이 2년간 거주 문제를 해결하며 종잣돈을 모으기에 가장 좋은 형태이다.

신혼부부 전용 전세자금 대출 이용

- 대상 : 부부 합산 연 소득이 7,500만 원 이하이면서 순 자산가액이 3.45억 원 이하인 무주택 세대주 신혼부부(혼인 기간 7년 이내, 또는 3개월 이내 결혼 예정인 자)

- 금리 : 연 1.5~2.7%(시기에 따라 변동되므로 반드시 홈페이지 확인)

- 한도 : 수도권 3억 원, 수도권 외 2억 원 이내(임차보증금의 80% 이내)

- 기간 : 최초 2년(4회 연장으로 최대 10년 이용 가능)

부부합산 연소득	임차보증금			
	5천만원 이하	5천만 초과 ~ 1억원 이하	1억원 초과 ~ 1.5억 이하	1.5억 초과
~ 2천만원 이하	연 1.5%	연 1.6%	연 1.7%	연 1.8%
2천만원 초과 ~ 4천만원 이하	연 1.8%	연 1.9%	연 2.0%	연 2.1%
4천만원 초과 ~ 6천만원 이하	연 2.1%	연 2.2%	연 2.3%	연 2.4%
6천만원 초과 ~ 7.5천만원 이하	연 2.4%	연 2.5%	연 2.6%	연 2.7%

〈사진 1-1〉 신혼부부 소득별, 보증금별 금리 　　　　　　　　　(출처 : 주택도시기금)

　　이 상품은 주택도시기금이 운용하는 상품으로 중소기업취업청년 대출에 비해 금리가 약간 높지만 한도가 다른 지원 상품에 비해 높아 더 비싼 전세 계약을 체결할 때 유리하다. 다만 우리의 목적은 유리한 전세 대출을 이용하여 저축액을 높이고 빠르게 내 집을 마련하는 것이므로 위 상품들만 보고 필요 이상으로 비싼 전세집을 구하는 모순에 빠지지는 않아야 한다.

📍 LH 청년전세임대 이용

* 대상 : 무주택 요건 및 소득·자산 기준을 충족하는 대학생,
　　　　취업 준비생, 19~39세
* 금리 : 1~2%
* 대출 한도 : 8,500만 원~2억 원(거주 형태와 지역에 따라 상이)

구분		수도권	광역시	기타
단독거주	1인거주	1.2억원	9천5백만원	8천5백만원
공동거주 (셰어형)	2인거주	1.5억원	1.2억원	1.0억원
	3인거주	2.0억원	1.5억원	1.2억원

〈사진 1-2〉 거주 유형별, 거주지별 대출 한도 　　　　　　　　(출처 : LH공사)

* 기간 : 최초 2년(요건 충족 시 재계약 4회, 입주 후 혼인한 경우 재계약
　　　　5회 가능)

이 지원은 LH공사(https://www.lh.or.kr)가 집주인과 계약을 체결하여 저렴하게 민간에 재임대하는 형태로 운용하는 주거 지원 형태이다. **금리가 저렴할 뿐 아니라 LH공사로부터 재임대받는 형태이므로 언제든 전세 계약 해지를 쉽게 할 수 있어 자금 유동화 측면에서도 상당히 유리하다 (따라서 전세사기 등을 당할 염려도 없다).** 일반 전세 계약과는 다르게 계약을 할 때 LH공사에서 파견한 직원과 예약을 통해 임대 계약을 체결한다. 이러한 매물을 구하기 위해서는 공인중개사에게 LH 청년전세 이용 가능 매물만 따로 요청해야 한다. 따라서 매물이 많지 않은 편이니, LH 전세 매물이 보인다면 빠르게 계약을 진행하는 것이 좋다. 만약 매물이 없을 경우에는 인근 부동산 공인중개사에게 매물이 나오면 내가 바로 계약하겠다는 식의 적극적 의사를 표현하여, 최대한 기회를 늘리기 바란다.

이렇게 효율적인 전세 지원책을 알아봤다. 다만 결론적으로 말하면, **이와 같은 저금리 지원 상품을 이용하지 못하는 경우에는 전세보다 월세를 이용하는 것이 좋다고 생각한다.** 이 상품들의 공통점은 금리가 저렴할 뿐만 아니라 대출 한도액이 1억 정도(돈을 모으려면 대출은 적을수록 좋기 때문)라는 점이다. 한도액이 높은 대출 상품을 고금리로 이용하면 그만큼 큰 월 이자액 때문에 오히려 목돈을 모으는 것을 방해할 수 있다.

효율적인 전세 선택 방법을 먼저 알아본 이유는 자본금을 많이 묶여 두지 않으면서 월세보다 저렴한 이자를 납부하기 위해서임을 잊으면 안 된다. 당장의 거주 마련 선택이 전세라면 전세 거주를 종잣돈을 저축하는 기회로 삼아야 한다. 비싼 가격의 전세를 높은 한도로 대출받아 살라는 것이 아니다.

03 내 집 마련을 위해서는 월세가 더 유리하다

 투자자들이 월세를 선호하는 이유

투자를 잘하는 사람들은 왜 전세 거주보다 월세 거주를 선호할까? **첫 번째, 목돈을 더 이익이 높은 곳에 투자할 수 있기 때문이다. 두 번째, 둘 이상의 주택을 소유하게 되면 전세 대출 규제를 받기 때문이다.** 따라서 다주택자 본인이 살 곳은 전세 대출을 받을 수 없다.

아래는 주택 소유 수에 따른 전세 대출 규제 현황이다.

구분	무주택자	1주택자	다주택자
조건	없음	비규제 조정대상지역 : 시세 9억 이하 투기과열지구 : 시세 3억 이하	전세자금 대출 불가
한도	보증금의 80%	보증금의 80%	0%
조건 예외		1. 직장 이동, 자녀 교육, 부모 봉양, 요양, 치료, 학폭 피해 등 사유로 거주 이전 할 때 2. 본인이 보유한 주택이 소재한 시 외의 전셋집을 구할 때일 것 3. 전셋집에 모든 세대원이 실거주할 것 위의 세 요건을 모두 충족할 경우, 대출 조건에서 예외	

🔺 주택 소유 수에 따른 전세 대출 규제 현황

2023년 1월 기준 전국 대부분이 투기과열지구에서 해제되어 아파트로 내 집을 마련한 경우, 주택 하나만 보유한 경우는 전세 대출(다주택자는 불가)을 받는 것이 가능해졌다. 그렇다고 할지라도 단순히 월세를 아끼기 위해 전세를 선택하는 것은 독이 될 수 있다. '월세는 나가는 돈이다'라고 생각하겠지만, 자세히 따져 보면 그렇지 않다. 전세는 나의 목돈이 전세보증금에 모두 묶여 있기에 좋은 조건으로 매수를 할 수 있는 기회가 있어도 이를 매수할 자금 여력이 부족하기 때문이다 즉, **전세는 당장의 비용은 줄여 줄지 몰라도 기회비용은 큰 셈**이다.

따라서 매달 지급하는 월세가 전세에 비해 거주 비용이 크다고 생각할 이유는 없다. 나의 상황에 맞게 미래의 주거 로드맵에 전세가 유리한가 월세가 유리한가만 판단하면 된다.

모든 상품은 살 때 어떤 상황에서 얼마를 지불하고 샀는지가 가장 중요하다. 특히 약간의 시장 변동만으로도 몇백에서 몇억 원까지 차이가 날 수 있는 고가의 상품을 취급할 때는 더욱 그렇다. 이러한 변동 속에서 좋은 타이밍을 잡기 위해서는 나의 자금이 전세 보증금에 묶여 있으면 안 된다. 자금력이 무한한 사람이라면 무한정 투자하여 무한하게 기다릴 여유가 있으나, 우리와 같은 평범한 사람은 한정된 자금으로 단기간 내에 의사결정을 해야 한다. 이런 상황 속에서 현명한 내 집 마련을 위해서는 자금을 최대한 확보한 채로 여유 있게 때를 기다리기는 것이 필요하다. 이러한 관점으로 월세에 대해 접근한다면 월 임대료가 아깝지 않을 것이다. 매월 지급하는 월세를 자금 유동성을 확보하는 데에 대한 비용이라고 생각하면 되니까 말이다.

전세 vs 월세를 고르는 세 가지 포인트

그렇다면 전세와 월세 사이에서 갈등하는 무주택자를 위한 명쾌한 정리는 무엇일까? 가장 중요한 포인트는 세 가지다.

> ❶ 자금 조달 능력 ❷ 전월세 전환 가격 차이 ❸ 자금 유동화 정도

첫째, 자금 조달 능력을 살펴봐야 한다. 자금 조달 능력이 충분하여 전세를 선택하려고 한다면 앞서 이야기한 종잣돈 저축 목적의 지원 대출 상품을 통한 전세만을 선택한다. 자금 조달 능력이 부족하다면 당연히 보증금이 적은 월세 거주를 선택한다.

둘째, 전월세 전환 가격을 비교하여 어느 것이 유리한지를 따져 봐야 한다. 임대차일지라도 전세와 월세는 보증금에서 큰 차이가 나기 때문이다. 전세 보증금을 바탕으로 월세 차임을 다음과 같이 구하여 비교해 보면 된다.

> **전세 A% 대출 금리로 보증금 B억 원당 월세 환산하기**
>
> B억 원(전세 보증금에서 월세 보증금을 뺀 차액) X A%(금리) / 12(개월) = 월세(원)

*12개월 기준

예를 들어 계산해 보자. 현 전세 대출 금리는 약 5%이다. 이를 적용하여 전세 보증금 2억 원의 집이 있다고 가정해 보자. 이를 동일한 집인데 보증금 1억 원짜리 월세로 환산한다면, 다음과 같이 계산한다.

전세 5% 대출 금리로 보증금 1억 원당 월세 환산하기

1억 원 X 0.05(금리) / 12(개월) = 월세 약 41만(원)

전세 보증금이 2억 원이었는데 월세 전환 시에는 월세 보증금이 1억이 된 것이므로 **전세 보증금(2억 원)에서 월세 보증금(1억 원)을 뺀 차액인 1억 원이 월세로 환산되어야 한다.** 계산하면 1억 원(보증금 차액) × 0.05(전세대출 금리) / 12(개월) = 약 41만 원이 나온다. 따라서 12개월 기준, 보증금 2억 원짜리 전세는 보증금 1억 원에 매달마다의 차임이 41만 원인 월세와 같다.

이렇게 구한 값을 실제 월세 시세와 비교해 보면 전세가 유리한지 월세가 유리한지 알 수 있다. 예를 들어 어떤 빌라의 전세 시세가 2억 원인데, 비슷한 조건의 빌라가 월세로 보증금 1억 원인 경우가 있다고 치자. 이 경우, 월세 차임이 약 41만 원보다 저렴하다면 전세보다 월세를 선택하는 것이 유리하다.

한 가지 상황을 또 알아보자. 보증금 2억 원의 전세가 있을 때 전세 대출 금리 5%를 적용하면 앞서 배운 계산식에 의해 매월 이자 약 83만 원이 지출된다. 만약 동일한 집이 월세로는 매월 90만 원의 차입을 내야 한다면 어떤 것이 나에게 유리할까? 계산해 보면 간단해진다.

90만 원(월세 지출 비용) - 83만 원(전세 대출 이자) = **7만 원**

즉 월세로 살면 한 달에 7만 원을 더 지출해야 하는 셈이다. 이 비용을 매월 추가적으로 지불하지 않는 대신 뭉돈을 주고 전세를 살 것인지, 이

비용을 내는 대신 보증금만 내고 종잣돈을 활용할 것인지를 자신의 상황에 맞게 선택하면 된다.

참고 법에서 정하는 월차임 전환 산정률

주택임대차보호법 시행령(시행 2023.2.21) 제9조에서는 월차임 전환 시 산정률(전세에서 월세로 전환 시 적용되는 최대 이율)에 대해 제정하였다. 해당 시행령에 기재된 항목 2를 살펴보면, 주택임대차보호법 제7조 2항의 2호를 적용하여, 월차임 전환 시 산정률은 대통령령으로 정하는 비율 2% + 한국은행 기준 금리 3.5%(2023년 12월 기준) = 5.5%이다. 이는 같은 목적물이 계약 기간 중 전세에서 월세 혹은 월세에서 전세로 전환 시 이보다 낮거나 같은 산정률로 적용되어야 함을 의미한다. 다만, 재계약이나 갱신 계약에 반드시 적용되어야 하는 것은 아니다.

셋째, 보증금을 현금화(자금 유동화)하는 것이 쉬운지 어려운지에 대한 고려가 필요하다. 전세와 월세는 자금 유동화 정도가 현저하게 차이 난다. 내 집 마련에서만큼은 전세 거주보다 월세 거주가 자금 유동화 측면에서 유리하다. 보증금이 적으니 집주인이 보증금을 당장 반환하지 못하더라도 내 집 마련에 크게 문제가 없을 뿐만 아니라, 보증 사고가 생겨 전세 대출을 회수당할 일도 없다. 시장 상황이 하락이든 상승이든 보합이든 보증금이 낮은 월세 보증금을 내어 주지 못하는 집주인은 드물고, 있다 하더라도 다음 임차인을 맞추기도 전세에 비해 쉽다. 즉 월세는 전세에 비해 비교적 적은 돈이 움직이기 때문에 시장 상황에 덜 민감하여 자금 유동화가 쉽다. 반면 전세는 부동산 하락장이 찾아오면 전세가격도 빠지기 때문에 자금 유동화가 쉽지 않다. 이는 월세가 전세에 비해 압도적으로 내 집 마련을 앞당기기 수월해지도록 만드는 대표적인 이유이다.

내 집 마련을 염두에 둔 무주택자라면 대부분 월세로 거주하는 것을 추천한다. 한정된 자원을 최대한 여유롭게 사용하기 위해서이다. 하지만 이와 별도로 시장의 전세가격에는 항상 귀를 기울이고 민감하게 반응해야 한다. 전세가격은 결국 실제 사용가치에 대한 대표적인 시장 평가이며, 전세가격을 통해 월세 금액을 환산하여 목적물의 상대적 가격 평가를 할 수 있기 때문이다. 투자자에게는 전세금이 투자 레버리지로 활용하기 위한 강력한 수단이자 주요 근거이다.

현명한 전월세 선택을 위한 총정리

앞선 내용들을 종합적으로 정리해 보자. **현재 전세에 거주 중이라면** 자금 계획 대비 무리한 금액이 보증금으로 묶여 있는 것은 아닌지, 월세로 전환하면 현재의 이자 비용과 월세 비용의 차이가 많은지 적은지 등을 확인해 보고, 좀 더 내 자금을 확보하는 방향으로 전환하는 것이 내 집 마련을 위한 첫걸음이다. 반대로 **현재 월세에 거주 중이라면** 월세를 지나치게 많이 내고 있지는 않은지, 정부 지원 전세 대출 상품을 이용하면 자금 유동성을 높이면서도 월 지출을 줄일 수 있는 것은 아닌지를 따져야 한다. 전세든 월세든 꼼꼼히 따져 보고 계산해서 종잣돈 마련에 적합한 최적의 방법을 선택해야 한다.

현재 내 집 마련이 아닌 임차를 할 계획이라 하더라도 최종적인 내 집 마련을 위해서는, 앞선 세 가지 조건을 바탕으로 구체적인 득실을 따져 봄이 바람직하다. 이 부분을 간과하면 제아무리 부동산 공부를 많이 한다고 하여도 돈이 없기 때문에, 좋은 아파트를 저렴하게 살 기회를 놓칠 확률이 매우 높다.

04 내 집 마련의 기초, 청약부터

현재 전월세에 거주하며 무주택인 사람은 가장 효율적인 집 마련 방법인 청약에 대해 자세히 알아둘 필요가 있다. 청약은 분양대금의 10% 정도인 계약금만 치르면 주택이 건설되는 약 3년의 기간 동안 자금을 마련할 시간이 생기기 때문에 **초기에 적은 비용을 치르고 최신 아파트를 얻을 수 있는 효율적인 수단이기 때문이다.**

주택청약 제도는 제정이래 약 50년의 기간을 거치며 현재는 너무 복잡해져서, 모든 법과 경우의 수를 단번에 설명하기엔 책 한 권으로도 모자랄 정도이다. 청약에 네 번 당첨된 나도 매번 바뀌는 제도와 새로 등장하는 개념 때문에 청약을 완벽하게 외우기는 불가능할 정도이다. 그래서 이 책에서는 청약 제도의 큰 줄기를 이해할 수 있도록 꼭 필요한 정보만을 단순화하여 전달한다.

> ❶ 국민주택청약(청약홈)
> ❷ 민영주택청약(청약홈)
> ❸ 민간 사전청약(청약홈)
> ❹ 3기 신도시 사전청약(국토교통부, LH)
> ❺ 공공분양청약(LH, SH, GH)

주택청약 제도는 크게 다섯 종류로 나눌 수 있다.

1번과 2번, 5번은 전통적으로 알고 있는 일반적인 청약의 개념이고, 3번과 4번은 비교적 신생 제도이다. 따라서 1번과 2번, 5번을 먼저 숙지하고 3번과 4번은 어떻게 활용하면 될지 개념만 이해해도 충분하다.

청약 공급 방법은 대표적으로 세 종류로 나눌 수 있다.

❶ 특별공급
❷ 일반공급(1순위, 2순위, 추첨제)
❸ 무순위 / 잔여세대 공급

각 청약 제도별 청약 공급 방법의 수를 곱하면 총 15개의 경우의 수가 나오니, 처음으로 분양을 받아 보고 싶은 사람들 입장에서는 청약 자체가 복잡하며 헷갈리기 쉽다. 완벽하게 이해하기도 어렵고 당첨 확률도 낮으니 수많은 사람들이 자세한 정보도 모른 채 묻지마 청약을 했다가 당첨되어도 계약을 할까 말까, 자격이 될까 안 될까 고민하는 경우를 수도 없이 봤다. 애초에 기본적인 공부만 해도 당첨되고도 후회할 청약은 하지 않을 테니, 책을 통해 청약에서 꼭 알아야 할 간단하지만 확실한 개념을 잡고 가도록 하자.

국민주택청약이란? 「주택법 제2조 제5호~제6호」

청약에서는 평형의 크기를 기준으로 국민주택이라는 용어를 제정하였다. 청약의 취지가 서민의 내 집 마련을 촉진하여 주거난을 해결하기 위한 것이기 때문에, 그 크기를 한정하여 별도의 혜택과 제도를 법으로 제정하기 위한 것이다. 국민주택이란 다음과 같다.

❶ 전용 85m² 이하이면서 국가, 지방자치단체, 지방공사 등이 건설(시행), 공급하는 주택

❷ 전용 85m² 이하이면서 국가, 지방자치단체, 주택도시기금의 지원을 받아 건설(시행), 공급하는 주택

🔑 **쉬운 해석** : 국민주택은 공급면적 34평 이하이며 공공기관 혹은 공사가 지원해 주거나 지어 주는 주택

지역	주택구분	분양/임대	주택명 ▲▼	시공사	문의처	모집공고일	청약기간 ▲▼	당첨자발표 ▲▼
부산	국민	분양주택	e편한세상 에코델타 센터포인트	디엘이앤씨(주), 극동건설(주), 대성문, 홍우건설(주), (주)신화종합건설	☎ 051-751-5535	2022-06-24	2022-07-04 ~ 2022-07-07	2022-07-13
부산	국민	분양주택	강서자이 에코델타(20블록) 공공분양주택	지에스건설(주), 경동건설(주), 삼미건설 지원건설(주)	☎ 1644-3229	2022-05-27	2022-06-08 ~ 2022-06-13	2022-06-17
부산	국민	분양주택	정관물리제	영우종합건설	☎ 051-810-1274	2022-04-27	2022-05-12 ~ 2022-05-13	2022-05-20
경기	국민	분양주택	e편한세상 시흥장현 퍼스트베뉴	디엘건설 주식회사	☎ 031-311-0431	2022-04-22	2022-05-02 ~ 2022-05-04	2022-05-12
경기	국민	분양주택	남양주 진접 부영 사랑으로 우선 분양전환 후 잔여세대	(주)부영주택	☎ 1577-5533	2022-04-11	2022-04-21 ~ 2022-04-22	2022-04-28
대전	국민	분양주택	리더스시티 5블록	계룡건설산업(주), (주)대우건설, 금호건설(주), (주)태영건설	☎ 042-271-9900	2022-04-07	2022-04-18 ~ 2022-04-21	2022-04-27
인천	국민	분양주택	힐스테이트 검단 웰카운티 (공공분양주택)	현대건설 주식회사 컨소시업	☎ 032-566-1535	2022-03-25	2022-04-11 ~ 2022-04-13	2022-04-19
세종	국민	분양주택	엘리프세종6-3	계룡건설산업(주)	☎ 044-865-6177	2022-02-22	2022-03-04 ~ 2022-03-08	2022-03-15
충북	국민	분양주택	충주 예성세경아파트	세경건설(주)	☎ 02-3436-3541	2022-02-18	2022-03-02 ~ 2022-03-04	2022-03-11
세종	국민	분양주택	도램마을13단지 중흥S-클래스 그린카운티	중흥건설(주)	☎ 044-868-9343	2022-02-04	2022-02-14 ~ 2022-02-16	2022-02-22

〈사진 1-3〉 국민주택 청약 유형

(출처 : 청약홈)

국민주택은 앞선 사진과 같이 청약홈(https://www.applyhome.co.kr) 분양 정보 탭에서 주택 구분이 '국민'으로 되어 있으며, 분양을 하기도 하고 분양 전환 가능 임대를 하기도 한다. 국민주택청약은 전 세대가 34평 이하이다. 또한 국민주택은 국가나 지자체, 공사 등이 분양 과정에서 개입되어 있으므로 민영주택에 비해 공급 가액이 저렴하다. e편한 시흥장현 퍼스트 베뉴, e편한 검단 어반센트로처럼 주변 시세 대비 50% 정도 저렴한 분양가로 책정된 경우도 있으니 국민주택 분양은 공고가 나오면 눈여겨봐야 할 것이다.

이제 국민주택청약에 대해 자세히 알아보자. 이론적인 내용이라 처음에는 어려울 수 있지만 제도의 원리를 이해하면 쉽다. 이해를 돕기 위해 각 용어별로 쉬운 해석을 첨부하였다.

📍 청약 자격

- 최초 모집 공고일 기준 해당 주택건설지역 또는 인근 지역에 거주할 것
- 만 19세 이상인 경우 세대주, 세대원 모두 청약이 가능하다. 만 19세 미만인 경우에는 세대주이면서 자녀를 양육하거나 직계존속 사망, 실종 선고, 행방불명으로 형제 자매를 부양하는 경우에 청약이 가능하다.
- 동일 주민등록등본에 등재된 직계존비속(배우자의 직계존비속 포함) 전원에게 주택, 분양권이 없을 경우 세대원 전체가 청약 가능하다.

* '동일한 분양 대상물' 또는 '당첨자 발표일이 동일한 다른 국민주택'을 한 세대에서 중복 청약 시, 모두 당첨 취소

🗝️ **쉬운 해석** : 같이 사는(같이 전입신고된) 가족 전체가 무주택이면 가족 전체 중 만

19세 이상인 누구나 한 명이 청약 신청 가능(다른 가족과 중복 신청 불가)하다. 다만 동일한 국민주택 분양 혹은 당첨자 발표일이 같은 서로 다른 국민주택 분양을 가족이 중복 청약 시 당첨이 모두 취소되므로 유의해야 한다.

참고   청약에서 말하는 인근 지역이란?

아래의 지역별로 묶어서 인근 지역 거주자라고 한다. 예를 들어 인천광역시 거주자는 서울특별시의 인근 지역 거주자이다.

- ◆ 서울특별시, 인천광역시 및 경기도(이하 '수도권'이라 한다)
- ◆ 대전광역시, 세종특별자치시 및 충청남도
- ◆ 충청북도
- ◆ 광주광역시 및 전라남도
- ◆ 전라북도
- ◆ 대구광역시 및 경상북도
- ◆ 부산광역시, 울산광역시 및 경상남도
- ◆ 강원도

다만, 세종특별자치시, 도청 이전 신도시, 혁신도시 개발지구, 기업도시 개발구역, 산업단지, 주한미군 이전 지역, 위축 지역에서 공급되는 주택은 해당 및 인근 지역에 거주하지 않는 사람도 청약이 가능하다.

순위별 조건

청약순위	청약통장 (입주자저축)	순위별 조건	
		청약통장 가입기간	납입금
1순위	주택청약 종합저축	· 투기과열지구 및 청약과열지역 : 가입 후 2년이 경과한 자 · 위축지역 : 가입 후 1개월이 경과한 자 · 투기과열지구 및 청약과열지역, 위축지역 외 - 수도권 지역 : 가입 후 1년이 경과한 자 - 수도권 외 지역 : 가입 후 6개월이 경과한 자(다만, 필요한 경우 시·도지사가 수도권은 24개월, 수도권 외 지역은 12개월까지 연장 가능)	매월 약정납입일에 월 납입금을 연체 없이 다음의 지역별 납입횟수 이상 납입한 자 · 투기과열지구 및 청약과열지역 : 24회 · 위축지역 : 1회 · 투기과열지구 및 청약과열지역, 위축지역 외 - 수도권 지역 : 12회 - 수도권 외 지역 : 6회 (다만, 필요한 경우 시·도지사가 수도권은 24회, 수도권 외 지역은 12회까지 연장 가능) * 단, 월납입금을 연체하여 납입한 경우 주택 공급에 관한 규칙 제10조 제3항에 따라 순위 발생일이 순연됨.
	청약저축		
2순위 (1순위 제한 자 포함)	1순위에 해당하지 않는 자(청약통장 가입자만 청약 가능)		

🔺 국민주택청약 순위별 조건 　　　　　　　　　　　　　　　　　　(출처 : 청약홈)

◆ 1순위 제한 자 : 투기과열지구 또는 청약과열지역 내의 국민주택에 청약할 경우에, '세대주가 아닌 자' 또는 '과거 5년 내에 당첨된 자가 속해 있는 무주택 세대 구성원'은 제한

🗝 **쉬운 해석 :** 청약 현장 지역이 투기과열지구, 청약과열지역일 경우, 1순위 제한 자는 청약통장이 1순위 요건을 채웠을지라도 2순위 모집 날에 청약 신청해야 한다. 반면 청약 현장 지역이 투기과열지구, 청약과열지역이 아니면 청약통장이 1순위 요건을 채웠을 경우에는 1순위로 신청해도 유효하다.

🔘 **입주자(당첨자) 선정 방식**

◆ 청약 순위에 따라 입주자를 순서대로 정하며 1순위 미달 시에만 2순위 입주자를 선정한다.

◆ 1순위 중 같은 순위 안에 경쟁이 있을 시 아래의 별도 표의 내용에 따라 순차별로 입주자를 선정한다. 아래 표의 순차1에서 낙첨된 인원은 순차2에서 추첨 방식으로 선정한다.

◆ 2순위는 추첨 방식으로 선정한다.

순차	40m² 초과	40m² 이하
1순위	3년 이상의 무주택세대구성원으로서 저축총액이 많은 자	3년 이상의 무주택세대구성원으로서 납입횟수가 많은 자
2순위	저축총액이 많은 자	납입횟수가 많은 자

🔺 국민주택 청약 순위 기준 　　　　　　　　　　　　　　　(출처 : 청약홈)

지금까지 국민주택의 일반공급에 대해 알아봤다. 부가적으로 국민주택 특별공급까지 간략하게 알아보겠다. 국민주택 특별공급은 크게 다섯 가지로 나뉜다.

> ❶ 기관 추천 및 국가유공자
> ❷ 다자녀가구
> ❸ 신혼부부
> ❹ 생애 최초
> ❺ 노부모 부양

특별공급은 각각 거주 요건, 무주택 이력, 소득 기준, 재당첨 제한, 자산 기준, 순위 요건 등이 다르므로 청약 시 해당 공고문을 청약홈 홈페이지에서 다운로드받아 요건을 따져 봐야 한다. 5가지 청약 유형별 모든 특별공급에 대해 자세히 다룬다면 책 한 권 분량에 달하기 때문에, 이를 외우기보다는 어떻게 접근해야 할지 그 방법에 대해 배우는 것이 훨씬 효율적이다. 따라서 원하는 분양에 대한 분양 공고문을 다운로드받아 **사진**

1-4와 같은 공고 내역을 자세히 확인하는 것이 좋다. 내가 신혼부부라면 신혼부부 특별공급에 대한 내용을, 3인 이상 자녀를 둔 다자녀 가구라면 다자녀 특별공급에 대한 내용을 자세히 확인하여, 신청 자격에 대해 체크하면 될 것이다.

3. 신혼부부 특별공급

■ 신청자격

· 입주자모집공고일 현재 해당 주택건설지역인 **부산광역시 또는 경상남도, 울산광역시**에 거주하면서 아래 조건(①~④)을 모두 갖춘 분

① 입주자모집공고일 현재 **신혼부부**(혼인 중인 사람으로서 혼인기간이 7년 이내인 무주택세대구성원)·**예비신혼부부**(혼인을 계획 중이며 해당 주택의 입주 전까지 혼인사실을 증명할 수 있으며 혼인으로 구성할 세대원 전원이 무주택인 자), **한부모가족**(6세 이하(만7세 미만) 자녀(태아 포함)를 둔 무주택세대구성원)

- **(신혼부부)** 혼인신고일 부터 공고일 현재까지 계속하여 무주택자이어야 함. 단, 혼인기간 중 주택을 소유한 적이 있는 신혼부부는 2018.12.11.까지 기존 소유 주택을 처분하여 처분일로부터 공고일 현재까지 계속하여 무주택세대구성원을 유지하면서, 공고일 현재 무주택기간이 2년 이상인 경우에 한해 2순위 청약 가능.

- **(예비신혼부부)** 청약 시 기입한 예비 배우자와의 혼인관계증명서 및 혼인으로 구성될 세대가 포함된 신청자의 세대별 주민등록표등본을 입주 전까지 사업주체에 제출해야하며, 미등빙 또는 전배우자와 재혼한 사실이 확인되는 경우 "공공주택 특별법 시행규칙」 별표6. 제2호나 목에 따라 계약이 해제되고, 입주도 불가.

- **(한부모가족)** 배우자 없는 세대주로 한부모가족 가능하며, 자녀는 가족관계증명서 및 주민등록표등본을 통해 공고일 현재 자녀 유무 등 해당 사실을 증명할 수 있는 자를 말함.

② 입주자모집공고일 현재 **입주자저축(주택청약종합저축, 청약저축등)**에 가입하여 **6개월**이 경과되고 매월 약정납입일에 월납입금을 **6회** 이상 납입한 분

③ 입주자저축금 현재 **<표1의 부동산 및 자동차 소유에 관한 자산보유기준"**을 충족한 분

④ 무주택세대구성원 전원(예비신혼부부의 경우 혼인으로 구성할 세대의 세대구성원 전원)의 월평균소득이 **<표2>** 전년도 도시근로자 가구당 월평균소득(4인 이상인 세대는 가구원수별 가구당 월평균소득을 말함)의 130%(단, 배우자 소득이 있는 경우에는 140%) 이하인 분

※ 신혼부부 특별공급 소득기준

(단위 : 원)

구분	소득기준	소득기준	3인 이하	4인	5인	6인	7인	8인
우선공급 (기준소득, 70%)	배우자 소득 없는 경우	100%	6,208,934	7,200,809	7,326,072	7,779,825	8,233,578	8,687,331
	배우자 소득 있는 경우	120%	7,450,721	8,640,971	8,791,286	9,335,790	9,880,294	10,424,797
일반공급 (상위소득, 30%)	배우자 소득 없는 경우	130%	8,071,614	9,361,052	9,523,894	10,113,773	10,703,651	11,293,530
	배우자 소득 있는 경우	140%	8,692,508	10,081,133	10,256,501	10,891,755	11,527,009	12,162,263

※ '배우자 소득이 있는 경우'란 배우자가 근로소득 또는 사업소득이 있는 경우를 말합니다.

〈사진 1-4〉 예시 : 국민주택청약 중 신혼부부 대상 특별공급 신청 자격 공고문　　　(출처 : 모아파트 분양 청약 안내문)

 민영주택청약이란? 「주택법 제2조 제7호」

민영주택은 국민주택을 제외한 모든 주택을 의미한다. 민간에서 평수 제한 없이 건설·공급하는 주택이다.

지역	주택 구분	분양/임대	주택명 ▲▼	시공사	문의처	모집공고일	청약기간 ▲▼	당첨자발표 ▲▼	특별공급 신청현황	1·2순위 경쟁률
경남	민영	분양주택	e편한세상 주촌 더프리미어	디엘이앤씨 주식회사	☎ 055-335-1777	2022-09-02	2022-09-14 ~ 2022-09-16	2022-09-22	신청현황	경쟁률
충북	민영	분양주택	광혜원 포레가	해성종합건설(주)	☎ 043-534-8181	2022-09-02	2022-09-13 ~ 2022-09-15	2022-09-21	신청현황	경쟁률
강원	민영	분양주택	양양 스위트엠 디오션	신내양건설	☎ 1533-4209	2022-09-02	2022-09-13 ~ 2022-09-15	2022-09-21	신청현황	경쟁률
부산	민영	분양주택	구서다움파크	비엔산업개발	☎ 051-514-5533	2022-09-02	2022-09-14 ~ 2022-09-16	2022-09-22	신청현황	경쟁률
충북	민영	분양주택	옥천역 금호어울림 더퍼스트	금호건설(주)	☎ 043-731-4992	2022-09-01	2022-09-06 ~ 2022-09-08	2022-09-19	신청현황	경쟁률
경기	민영	분양주택	평촌 두산위브 더 프라임	두산건설(주)	☎ 031-399-8889	2022-08-29	2022-09-13 ~ 2022-09-15	2022-09-19	신청현황	경쟁률
부산	민영	분양주택	송도자이르네 디오션	자이에스앤디(주)	☎ 1533-2569	2022-08-26	2022-09-05 ~ 2022-09-08	2022-09-19	신청현황	경쟁률
경북	민영	분양주택	우방아이유쉘 유리벨	동아건설산업(주)	☎ 054-461-0310	2022-08-26	2022-09-05 ~ 2022-09-07	2022-09-15	신청현황	경쟁률
충남	민영	분양주택	천안 롯데캐슬 더 청당	롯데건설(주)	☎ 1533-1515	2022-08-26	2022-09-05 ~ 2022-09-08	2022-09-16	신청현황	경쟁률
강원	민영	분양주택	힐스테이트 원주 레스티지	현대건설주식회사	☎ 1588-7073	2022-08-26	2022-09-05 ~ 2022-09-07	2022-09-15	신청현황	경쟁률

〈사진 1-5〉 민영주택청약 유형　　　　　　　　　　　　　　　　　　(출처 : 청약홈)

청약홈(https://www.applyhome.co.kr) 분양 정보 탭에서 주택 구분이 '민영'으로 되어 있으며, 주로 임대보다는 분양만 한다. 2023년 3월 ~2024년 2월까지의 분양 실적을 살펴보면, 민영주택 분양은 총 280건, 국민주택 분양은 총 16건이다. **민영주택의 공급이 약 94.5%인 만큼 일반적으로 청약 하면 민영주택청약이 대부분이다.** 당첨 확률을 높이기 위해서는 민영주택 공급에 대해 더 신경 쓰고 공부해야 한다.

📍 청약 자격

- 최초 모집 공고일 기준 해당 주택 건설 지역 또는 인근 지역에 거주할 것
- 만 19세 이상인 경우 세대주와 세대원 모두 청약이 가능하다.
- 만 19세 미만인 경우에는 세대주이면서 자녀를 양육하거나 직계존속 사망, 실종선고, 행방불명으로 형제 자매를 부양하는 경우에 청약이 가능하다.

🔑 **쉬운 해석 :** 만 19세 이상인 경우 해당 주택 건설 지역 또는 인근 지역에 거주하면 세대주, 세대원 모두 청약이 가능하다.

민영주택청약 자격은 국민주택청약 자격보다 제한 사항이 적다. 이에서 비롯된 청약 전략은 다음과 같다. **첫 번째 전략은 한 청약에 가족 모두 함께 청약하는 것**이다. 민영주택 분양은 국민주택 분양과 다르게 한 세대 내에서 여러 사람이 동시에 청약하여도 당첨이 취소되지 않는다. 따라서 원하는 청약 대상지가 민영주택 분양이라면 모든 가족이 청약하여 추첨 당첨 확률을 높일 수 있다.

두 번째 전략으로는 한 사람이 특별공급과 일반공급 각각 한 번씩 총 두 번 신청하는 것이다. 한 사람이 특별공급과 일반공급에 모두 당첨되어

도 무효가 되지 않기 때문에 이를 모르는 사람보다 2배나 유리한 당첨 확률을 가져갈 수 있다. 예를 들어 신혼부부 특별공급 신청 대상자라면 같은 분양 대상지에 신혼부부 특별공급과 그 다음날 진행하는 일반공급 모두 청약하여 당첨 확률을 높일 수 있다.

다만, 위 두 가지 전략을 섞어 **한 가족이 모두 같은 특별공급에 신청하였다가는 공급이 취소되는 경우가 있으니 주의하자.**

📍 **순위별 조건**

청약 순위	청약통장 (입주자저축)	순위별 조건	
		청약통장 가입기간	납입금
1순위	주택청약 종합저축	· 투기과열지구 및 청약과열지역 : 가입 후 2년이 경과한 자	납입인정금액이 지역별 예치금액 이상인 자
	청약예금	· 위축지역 : 가입 후 1개월이 경과한 자	
	청약부금 (85m² 이하만 청약 가능)	· 투기과열지구 및 청약과열지역, 위축지역 외 - 수도권 지역 : 가입 후 1년이 경과한 자 (다만, 필요한 경우 시·도지사가 24개월까지 연장 가능) - 수도권 외 지역 : 가입 후 6개월이 경과한 자 (다만, 필요한 경우 시·도지사가 12개월까지 연장 가능)	매월 약정납입일에 납입한 납입인정금액이 지역별 예치금액 이상인 자
2순위 (1순위 제한 자 포함)	1순위에 해당하지 않는 자(청약통장 가입자만 청약 가능)		

🔺 민영주택청약 순위별 조건 　　　　　　　　　　　　　　　　　　(출처 : 청약홈)

민영주택청약의 순위별 조건에서는 **'지역별 예치금액'**을 알아둘 필요가 있다. 이는 당해 지역에 속한 민영 분양에 청약하기 위한 면적별 최소 예치금액을 의미한다. 해당 분양의 입주자 모집 공고일 전날까지 최소 금액 이상이 청약통장에 예치되어 있어야 1순위 청약이 가능하다. 그러니 수도권 추첨제 청약을 위해서는 청약통장에 600만 원 이상 예치시켜 놓는 것이 현명하다.

지역/전용면적별 예치금액

(단위 : 만원)

구분	서울/부산	기타 광역시	기타 시/군
85㎡ 이하	300	250	200
102㎡ 이하	600	400	300
135㎡ 이하	1,000	700	400
모든 면적	1,500	1,000	500

〈사진 1-6〉 민영주택청약 최소 예치금   (출처 : 청약홈)

민영주택청약에서의 1순위 제한 자란 다음과 같은 자들을 의미한다.

◆ 투기과열지구 또는 청약과열지역 내 민영주택 청약 시에는 '세대주가 아닌 자' 또는 '과거 5년 이내 다른 주택에 당첨된 세대에 속한 자'(형제, 자매, 동거인 등은 같이 속해 있어도 예외) 또는 '2주택 이상 소유한 세대에 속한 자'

◆ 주거 전용이 85m²를 초과하는 공공건설 임대주택, 수도권에 지정된 공공주택지구의 민영주택에 청약 시에는 '2주택 이상 소유한 세대에 속한 자'

📍 입주자(당첨자) 선정 방식

◆ 청약 순위(1·2순위)에 따라 입주자를 선정하며 1순위 미달 시에만 2순위 입주자를 선정한다. 1순위 중 같은 순위 안에 경쟁이 있을 시 가점 및 추첨제로 입주자를 선정한다.

◆ 2순위는 추첨 방식으로 선정한다.

◆ 선정 비율

주거 전용 면적	85m² 초과 공공건설 임대주택	수도권 내 공공주택지구	투기과열 지구	청약과열 지역	그 외 지역
60m² 이하	-	가점제 : 40%			가점제 40% 이하
60m² 초과 85m² 이하	-	가점제 : 70%			가점제 40% 이하

| 85m² 초과 | 가점제 100% | 가점제 80% | 가점제 50% | 추첨제 : 100% |

◆ 주택 소유 여부에 따른 추첨제 당첨자 선정 기준은 다음과 같다.

– **대상 주택** : 투기과열지구, 청약과열지역, 수도권 및 광역시에서 공급하는 민영주택 중에서 가점제 100%를 적용하여 입주자를 선정하는 주택을 제외한 모든 주택

– **적용 기준** : 1순위에서 추첨제를 적용하는 주택 수보다 추첨 대상자가 많을 경우 다음 순서에 따라 당첨된다.

첫 번째, 추첨으로 공급되는 수의 75%를 무주택 세대에 속한 자에게 우선적으로 공급한다. 이는 무주택자에게 우선권을 부여하고자 하는 청약의 취지이다.

두 번째, 나머지 25%를 첫 번째에서 당첨되지 못한 무주택 세대에 속한 자와 1주택을 소유한 세대에 속한 자(기존 소유 주택 처분 조건을 승낙한 자에 한함. 분양권 등을 소유한 경우에는 제외)에게 우선적으로 공급한다.

세 번째, 그럼에도 남은 주택은 주택을 소유한 자(1주택 소유 및 1분양권 등 소유 세대에 속한 자 등)에게 공급한다. 유주택자는 청약에서 가장 마지막 순위로 공급을 받는 것이다.

이와 같이 민영주택의 일반공급에 대해 알아봤다. 민영주택청약의 특별공급도 국민주택과 동일하게 다섯 가지로 나뉜다. 각각 기준이 다르므로 청약 시 해당 공고문을 청약홈 홈페이지에서 다운로드받아 자격 요건을 따져 본 뒤, 내게 해당되는 특별공급이 있다면 일반공급과 중복 청약하여 당첨 확률을 높여 보자.

민간 사전청약이란? 「주택공급에 관한 규칙 제3절의2 및 제4절」

민간 사전청약은 사업 주체가 공공택지를 공급받아 주택을 건설·공급하려는 경우, 주택의 건축 설계안이 완성된 때부터 사전 당첨자를 모집하는 제도이다. 민간 사전청약은 민영주택 일반공급과 대부분이 비슷하다. 따라서 민영주택의 일반공급과 다른 점만 정리하면 이해하기가 쉽다.

민간 사전청약이 민영주택 일반공급과 다른 점

1. 사전 공급 계약을 체결해도 계약금이 들지 않는다.

2. 우선공급 대상이 되기 위한 해당 지역 거주 기간 요건을 청약 당시에 불충족해도, 본 청약 입주자 모집 공고일까지 거주 기간을 충족하기만 하면 우선공급으로 신청해도 된다.

3. 당첨 시, 청약통장의 효력은 상실되지만 향후 사전 당첨자 지위 포기를 하면 효력이 부활된다.

4. 사전 당첨 모집 공고일부터 본 청약 모집 공고일까지 계속하여 무주택을 유지해야 한다.

5. 분양가와 본 청약 시기 및 입주 예정일이 변경될 수 있다.

*사전 공급 계약을 체결해도 계약금이 들지 않으므로 현재 자금이 없어도 사용할 수 있다. 또한 시장 상황에 따라 언제든 계약을 취소해도 패널티가 없다. 따라서 현재 계약금이 없더라도 미래에 언젠가 아파트 하나를 확보할 수 있는 수단이 된다.

3기 신도시 사전청약이란? 「공공주택특별법 시행규칙 제13조」

3기 신도시는 2기 신도시에 비해 서울 접근성이 좋은 곳이 다수이다. 분양가도 민간분양에 비해 상대적으로 저렴하다. 또한, 대규모 공급이 이루어지기 때문에 지속하여 교통망 개발이 될 가능성도 높다. 좋은 입지와 저렴한 가격, 향후 높은 개발 가능성까지 모두 갖춘 셈이다. 단점으로는 부지매입부터 철거와 토목공사, 주택 건설에 이르기까지 오랜 시간이 소요된다는 점이다. 2003년에 발표된 2기 신도시 중에는 20년이 지난 지금도 완공되지 못한 곳이 많다. 검단신도시, 화성동탄2, 평택고덕이 대표적이다.

3기 신도시의 장단점에 대해 간략히 알아보았다. 이제 3기 신도시에 대한 자세한 정보와 신청 방법에 대해 알아보자.

📍 개발 및 공급 규모

지구명	남양주		하남 교산	인천 계양	고양 창릉	부천 대장
	왕숙	왕숙2				
면적	938만 m²	239만 m²	686만 m²	333만 m²	789만 m²	342만 m²
호수	5만 2천 호	1만 3천 호	3만 3천 호	1만 7천 호	3만 5천 호	1만 9천만 호

🔺 3기 신도시 면적 및 공급 수   (출처 : 3기 신도시 공식 홈페이지)

📍 3기 신도시 위치

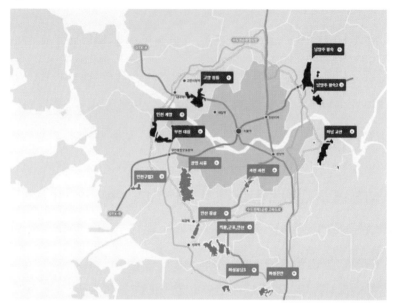

〈사진 1-7〉 3기 신도시 공식 홈페이지에서 게시한 3기 신도시 위치 (출처 : 3기 신도시 공식 홈페이지)

📍 청약 방법

3기 신도시 사전청약은 일반 청약과 다르게 LH 사전청약 홈페이지(https://apply.lh.or.kr)에서 접수를 받는다. 모집 공고는 사전청약 홈페이지(https://사전청약.kr)에서 확인이 가능하다. 따라서 사전청약 홈페이지에서 모집 공고를 지속적으로 확인해야 한다. 해당 공고문을 다운로드받아 자세한 사업 내용과 분양가를 확인한 뒤, LH 사전청약 홈페이지에서 신청 접수하도록 하자.

📍 청약 자격

청약 자격은 대부분이 일반 청약과 동일하다. 무주택 세대 구성원이면서, 재당첨 제한 기간에 있지 않으면 된다. 따라서 일반 청약과 다른 점을 확실히 아는 것이 더 중요하다.

일반 청약과 다른 점은 첫 번째, 사전 청약 신청 당시에 해당 청약지의 거주 요건을 충족하지 못해도 신청이 가능하고, 본 청약 시점까지 거주 기간을 충족하면 된다는 점이다. 두 번째, 공급 유형에 따라 소득 및 자산 요건에 만족해야만 청약을 할 수 있다는 점이다.

 공공분양이란? 「공공주택특별법 제2조」

공공분양은 국가, 지자체, LH(또는 지방공사)가 주택도시기금 등을 지원받아 건설하여 공급하는 전용면적 85m² 이하의 주택으로, 수분양자(분양받은 사람)에게 소유권을 이전하는 주택이다.

🔑 **쉬운 해석 :** 국민주택 규모(85m² 이하) 주택을 특정 요건을 갖춘 자에게 저렴하게 분양하고 그 소유권을 이전함.

공공분양은 마이홈(https://www.myhome.go.kr)에서 확인 및 신청해야 한다. 특정 요건을 만족하면 시세의 반 정도 되는 가격에 아파트를 분양받을 수 있다. 소득이 낮고 자금이 여유롭지 않은 무주택 입장에서는 눈여겨볼 만한 내 집 마련 방법이다. 그만큼 경쟁률이 높아 당첨 확률은 매우 낮지만, 요건이 충족되는 한 시도해 보길 바란다.

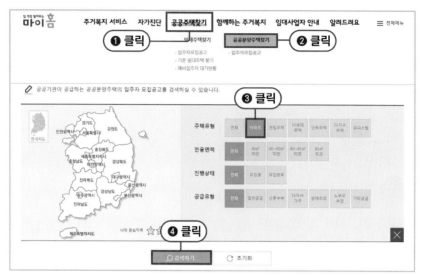

〈사진 1-8〉 공공분양 청약 검색 방법　　　　　　　　　　　　　　　　　(출처 : 마이홈)

다만, 소유권까지 이전이 되는 유형은 매우 적은 편이고 주로 임대를 신청받는 공고가 다수이다. 우리의 목표는 내 집 마련이기 때문에, 소유권이 이전되는지 아닌지를 잘 알고 신청해야 한다.

📍 청약 자격

◆ 세대원 전원이 주택을 소유하고 있지 않은 세대의 구성원(세대주, 세대원)

◆ 해당 지역에 거주할 것(거주 기간에 따른 순위 차등)

◆ 청약통장 보유(보유 기간에 따른 순위 차등)

📍 순위별 조건

◆ 수도권 : 청약통장 가입 후 1년 경과 및 12회 납입 시 1순위 확보

◆ 수도권 외 : 청약통장 가입 후 6개월 경과 및 6회 납입 시 1순위 확보

순차	구분	1순위 자격 및 제한 조건
1순위	투기과열지구, 청약과열지역	가 : 가입기간 24개월 이상 나 : 납입인정횟수 24회 이상 - 무주택 세대주만 청약 가능(세대원 X) - 세대원 모두 5년 이내 주택 당첨 사실이 없어야 함 - 해당 지역에 1년 이상 거주, 단 수도권 투기/청약과열지역일 경우 해당 지역에 2년 이상 거주
	그 외 수도권	가 : 가입기간 12개월 이상 나 : 납입인정횟수 12회 이상 - 무주택 세대주 또는 세대원
	그 외 비수도권	가 : 가입기간 6개월 이상 나 : 납입인정횟수 6회 이상 - 무주택 세대주 또는 세대원
2순위		1순위에 해당하지 않는 자

🔺 공공분양 순위별 조건 　　　　　　　　　　　　　　　　　　　(출처 : 마이홈)

공공분양은 일반분양과 다르게 청약통장 납입 금액과 횟수에 따라 순위를 매긴다. 즉, **청약통장 가입 기간이 길고 납입액이 높을수록 당첨의 기회가 높아진다.** 따라서 청약통장은 성년이 되는 날부터 바로 가입하여 매월 10만 원을 꾸준히 납입하도록 하자. 그것이 공공분양 당첨 확률을 높이는 기반이 될 것이다.

🏠 TIP

경험상 인기 있는(시세차익이 높거나 선호 지역) 분양의 경우 납입 인정액이 1,500만 원 이상인 경우에 당첨 유효권이다. 청약은 매월 10만 원까지 납입이 인정되므로 단순 계산할 경우 150개월 이상 꾸준히 납입해야 한다. 연으로 따지면 대략 13년이므로, 성년이 되면서부터 꾸준히 청약통장에 금액을 납부한 경우 30대 초반에 해당 금액을 채울 수 있는 셈이다.

📍 **입주자(당첨자) 선정 방식**

◆ 수도권 : 모집 공고일 기준 해당 지역 거주자 우선

◆ 비수도권 : 평형에 따른 납입 횟수 혹은 저축 총액 기준으로 선정

* 1세대 내 동일 단지에 2인 이상이 중복 청약 시, 모두 당첨 취소 처리

* 1세대 내 세대주는 동일 단지의 특별공급, 일반공급 각각 한 번씩 총 두 번 청약 가능

공공분양은 주택을 마련해 주는 지원 정책인 만큼 타 청약과 다르게 무조건 전 세대원(세대주 포함)이 무주택이어야 한다. 이 무주택 요건에는 분양권 및 입주권 소유 여부 또한 포함된다. 또한 각 특별공급에는 소득 기준과 자산 보유 기준이 있다. 따라서 청약으로 우선 내 집 마련을 하고 추후에 투자를 원할 경우 공공분양을 최우선으로 분양받고 이후에 추가 투자를 해야 한다. 또 공급이 많은 편이 아니어서, 인기 단지는 경쟁률이 매우 높다. 다만 납입 인정액이 높은 경우 적극적으로 공공분양을 알아보고 조건에 부합한다면 꼭 공공분양을 우선하여 당첨되는 것을 목표로 하자.

 무순위/잔여세대 공급이란?

앞서 살펴본 국민주택청약부터 3기 신도시 사전청약까지는 청약 종류에 따른 구분이었다. 마지막으로 청약 방법에 따른 구분 중 무순위/잔여세대 공급을 알아보자.

무순위/잔여세대 공급이란, 입주자 선정 이후 부적격 또는 계약해지 등으로 잔여 물량이 발생하였으나 예비 입주자 소진 또는 지위기간 경과로 예비 입주자가 없는 경우에 잔여 물량을 공급하는 방법을 말한다.

🔑 **쉬운 해석** : 미계약분, 미접수분, 부적격처리분 등의 잔여세대를 공급하는 청약

무순위/잔여세대 청약은 주로 청약홈(https://www.applyhome.co.kr)에서 주관하며, 종종 사업 주체가 직접 홈페이지 등을 꾸려 청약을 받기도 한다. 즉, 사업 주체의 홈페이지에서 추첨을 통해 당첨자를 선정하는 경우도 있다. 나는 청약홈에서 진행하는 투기 과열지구의 무순위 청약

에 당첨된 적이 있으며, 사업 주체가 직접 홈페이지에서 진행하는 무순위 청약에 예비 입주자로 당첨되었다가, 미계약 물량이 나오는 바람에 추가 당첨된 적도 있다. 주택을 소유하였더라도 꾸준히 관심을 가진다면 종종 당첨의 행운을 맛볼 수 있는 청약 방법이다.

📍 청약 자격
◆ 무주택 세대 구성원(세대주, 세대원)
◆ 해당 주택 건설 지역에 거주하는 사람

📍 순위별 조건 : 없음(프로그램으로 랜덤하게 추첨하는 방식)
* 시세 대비 반값의 부적격 처리분 잔여세대가 종종 나오므로, 꾸준히 공고를 체크하면 좋다.
* 경우에 따라서 유주택자도 분양받을 수 있다(일정 요건에 부합하며, 무순위/잔여분까지 미분양될 경우).
* 청약통장이 없어도 접수 가능하다.

지금까지 대표적인 청약 종류와 전략에 대해 알아봤다. 청약은 적은 자금과 클릭 몇 번만으로 내 집을 마련하기 가장 쉬운 수단이다. 그런 만큼 다른 부동산 취득 방법에 비해 경쟁률이 가장 높은 편이다. 경매는 경쟁률이 20:1 정도만 되어도 꽤 인기 물건이라 할 수 있는데, 청약은 수백이나 수천 대 1인 경우도 종종 있다. 방법이 쉬운 만큼 당첨이 쉽지는 않다. 따라서 자신의 청약 자격을 면밀하게 확인하여 남들보다 우선하여 공급받을 수 있는 방법을 모색해 보자. 또 꼼꼼히 공부하여 묻지마 청약이 아닌 꼭 계약할 단지만 선별적으로 따져 접수해야 할 것이다.

내 집 마련을 위한 세대 현황 및 자금 상황 제대로 파악하기

05

나는 SNS 활동 및 공인중개사, 부동산 내 집 마련 컨설팅 회사를 운영하면서 대략 2,000회가 넘는 상담을 하였다. 이런 경험을 바탕으로 내 집 마련을 위한 중요 기준을 확립하게 됐다. 그것은 바로 **집을 사려는 본인의 세대 현황과 자금 상황에 대한 객관적인 이해가 선행**되어야 한다는 것이다. 누구나 한강이 내다보이는 아파트가 좋다는 것은 알고 있다. 하지만 우리의 목표는 최고의 아파트를 사는 것이 아닌, 최적의 아파트를 사는 것이어야 한다. 그래야만 시장 상황에 흔들리지 않고 오랜 기간 거주 및 소유하며 진정한 거주의 행복과 안정적인 자산 증식을 누릴 수 있다.

다음 페이지의 표에 체크하며 자신의 상황을 객관화해 보자. 내가 직접 컨설팅을 진행할 때 의뢰인의 객관적 상황 파악을 위해 사용하는 실전 매수용 시트이다. 이런 자료를 통해 현재 나의 현황과 자금의 입출금 현황 등을 명확하게 파악하면 구체적인 자금 흐름 현황을 더 객관적으로 파악할 수 있다.

내 상황을 파악하는 실전 매수용 체크시트

세대 상세	현 거주지	
	세대 구성원 상세	
	세대원 전체 연령	
	매수 후 실거주 여부	
	세대원 전체 현 근무지	
	세대원 전체 근무 시간	
자금 상황	투자 시 대출 활용 여부	
	부채 포함 총 투자예상 금액	
	현 순수 자기 자본금 (EX: 예금 *천만 원, 주식 *천만 원, 가족 도움 등 *천만 원 등)	
	보증금, 채권 등 (EX : 월세 보증금 *천만 원, 전세 보증금 *억, 차용금 *천만 원 등)	
	부채 (EX : 차량 할부금, 카드 빚, 보증금 대출 등)	
투자 관련	부동산 투자 경험 여부	
	현재 부동산 취득 현황	
	취득 현황별 특이사항 (EX : 임대사업자 등록 등)	
	선호 투자 방법 (EX : 청약, 갭투자, 경매 등 실제 해 본 것만)	
	기타 요청 사항 (EX : 매수 시 최대한 반영하고 싶은 사항)	
	목표 투자지역 (EX : 없어도 상관없음)	
입출금 현황	세대 총소득	
	세대 총지출	
	지출 중 필수 항목	
	지출 중 불필요 항목	
	세대원별 소득 지출 상세	

(단위 : 만 원)	월 평균 급여	지출 항목	항목별 지출액	총지출액
구성원 1		대출 이자		
		외식비		
		유류비		
		통신비		
		개인 용돈		
		관리비		

구성원 1				
구성원 2	대출 이자			
	외식비			
	유류비			
	보험료			
	통신비			
	개인 용돈			
	관리비			

표를 작성하는 첫 단계는 원하는 내 집 마련 방법과 집의 형태, 위치, 사이즈, 금액 등을 구체화해 보고 내가 할 수 있는 적정한 기준선을 마련하는 것이다. 구성원별 지출 내용은 필요 시, 항목을 추가하여 직접 체크해 보자.

미래에 세대 구성원의 변동사항이 예정되어 있거나(출산 등), 직장의 위치가 변경될 수 있다거나 등의 변수가 존재한다면 그 변수를 고려하여 표를 작성해야 한다. 가장 큰 목적은 자금의 흐름을 파악하기 위함이다. 이를 통해 세대 내 가처분소득(매월 잉여자금)을 도출하여 여유 자금을 확인해야 한다. 집을 사고 나면, 계획은 과거에 세웠지만 앞으로 갚아 나갈 원리금 상환액은 변동할 수 있다. 예를 들어 내 집 마련을 위한 자금으로 원리금 상환액을 200만 원을 책정했는데 금리가 상승하면 원리금 상환액도 상승한다. 이때 나의 가처분 소득이 200만 원을 넘지 못한다면, 매월 적자가 나서 파산할 수도 있다. 이러한 **위험에 미리 대비하기 위해 금리 변동에도 안전한 자금 계획을 세워야 한다.** 이 시트를 작성하여 나의 자금 흐름을 명확히 파악한다면, 보다 안전한 자금 계획을 세울 수 있을 것이다.

06 자금을 마련하기 위해서는 소비 습관을 조정하라!

레버리지 효과에 대해 알고 있는가? 레버리지 효과란 순수 자기 자금 외의 자금을 조달하여 투자금을 늘리는 것이다. 부동산을 매수할 때 전액을 순수 자기 자금으로 매수하는 경우는 드물 것이다. 가격이 비싼 이유도 있지만, 부동산을 위한 대출 시스템이 잘 되어 있기도 하기 때문이다. 대출에 대해 부정적인 인식을 갖는 것은 구시대적이다. 적정하게 활용하면 좋은 면도 많다.

돈이 부족해 싼 것만 찾다가는 원하는 수익을 달성하지 못해 땅을 치고 후회하기도 한다. '이왕 집 마련하는 것 몇천 더 주고 저것을 샀더라면 좋았을 것이다'라는 생각이 들지 않으려면, 적정한 가치 판단 능력과 지불할 수 있는 능력이 뒷받침되어야 한다. 그러한 관점에서 보면 대출도 능력인 셈이다.

그런데 대출과 소비 습관이 무슨 관련이 있을까? 앞에서 자가 진단을 통해 세대 현황과 자금의 입출 현황을 명확히 한 바 있다. 이를 통해 소비 습관을 조정하여 세대 내 가처분 소득(비용을 제외하고 매월 남는 돈)을 최대한 늘려야 한다. 가처분 소득이 늘어야만 원리금 상환 능력이 높아지므로 내가 대출할 수 있는 금액도 증가한다. 그리고 가처분 소득을 늘리기 위한 가장 쉬운 방법은 소비 습관부터 조정하는 것이다.

소비 습관 조정에서 가장 중요한 것은 **불필요한 지출을 찾아내 세대 총 가처분 소득을 최대한 늘려서 '대출 시 최대 가용자금'이 얼마인지 정확히 파악해 내는 것이다.** 만약 미래에 소득이 늘거나(승진 등) 줄어들(임신 등) 계획이 있다면, 이를 최대한 반영하되 일시적인 변동은 고려하지 않는다. 이러한 방법을 통해 적정한 평균 가처분 소득을 책정하되, 항상 보수적으로 자금 계획을 세워야 한다.

소비 습관을 조정하기 위한 셀프 체크 표

조정 전	세대 총소득				
	세대 총지출				
	지출 중 필수 항목				
	지출 중 불필요 항목				
	세대 총가처분 소득				
	세대원별 소득 지출 상세(항목 부족 시 추가 서술)				
	(단위 : 만 원)	월 평균 급여	지출 항목	항목별 지출액	총지출액
	구성원 1		대출 이자		
			외식비		
			유류비		
			통신비		
			개인 용돈		
			관리비		
	구성원 2		대출 이자		
			외식비		
			유류비		
			통신비		
			개인 용돈		
			관리비		

조정 후	세대 총소득	
	세대 총지출	
	지출 중 필수 항목	
	지출 중 불필요 항목	
	세대 총가처분 소득	

세대원별 소득 지출 상세(항목 부족 시 추가 서술)

(단위 : 만 원)	월 평균 급여	지출 항목	항목별 지출액	총지출액
구성원 1		대출 이자		
		외식비		
		유류비		
		보험료		
		통신비		
		개인 용돈		
		관리비		
구성원 2		대출 이자		
		외식비		
		유류비		
		보험료		
		통신비		
		개인 용돈		
		관리비		

세대 구성원끼리 불필요한 지출을 찾아내야만 하는 이 과정이 즐겁지만은 않을 것이다. 지출을 줄이는 과정에서 갈등이 일어날 수 있다. 하지만 성공적으로 집을 마련하기 위해서는 반드시 거쳐야 한다. 이 작업을 거치고 나면 가처분 소득이 증가해, 다음과 같은 이익을 누릴 수 있다.

❶ 수익률 극대화 : 더 큰 자금을 활용할 수 있다는 것은 시장 상황에 따라서 수익률을 극대화한다는 측면을 가지고 있다.

EX) 이자가 5%일 때, 매월 41만 6천 원을 절약할 수 있다면, 이 절약한 금액을 활용하여 1억 원을 더 대출할 수 있다(거치식 대출 기준).

❷ 리스크 컨트롤 : 월 활용 자금이 많아지면 금리 인상기에도 파산 위험을 막아 자산을 보호하는 버퍼 역할을 할 수 있다.

❸ 저축액 증가 : 세대에서 불필요하게 새는 지출을 막아, 미래를 위한 저축 금액을 높일 수 있다.

내 집 마련은 대부분의 사람들에게 상당한 자금 부담을 안겨 준다. 따라서 **기존 소비 습관에서 불필요한 영역을 제거하여, 최대한 여유 자금을 확보하는 방향**으로 세대 전원이 노력해야 한다.

이 작업을 진행하다 보면 좌절감이 들 수도 있다. 생각보다 포기해야 하는 것들이 많이 보인다. 누군가는 자동차를 포기하고, 누군가는 친구들과의 모임을 줄여야 할 수도 있다.

20대 후반 첫 아파트를 마련할 당시, 나는 하고 싶은 대부분의 것을 포기했었다. 이렇게 하지 않으면 성공적인 내 집 마련은 보통 사람들에게는 먼 이야기라고 봐도 무방하다. 절대 가볍게 넘어갈 항목이 아니니 가족과 상의하여, 최대한 자금력을 높이는 데 집중하자.

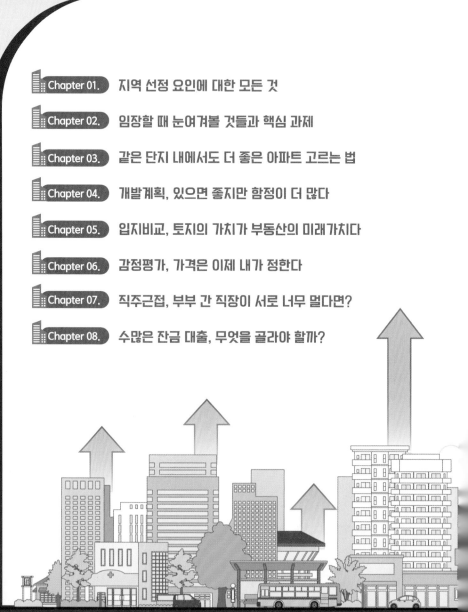

2장

내게 맞는
최고의 아파트
를 찾아라

들어가며

아파트를 사려면 통상 억대의 자금이 필요하다. 한 가족의 여생을 결정할 만큼 중대한 결정이다. 그럼에도 대개는 부족한 지식과 낯선 경험 때문에 무엇이 맞고 틀린지 구분하기 어렵다. 수많은 컨설팅을 하며, 감정적이고 추상적인 이유로 결정을 내리고 그 대가를 미래에 치르는 경우를 많이 봤다.

월가의 투자 귀재들은 한사코 같은 말을 해 왔다. "잃지 마라"라고 말이다. 우리가 열심히 돈을 벌고 저축해서 집을 마련하는 이유는 안정적인 삶을 영위함과 동시에 부를 증대하기 위해서이다. 그러나 부주의한 선택을 하면 개선은 커녕 손해와 기회비용만 낳는다.

2장에서는 자신만의 판단 기준을 세우고 구체적인 방법을 통해 탐구해 나가는 과정을 돕기 위해 '내게 맞는 최고의 아파트 찾는 방법'에 대해 이야기하고자 한다. 지역부터 잘 선택해서 임장하는 방법, 단지 내 아파트별 비교 방법, 함정을 피하는 방법, 비교를 통한 감정평가 방법, 부부들의 현실적인 고민을 반영한 직주근접, 주택담보대출에 대한 종류별 설명까지 실제로 집을 마련할 때 공부하고 고려해야 할 모든 것에 대해 담았다.

이 장을 탐독한 독자들이 적게는 수천만 원에서 많게는 수억 원까지 이익을 향유하도록, 결코 '잃지 않는' 무기를 갖추고 부동산 파도에 맞서길 고대한다.

01 지역 선정 요인에 대한 모든 것

내 집 마련 혹은 부동산 투자에서 지역 선정은 가장 우선해야 할 과제이다. 부동산 시장에서는 거시적으로 서로 다른 지역을 비교, 평가, 이해하는 것이 중요하다. 지역적 특징을 잘 파악하면 상대적으로 가격이 저평가된 지역을 찾아내는 데 도움이 되기 때문이다.

부동산은 움직일 수 없다. 그러다 보니 모든 지역은 서로 다른 특징을 가지고 있다. 완전히 똑같은 지역은 어디에서도 찾을 수 없다. 이러한 부동산만의 특성을 '부동산의 부동성'이라고 한다. 따라서 부동산은 위치와 건축된 건축물의 특성, 토지의 이용가치 등에 따라 모두 다른 가치와 가격을 갖는다.

이러한 특성 때문에 **각각의 부동산은 시간이 지나면서 가격 변화율에도 차이를 보인다.** 그러므로 한정된 자원으로 최선의 선택을 하기 위해 본질적 가치가 가장 높은 안전한 부동산에 투자 및 내 집 마련을 해야 한다. 정책, 위치, 입지, 현황, 개발 가능성 등 모든 변수를 고려하여 최적의 지역을 선택하는 것이다. 이를 위해 최소한 꼭 알아야 할 개념들에 대해 숙지하고, 개별 상황에 맞춰 전략을 세워 보자.

내 집 마련을 위한 초보 투자자 관점에서 꼭 알아야 할 핵심은 다음과 같다.

❶ 인구 통계 및 입주(수요와 공급)

❷ 입지(교통, 지적 현황, 용도구역 등)

❸ 지역별 특징

❹ 소득 수준(직주근접)

❺ 지역 개발 현황 및 계획

❻ 학군 현황

이 요소 이외에도 정책적 규제 여부, 자연환경, 상업시설 인프라 등 다양한 지역 선정 요인이 있을 수 있다. 집을 마련하려는 목적과 세대 현황에 따라서 지역 선정 요인은 얼마든지 중요도에서 차이가 있을 수 있다. 하지만 적어도 위에 기재된 여섯 가지 선정 요인은 반드시 고려해야 한다. 각각의 요인들은 개별적인 특성을 가질 수 있으나, 서로 영향을 주기도 한다. 예를 들어 소득 수준이 높은 곳에 좋은 학군이 생긴다거나, 교통이 발달하다 보니 인구가 늘어난다거나 하는 것들이다.

다수의 선정 요인이 평균 기대값 이상이며 타 지역에 비해 특별한 강점을 가진다면 더할 나위 없이 좋다. 그러나 어느 하나 우수할 것이 없다고 해서 앞으로도 계속 그러하다고 할 수는 없기 때문에, 요인별 특성에 대해 정확히 이해하고 미래 관점에서 접근하여 판단하길 바란다.

인구 통계 및 입주(수요와 공급)

인구 통계 및 입주는 거시적으로는 수요와 공급 간 힘의 균형을 의미한다. 이것만으로도 충분히 지역의 성장 현황 및 미래를 가늠할 수 있다.

수도권의 경우 지방도시에 비해 수요가 상대적으로 많다. 인구가 많기 때문이다. 그러나 지방은 인구와 입주만으로도 아파트 가격이 얼마든지 쉽게 출렁인다. 따라서 인구 통계 및 입주는 작은 규모의 도시로 갈수록 가장 큰 가격 결정 요인이 될 수 있다. **핵심지역에서 멀어지면 멀어질수록 인구 통계 및 입주는 가장 민감하게 체크해야 할 지역 선정 요인**이다.

인구 통계 및 입주를 가장 쉽게 파악하는 방법은 부동산지인(https:// aptgin.com/root_main) 프롭테크 사이트를 활용하는 것이다. 이 사이트를 잘 활용하기 위해서는 단순 숫자와 변화율을 외우기보다는 인구 통계 및 입주와 지도를 보며 지역 간의 연관 관계를 이해하는 것이 중요하다. 인구와 입주가 마치 혈관의 피처럼 각 신체에 어떻게 연계되어 어떻게 흘러가는지, 어디로 모이는지, 앞으로는 어디로 흘러가게 될지를 파악하는 것이 필요하다.

책에서는 인접 지역의 상관관계를 설명하기 위해 인천 서구와 김포시, 서울 강서구를 예로 조사하였다. 이러한 지역분석을 할 때 팁은, **핵심 업무지구를 공유할 수 있을 만큼 인접하였는가 여부**이다. 이 세 지역이 공유하는 핵심 업무지구는 마곡, 김포공항 등이다. 예시를 통해 인구 통계 및 입주에 관한 유기적 관점을 가지는 것을 연습해 보자. 부동산지인 사이트에 접속하여 '지역분석'을 클릭한다.

〈사진 2-1〉 부동산지인 지역분석 시작하기 　　　　　　　　　　　　(출처 : 부동산지인)

그다음, 김포시, 인천 서구, 서울 강서구 등을 조회한다.

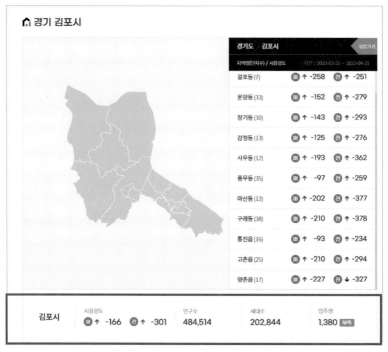

〈사진 2-2〉 지역 분석 요약 확인 예시   (출처 : 부동산지인)

검색을 하면 **사진 2-2**와 같이 지역별 인구 수, 세대 수, 입주량을 확인할 수 있다. 이 수치를 지역별로 아래 표처럼 정리하여 한 번에 비교한다. 예시 지역을 비교하면 인구 수와 세대 수는 세 지역이 비슷하지만, 입주량(공급)에서 압도적으로 인천 서구가 높음을 한눈에 알 수 있다.

지역	인구 수	세대 수	입주량
김포시	484,514	202,844	1,380
인천 서구	598,675	253,473	17,235
서울 강서구	568,287	274,283	1,157

🔺 조회 시기 기준 인구 수, 세대 수, 입주량 비교

대상 지역의 인구 수, 세대 수, 입주량이 정리되었다면, 다시 부동산지인 홈페이지에서 '빅데이터지도'를 클릭한다.

〈사진 2-3〉 부동산지인 빅데이터지도 시작하기　　　　　　　(출처 : 부동산지인)

부동산 데이터 지도가 나온다. 우측 상단에 위치한 카테고리 탭에서 '전출입'과 '1년'을 클릭한다.

〈사진 2-4〉 지역 전출입 1년치 확인하기 (출처 : 부동산지인)

 TIP

기간은 길수록 신뢰도가 커지지만 최근 동향의 반영도가 떨어진다. 반면 짧을수록 신뢰도는 낮아지지만 최근 동향의 반영도는 높아진다. 1년뿐 아니라 모든 기간을 비교해 보면 더욱 신뢰할 수 있는 정확한 정보를 얻을 수 있다.

이후 비교를 원하는 지역인 서울 '강서구'를 지도에서 클릭한다.

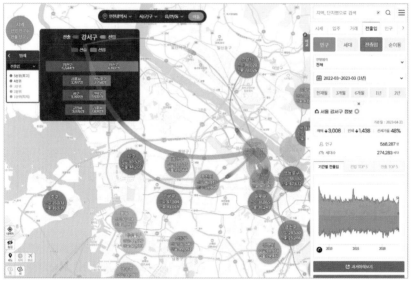

〈사진 2-5〉 전출입 확인하기 예시 : 서울 강서구   (출처 : 부동산지인)

그럼 **사진 2-5**와 같이, 해당 지역에서 지정한 기간 1년간 인접지의 어느 곳으로 인구가 전출입하였는지 확인해 볼 수 있다. **강서구는 가장 인접한 서울인 양천구에서 전입전출 수요가 가장 많고, 그다음으로는 비교적 저렴한 김포와 인천 서구로 인구가 많이 이동**하고 있음을 확인할 수 있다.

이번엔 '인천 서구'를 클릭해 본다.

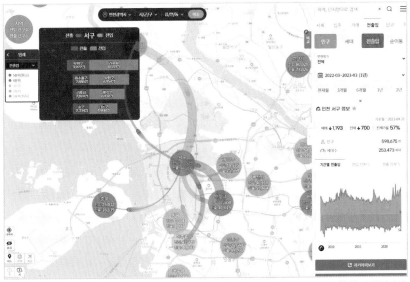

〈사진 2-6〉 전출입 확인하기 예시 : 인천 서구 　　　　　　　(출처 : 부동산지인)

　　인천 서구의 경우 인접지인 인천 부평구와 김포시로의 이동이 압도적
으로 많으며, 인천 서구에서 서울 강서구로 전입하는 경우는 높은 비중에
들지 못하는 결과가 나온다. 종합하면 최근 1년간 서울 강서구에서 인천
서구로 많이 이동했으나, 그 반대로(인천 서구에서 서울 강서구로)의 이동
은 우선 순위에 들지 않았음을 알 수 있다.

　　또한 앞서 표로 정리했던 입주량(공급)의 차이를 토대로 자세한 사정을
확인해 보자. 해당 기간에 인천 서구는 검단신도시와 루원시티의 입주에
힘입어 1년간 만 세대가 넘는 입주를 하였다. 따라서 상대적으로 임대차
가격이 안정되는 등 타 도시로부터 전입하기에 유리한 조건을 만족하였
다. 그 결과, 인접지인 김포시와 강서구로부터 전입이 매우 많았던 것이
다. 결론적으로 인천 서구의 높은 새 아파트 입주량(다량의 공급)이 인접
지의 인구 이동(수요)에 큰 영향을 미쳤을 것이라 유추할 수 있다.

이번엔 김포시를 클릭해 보자.

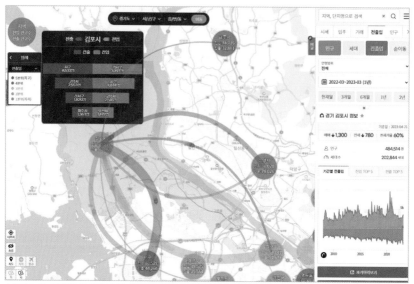

〈사진 2-7〉 전출입 확인하기 예시 : 김포시 　　　　　　　　　(출처 : 부동산지인)

　사진의 날짜 기준, 김포에서 서울 강서구로 전출하는 인구는 1,820명이며 서울 강서구에서 김포로 전입하는 인구는 3,397명이다. 인천 서구와 마찬가지로 서울 강서구에서 전입하는 인구가 훨씬 많다는 것을 확인할 수 있다.

　앞선 세 가지 지역별 전입/전출을 앞에서 작성한 인구 수/세대 수/입주량 비교 표와 같이 확인하면 세 가지 사실로 정리할 수 있다.

사실 1. 김포와 강서구 간의 인구 이동은 전입/전출인구 숫자가 타 지역에 비해 우선순위권에 존재한다(사진 2-5, 2-7 확인). 그러나 인천 서구에서 강서구로의 인구 이동은 우선순위권에 존재하지 않는다(사진 2-6 확인).

사실 2. 인천 서구에서 강서구로의 이동은 적지만(사진 2-6 확인), 반대로 강서구에서 인천 서구로의 이동은 비교적 높은 편이다(사진 2-5 확인).

사실 3. 김포에서 인천 서구로의 이동은 매우 많지만(사진 2-7 확인) 인천 서구에서 김포로의 인구 이동은 비교적 적다(사진 2-6 확인). 오히려 인천 서구에서는 인접지인 인천 부평구로의 이동이 압도적으로 높다.

이를 통해 우리는 김포시-서울 강서구 vs 김포시-인천 서구 vs 인천 서구-서울 강서구 간의 연관성을 추정해 볼 수 있다. 인구는 기존 일자리를 염두에 두고 이동한다. 특히 핵심 업무지구인 마곡과 김포공항이 있는 서울 강서구에서의 이동이 많다는 것은 강서구에서 살던 인구가 인천 서구로 전입하여도 기존 일자리로 출퇴근이 가능함을 암시한다.

한편 인천 서구는 타 도시에서의 전입은 많으나 전출은 대부분 같은 인천 내로 하고 있다. 이를 통해 인천 서구에 거주하던 사람들은 인천 지역 내의 일자리를 가지고 있을 가능성이 높다는 것을 유추할 수 있다. 따라서 이러한 결론을 내려 볼 수 있다.

결론 1. 앞서 발견한 사실 1을 통해 김포는 강서구와의 연관 관계가 인천 서구와의 연관 관계보다 높음을 알 수 있다.

결론 2. 인천 서구 중 입주량이 많은 지역(검단신도시, 루원시티)을 제외한 인천 서구의 인구는 일자리가 인천에 있을 가능성이 높다.

결론 3. 강서구의 높아진 주거비 부담은 인접지인 김포와 인천 서구로의 인구 전출을 가속화했다.

세 가지 결론을 종합하면 이러한 투자 및 내 집 마련 전략을 세워 볼 수 있다. 강서구의 집값이 높아지면 마곡과 김포공항의 일자리에 의존하는 수요는 다음 후보인 김포와 인천 서구(검단신도시, 루원시티 인근)로 이동할 가능성이 높다. 따라서 인천 서구의 검단신도시와 루원시티 지역을 제외한다면, 김포로의 내 집 마련이 인천 서구 지역에 비해 유리할 수 있다. 이는 결론 1에서 일자리 연관 관계가 인천 서구(검단신도시, 루원시티 제외 지역)에 비해 김포가 높았음을 짐작하였기 때문이다.

마곡 또는 김포공항에 일자리를 가진 사람의 내 집 마련 선택지로는 1순위 강서구 2순위 김포시 3순위 인천 서구 중 검단신도시, 루원시티 4순위 이외 인천 서구 지역을 꼽을 수 있을 것이다.

이후 각 지역별 가격을 파악하여 내가 감당 가능한 재무 계획에 따라 최적의 내 집 마련 전략을 취할 수 있다.

지역	일자리 연관성	우선순위
강서구↔김포	가장 높음	1순위
강서구↔인천 서구(검단신도시, 루원시티)	높음	2순위
강서구↔인천 서구(검단신도시, 루원시티 제외 지역)	낮음	3순위

참고 김포시와 인천 서구를 선정한 이유

물론 서울 마포구나 양천구, 경기도 고양시나 부천시 등의 지역이 더 좋다고 주장할 수 있다. 다만 지금의 내용은, 이미 지역을 선정했다면 그다음에는 그 지역들 중에서 가장 유리한 조건을 찾는 연습을 한 것이다. 이 연습에서 김포시와 인천 서구를 선정한 이유는 인접지의 입주(공급) 물량이 많을 경우 어떠한 인구(수요) 이동이 있는가에 대한 내용도 다룰 수 있어서 그렇게 한 것일 뿐, 여러분의 필요에 따라서 얼마든지 다른 지역을 선택하여 비교해도 된다.

지역 간의 연관성과 우선순위 파악이 중요한 이유는, **핵심지로부터 1순위-2순위-3순위 도시 순서대로 부동산 가격이 올라가기 때문**이다. 이러한 특성을 잘 파악해야만 1순위 도시의 가격이 앞서 나갈 때, 2순위 도시에 투자를 재빠르게 할 수 있다. 인접지 공급에 따른 인구의 전출입만으로도 지역 간의 연관 관계를 유추해 투자 우선 지역을 빠르게 잡을 수 있는 것이다.

또 이를 반대로 해석하면 1순위 도시의 가격이 주춤할 때는 그 지역 간 연관 관계가 높은 지역일수록 가격도 먼저 휘청거릴 수 있음을 시사한다. 따라서 집을 마련하려는 대상 지역의 대장 지역에 대한 의존도가 높을수록 대장 지역에 대해 깊게 공부할 필요가 있다. 여기에서 예를 든 것처럼 **강서구에 일자리를 가진 사람이 김포에 내 집 마련을 하고자 한다면, 김포에 대한 공부보다는 1순위 도시인 강서구에 대한 공부를 많이 해야 더 훌륭한 투자 성과를 가져올 수 있다.**

수요는 1순위 도시가 가장 많고 공급은 후순위 도시가 가장 쉬운 것이 보편적이다. 따라서 1순위 도시의 움직임을 빠르게 파악하는 사람이 후순위 도시 가격이 상승하기 전에 좀 더 유리한 조건으로 내 집 마련을 할 수 있다.

🏠 입지(교통, 지적 현황, 용도지역 등)

입지는 위치와는 조금 다른 개념이다. 위치는 한 지정된 장소를 의미한다. 한편 입지는 심리적, 시간적으로 접근성이 얼마나 좋은지에 대한 개념이다. 위치가 거의 동일해도 입지는 차이가 클 수 있다.

〈사진 2-8〉　　　　　　　　　　　　　　　　　　　　　　　　　(출처 : 네이버부동산)

사진의 장소는 석남역이다. 7호선이 연결되기 전의 석남역은 원적산의 영향으로 산곡역
보다 대중교통 서울 접근성이 매우 떨어졌다. 위치에 있어서는 산곡역과 크게 차이 나지
않지만 산 하나 차이로 인해 입지는 매우 좋지 않았다.

하지만 현재는 7호선이 석남역에 완공되어 서울 접근성이 산곡역과 크게 차이 나지 않으
므로 이전과 위치는 동일하지만 입지는 매우 좋아졌다. 이를 통해 위치와 입지의 차이를
확인할 수 있다.

위 사례와 같이, 인접한 두 지역이 산이나 고속도로 하나로 단절되어 한
지역이 목적지까지 도달하기 위해 빙 둘러서 이동해야 하는 경우에(7호선
이 연결되기 이전의 석남역), 입지는 큰 차이가 있다고 할 수 있다. 큰 지
도로 놓고 보면 위치는 거의 동일하지만 목적지까지의 접근성에서는 크게
차이가 난다. 결론적으로 우리는 위치가 아니라 입지 개념을 바탕으로 아

파트를 선택해야 현명하다.

　입지가 좋아진다, 입지가 좋다는 개념은 한 지역이 핵심지역에 빠르게 도달할 수 있는가 혹은 핵심지역이 될 가능성이 있는가로 결정된다. 즉 교통 개발, 땅의 용도변경을 통한 지역 자체의 개발 가능성이 입지의 핵심이다. 석남역의 사례처럼 이전보다 입지가 좋아질 위치를 찾는 법을 배우고 그 정보를 해석할 능력을 갖추어 더 좋은 기회를 찾아보자.

　우선 입지를 확인하는 방법을 배우기 위해, 네이버부동산(https://new.land.naver.com)에 접속한다. 네이버부동산 지도에서 우측 상단 탭의 '개발'을 클릭한다.

〈사진 2-9〉 네이버부동산 개발 정보 확인하기　　　　　　(출처 : 네이버부동산)

　클릭하면 **사진 2-9**와 같이 정비 구역, 지하철 교통 개발계획 등을 확인할 수 있다. 지도를 확대하여 **사진 2-10**처럼 개발 내용을 클릭해 보자. 그럼 각 개발에 대한 자세한 사항을 확인할 수 있다.

〈사진 2-10〉 개발 정보 상세 확인하기　　　　　　　　　　　(출처 : 네이버부동산)

〈사진 2-11〉 개발 정보 상세 화면 (출처 : 네이버부동산)

사진 2-11처럼 개발 관련 탭이 나오면 스크롤을 아래로 내려 '관련 자료' 탭에서 변경 고시문 '자세히 보기'를 클릭한다.

<사진 2-12> 개발 정보 상세 화면에서 고시문 확인하기   (출처 : 네이버부동산)

<사진 2-13> 고시문 내용 확인하기   (출처 : 국토교통부)

'변경 고시문 자세히 보기'를 클릭하면 국토교통부(https://www.molit.go.kr) 홈페이지로 연결된다. 철도 교통뿐 아니라, 재개발 재건축 등에 관련된 개발 현황 및 계획까지도 최신 자료로 열람하여 확인할 수 있다. 이 방법을 통해 손쉽게 지도에서 관심 있는 지역의 개발 정보를 확인할 수 있다. **입지가 좋아지는 문제는 결국 이와 같은 해당 지역의 교통과 주거환경 개발 등에 달려 있다.**

현재 발표된 개발계획 이외에도 입지는 미래에 언제든 변할 수 있다. 이를 고려하여 추후에 개발될 여지가 높은 곳을 선점해야 한다. 입지를 기반으로 선점하는 이 방법은 입지의 상향 여부가 미래에 달려 있기 때문에 리스크가 다소 있다. 하지만 입지 이해도가 높으면 그렇지 못한 경우보다 훨씬 더 높은 수익률을 거둘 수 있다. 이를 위해 지적 현황과 용도구역에 대해 확인하는 방법도 알아보자.

기본적으로 지적도(임야도)는 정부24(https://www.gov.kr) 홈페이지를 통해 발급받을 수 있다. 정확한 지번을 입력하여 내가 확인하고자 하는 필지(소유권을 기준으로 한 땅의 구분)를 확인하면 된다. 그렇지만 이 방법은 개별 물건을 이미 선택하고 난 뒤에 구체적인 땅 모양과 개발 가능성 타진 등을 확인하기 위하여 보는 것이 주 목적이다. 내 집 마련 전략을 찾는 사람에게는 실용성이 높지 않다. 따라서 더 쉽고 직관적인 지적도 확인을 위해, 네이버부동산에서 우측 탭의 '지적편집도'를 클릭한다. 그럼 **사진 2-14**처럼 '개발'과 '지적편집도'를 동시에 확인할 수 있다.

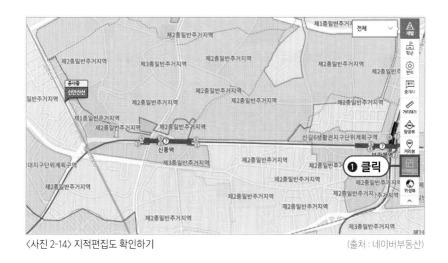

〈사진 2-14〉 지적편집도 확인하기   (출처 : 네이버부동산)

　이렇게 보면 개발계획과 토지 용도 간의 밀접한 상관성을 한번에 확인할 수 있어 좋다. 또 '지적편집도' 탭을 켜고 볼 때와 끄고 볼 때를 비교하면서, 어떤 건물이 어떤 용도지역에 위치하였는지 확인해 보면 땅과 지어진 건물 사이의 관계를 이해하기 좋다.

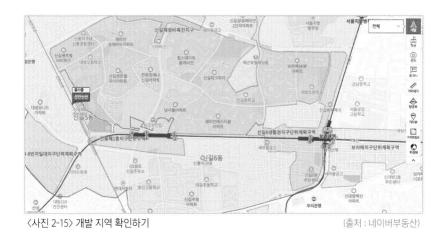

〈사진 2-15〉 개발 지역 확인하기   (출처 : 네이버부동산)

　사진 2-14와 **2-15**의 지역은 서울 영등포구 신길동 지역이다. 이 지역

은 현재 많은 재개발 구역이 개발 완성되어 대단지 새 아파트들이 많이 입주하였다. 이 지역을 **사진 2-14**처럼 확인하면 대부분이 2종 일반주거지역임을 확인할 수 있다. 이러한 조사를 통해 개발구역과 용도지역이 아파트를 건축하기 적합한 곳인지 분별한 다음 적합한 곳이라면 단독주택, 다세대 빌라 등을 매입하는 전략도 생각할 수 있다. 또는 재건축 사업성이 높은 낡은 아파트를 선택하는 방법도 생각해 볼 수 있다. 이러한 감각을 익히기 위해 용도지역에 대해서도 알아보자.

용도지역	세분		건폐율	용적률
도시지역	주거지역	1종 전용주거지역	50%	50~100%
		2종 전용주거지역	50%	100~150%
		1종 일반주거지역	60%	100~200%
		2종 일반주거지역	60%	150~250%
		3종 일반주거지역	50%	200~300%
		준주거지역	70%	200~500%
	상업지역	중심상업지역	90%	400~1500%
		일반상업지역	80%	300~1300%
		근린상업지역	70%	200~900%
		유통상업지역	80%	200~1100%
	공업지역	전용공업지역	70%	150~300%
		일반공업지역	70%	200~350%
		준공업지역	70%	200~400%

🔺 용도지역별 건폐율과 용적률(빨간 박스는 아파트가 지어지는 지역)

국토의 계획 및 이용에 관한 법률 제2조 15항에서는 용도지역이란 토지의 이용 및 건축물의 용도, 건폐율(건축법 제55조의 건폐율을 말한다. 이하 같다), 용적률(건축법 제56조의 용적률을 말한다. 이하 같다), 높이 등을 제한함으로써 토지를 경제적·효율적으로 이용하고 공공복리의 증진을 도모하기 위하여 서로 중복되지 아니하게 도시·군 관리계획으로 결정하는 지역이라고 말한다. 쉽게 풀어 쓰면 토지마다 용도를 정해 줌으로써 토지의 개발 가이드라인을 마련한 것이다.

용도지역이 어떻게 구분되느냐에 따라서 어떤 건축물이 건설될지를 가늠할 수 있다. **아파트는 주로 2, 3종 일반주거지역에 위치하며 준주거와 일반상업지역, 준공업지역까지도 위치한다.** 이외의 용도지역에서는 건축허가가 불가능하거나 토지가격상 수익타산이 맞지 않아 아파트를 찾아보기 어렵다. 하지만 토지의 종 상향으로 인해 1종 일반주거지역이 2종 일반주거지역으로 변하면서 아파트가 건축될 여건이 마련되기도 한다. 재개발을 통한 토지의 종 상향이 대표적인 예이다.

참고 **건폐율과 용적률 이해하기**

건폐율은 건축하려는 대지면적 대비 건축면적의 비율을 말한다. 하늘에서 땅을 바라봤을 때 그 땅에서 얼마만큼의 비율로 건물 바닥 면적을 설정할 수 있는가라고 생각하면 된다. 용적률은 대지면적 대비 연면적(건물 각 층의 바닥 면적을 합한 전체 면적)의 비율을 말한다. 용적률이 높을수록 건축물이 지어질 수 있는 층이 높아진다고 보면 된다.

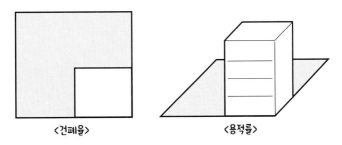

〈건폐율〉　　　　　　　〈용적률〉

그림에서 회색 부분이 내 소유의 토지, 흰색 부분이 그 토지 위에 지어진 건물이라고 가정하자. 건폐율 그림은 하늘에서 내려다 본 토지와 건물의 모양 및 배치이다. 이해를 돕기 위해 건축물을 사각형인 토지의 딱 1/4만큼 만들어 우측 하단에 붙였다. 딱 보더라도 건축물이 토지를 차지한 비율이 1/4이다. 1/4은 25%이니, 이 건축물은 건폐율 25%로 지어졌다고 할 수 있다.

용적률 그림은 같은 토지 및 건물을 3차원으로 표현하였다. 건폐율이 25%이므로 건축물의 맨 아래 바닥 면적도 25%일 것이다. 이러한 바닥이 4층, 즉 4개이므로 이를 모두 합친 면적은 100%가 될 것이다. 이를 용적률이라 한다. 이 건축물의 용적률은 100%가 되는 것이다.

정리하면 아파트와 연관 지어 용도지역을 체크할 때에는 1순위로는 2종 일반주거, 3종 일반주거, 준주거지역인지, 2순위로는 일반상업, 준공업, 1종 일반주거지역인지를 체크한다. 이렇게 용도지역까지 확인하면 재건축, 재개발과 같은 정비사업의 사업 가능성도 타진해 볼 수 있다.

예를 들어 A 아파트와 B 아파트가 인접 지역에서 완전히 동일한 조건으로로 재건축을 한다고 할 때, A 아파트는 준주거지역에 위치하고 B 아파트는 2종 일반주거지역에 위치한다면 어디가 재건축 사업성이 좋다고 할 수 있는가? 당연히 용적률과 건폐율이 높은 A 아파트가 될 것이다. 건축될 수 있는 면적과 높이가 크기 때문이다.

🏠 지역별 특징

지역 특징은 단어 자체로도 추상적이고 모호한 개념이다. 여기서는 대체로 영리하게 내 집 마련을 하기 위한 기준만을 제시한다.

우선 집을 마련하고자 하는 곳이 수도권인가 5대 광역시인가 지방 거점 도시인가 지방 소도시인가를 고민해야 한다. 지역별로 전략 자체가 달라지기 때문이다. 뒤에 제시된 내용은 대체로 이러하더라라는 관점으로 이해하는 것이 좋다. 전국의 지역별 특징을 모두 객관적으로 비교한다는 것은 사실상 말이 안 될 뿐더러 알 필요도 없다. 다만 가장 유리한 선택을 하게 도와줄 배경지식 정도로 이해하면 된다.

1 수도권

수도권의 지역 특징을 고려한 가장 좋은 전략은 비교적 명쾌하다. 3대 업무지구(여의도, 강남, 광화문)로의 접근성을 기준으로 하여 거주가 가능한 최대한 가까운 아파트를 찾으면 된다. 자본과 미래 소득을 감안해 3대 업무지구로 가까이 나아가는 것을 목표로 하면 된다.

만약 3대 업무지구와 관련 없는 곳에 거주한다면, 송도 바이오나 마곡지구, 판교 테크노밸리 등 고소득 일자리가 위치하는 지역에 최대한 가깝게 위치하면 된다. 이외에도 평택 고덕 반도체, 동탄 반도체, 용인 반도체 클러스터, 수원 삼성본사, 광명 기아자동차, 남양 현대자동차 등 좋은 일자리가 가까운 곳에 내 집 마련을 하면 된다.

수도권의 전략이 간단한 이유는 수많은 인구가 일자리 때문에 모여든 것이기 때문이다. 인구가 감소한다 할지라도 아파트를 선호하는 세대 수 자체의 감소가 있지 않은 이상 수도권 아파트 시장 수요는 지속될 확률이 높다. 일부 사람들은 2050년이 되면, 인구가 많이 줄어드는데 어떻게 아파트 가격이 계속 상승할 수 있는가 반문하곤 한다. 그러나 이는 구매력이 풍부한 사람들이 어떤 집에 살고 싶어 하는가에 대한 사실을 과소평가하는 것이다. 나는 앞으로도 수도권 아파트는 양질의 업무지구로 출퇴근이 가능한 곳이라면 본질적인 가치가 있다고 확신한다.

이외에도 수도권의 경우 대규모 재개발이나 도시개발사업 등에는 관심을 적극적으로 가질 필요가 있다. 대규모 개발을 천문학적 돈과 시간을 들여 한다는 사실만으로도 차분하게 조사해 볼 이유가 충분하다.

2 5대 광역시

5대 광역시는 인천광역시를 제외하고 부산, 대전, 대구, 광주, 울산광역시를 말한다. 5대 광역시와 수도권의 가장 큰 차이는 신규 아파트의 공급 속도가 크게 차이 난다는 점이다. 5대 광역시 모두 인구가 많아 새 아파트에 대한 고정 수요는 있지만, 한번 공급을 계획하면 수천 수만 세대 물량을 단 몇 년 내에 공급할 수 있는 특성을 가진다. 주변 지역에 신규 공급이 가능한 땅이 많기 때문이다. 따라서 수도권보다는 공급 물량의 영향을 크게 받는다.

광역시는 충분한 인구와 토착 산업 덕분에 충분한 자본력을 가지고 있다. 이 때문에 핵심지는 시간에 따른 지가 상승이 수도권만큼 높다. 핵심지의 지가 상승이 매우 높기 때문에 핵심지와 주변 지역 지가의 차이가 급격히 벌어지고, 벌어진 지가만큼 주변 지역의 건축 사업성이 빠르게 상승한다. 사업성이 상승하면 주변 지역을 지자체가 매입하여 신도시를 건설하기 좋은 환경이 조성되고, 단기간에 수많은 새 아파트를 공급할 수 있게 된다. 신도시는 도시개발사업으로 진행되는데 도시개발사업이 톱다운 형식(공공주도 개발)으로 진행되기 때문에, 토지만 확보되면 비교적 빠른 속도로 대규모 건축이 허가되고 착공되는 특징이 있다.

그뿐 아니라 민간에서도 핵심지 대비 비교적 큰 차이가 나는 저렴한 지가를 바탕으로 재건축 사업도 빠르게 진행하기 때문에 정비사업도 빠르게 진행되는 편이다. 지난 몇 년간 대구광역시의 예가 그렇다. 또한 광역시 인근 소도시의 신규 아파트 공급도 수도권에 비해 매우 빠른 속도로 늘어날 수 있다.

따라서 5대 광역시의 전략은, 아파트가 낡았거나 정비사업이 필요한 곳이라 하더라도 핵심지에 최대한 가까운 것이 좋다. 5대 광역시의 핵심지는 전통적으로 해당 지역의 사람들의 평판이 좋고 우수한 학군을 갖추었기에 아파트가 낡았더라도 토지가격 자체는 계속 오르는 편이다. 마치 서울의 목동을 생각하듯 접근하는 것이 좋다. 목동이 강남 접근성을 보고 투자를 하는 것이 아니듯, 5대 광역시는 그 광역시에서 대대로 인정받고 학군이 좋으며 부자들이 가고 싶어 하는 동네가 한정되어 있다.

종종 성공적인 도시개발사업으로 인해 인접 지역으로 부촌이 이동하는 경우도 있으나, 일반적으로 해당 지역의 구매력이 높은 수요층은 전통적 지역을 선호한다. 그래서 5대 광역시는 주로 오래된 아파트가 많은 핵심지가 가격이 가장 높고 인근 지역에 새롭게 조성된 신도시가 그 다음을 차지하며 핵심지 주변의 낡은 거주지가 마지막을 차지한다. 따라서 핵심지의 재건축 아파트 매수가 가장 좋고(비용이 크지만 안정적인 운영이 가능), 그다음은 인접지 신도시(비용이 적게 들고 가격이 상승될 여력이 높음)의 분양권을 매수하는 것이 좋다. 물론 광역시마다 개성과 가격 상승 요인, 공급의 정도는 차이가 있지만, 이 내용을 기본적으로 알고 접근하면 좋다.

지방 거점도시는 인구가 50만~100만 정도 되는 도시로 이해하면 된다. 청주, 충주, 천안아산, 창원, 전주, 김해 등의 도시이다.

이러한 도시의 특징은 해당 지역의 산업과 일자리에 따라 아파트 가격차가 천차만별이라는 것이다. 주거용 부동산의 특성상 수도권이든 5대 광역시든 지방 거점도시든 일자리나 학군이 아파트 가격에 가장 높은 영향을 미치는 것은 동일하지만, 지방 거점도시는 마치 '그 일자리가 아니었다면 여기에 살지 않았을 것이다'라는 느낌을 받는다. 그만큼 일자리 인접 여부와 거주 환경이 아파트 가격에 매우 높은 영향을 미친다. 따라서 해당 지역 주요 산업의 유망함과 일자리의 질(대기업 유치, 존재 여부) 등을 자세히 따져야 좋은 선택을 할 수 있다.

또 흥미로운 점은 일자리 인접 지역에 재개발 사업 등으로 대규모 공급 및 새 주거환경 인프라가 조성되면 부촌이 빠르게 이동한다는 점이다. 수도권이나 5대 광역시는 전통적인 핵심지역의 충성도가 높은 반면 지방 거점도시는 비교적 부촌이 빠르게 이동한다. 지하철이 없거나, 있어도 핵심 교통수단이 아니기에 양질의 일자리에 자동차로 이동할 수 있는 정도라면 주거환경 개선에 더욱 민감하게 반응한다. 서울 목동의 아파트가 아무리 낡아도 학군 때문에 부촌으로서 오랜 기간을 자리 잡아 온 것과는 대조적이다.

따라서 지방 거점도시의 전략은 최대한 선호 지역의 새 아파트를 매수하거나, 새롭게 도시개발되는 지역을 분양받는 것이 좋다. 청약 경쟁률도 수도권이나 5대 광역시에 비해 낮은 편이라서 신규 공급이 많아질 때가 좋은 시기이다. 다만 도시 자체의 자금력과 인구가 제한적이기 때문에, 외지의 투자 분위기에 따라 가격 변동성이 큰 점은 주의해야 한다. 지방 거점도시는 보통 부동산 시장 전체가 좋은 분위기를 탈 때만 대규모 공급이 이루어지기 때문에 이때 외지 투자 수요가 물밀듯 들어올 수 있다. 따라서 기존 선호 지역과 대비했을 때 신규 공급 지역의 가격이 적정한가에 대한 판단을 할 수 있어야 하며, 부동산 침체 장세에 들어서더라도 다음 호황기가 찾아올 때까지 유지할 수 있을지를 미리 가늠해야 한다.

④ 지방 소도시

지방 소도시는 상승장에서도 정책적 규제가 적은 편이다. 어떤 시장 상황에서도 매수하기가 비교적 쉽다. 금액도 상대적으로 저렴하다.

지방 소도시는 인구도 20만~30만 혹은 그 이하로, 해당 지역에 대규모 산업 혹은 대기업이 없는 경우가 많다. 외지 투자 수요로 인해 가격이 가장 크게 변동하며 기존 지역의 수요와 자금력이 상대적으로 적기 때문에, 민첩하게 움직여야 한다. 부동산에 아무 관심이 없는 사람과 공격적 투자를 하는 외지인이 한데 섞여 있는 곳이다. 그만큼 잘 투자하면 수익률은 엄청나게 높지만 잘못 투자하면 큰 손실을 보거나 못 팔게 될 수도 있다.

추천하는 지방 소도시 전략은 부촌을 따라 계속 이동하는 것이다. 지방 소도시는 부촌이 계속 변하기 때문이다. 그중에서도 최대한 신축 아파트만 골라야 한다. 외지인의 이목을 끌어 투자를 유도할 수 있는 아파트만 선별적으로 가격이 폭등하기 때문에, 신축 아파트를 많이 분양하는 곳으로 계속 옮겨 다니면서 일시적 2주택 양도세 비과세 전략을 취하는 것이 좋다. 그렇지 않은 낙후 도심의 경우 가격이 오르지 않거나 오히려 내려가는 경우가 많다.

지방 소도시는 대체적으로 신축 아파트가 모여 있는 곳인가 그렇지 않은가가 가장 중요하다. 부촌의 이동이 얼마든지 빠르게 변할 수 있고, 지가가 낮아 필요하다면 정책에 따라서 금방 개발이 이루어질 수 있다. 원주 혁신도시 기업도시가 그 예이다.

또한 민간 일자리가 상대적으로 적기 때문에 공공부문 일자리가 밀집한 지역이 가격 흐름이 좋다. 그래서 지방 소도시는 대체로 정책에 의해 공공부문 일자리가 들어오는 곳이 있다면 그곳이 가장 청약, 분양권 투자를 하기 좋은 곳이 된다.

반대로 구도심의 낡은 아파트에 지속 거주하는 것은 재건축이 아닌 이상 피하는 것이 좋으며, 재건축이 가능한 아파트라고 해도 사업성이 부족한 경우가 많으니 주의해야 한다.

소득 수준(직주근접)

지역의 소득 수준과 소득 수준 증가율은 해당 지역의 현재와 미래 발전 가능성을 알려 주는 열쇠이다. 둘 중에서는 소득 수준 자체보다 소득 수준의 증가 속도에 관심을 가지는 것이 좋다. **소득 수준 증가는 비교적 젊은**

층(30~40대)의 유입과 관련이 높기 때문이다.

젊은 층의 유입 요인으로는 주로 학군, 인프라, 양질의 일자리, 주거환경 등이 있다. 젊은 층의 유입이 많을수록 해당 지역의 소득 평균이 증가하기 때문에 소득 증가율을 확인하면 해당 지역의 주거 환경이 좋은지를 짐작할 수 있다. 아래의 표는 통계청(https://kosis.kr) 자료로 연령대별 3개년 소득 수준을 보여 준다. 30~40대의 소득이 생애주기에서 가장 높은 것을 확인할 수 있다. 이 표가 아니더라도 30~40대가 가장 높은 소득을 올릴 시기라는 것은 누구나 아는 사실이다.

단위 : 만 원	2019		2020		2021	
연령대별	평균소득	중위소득	평균소득	중위소득	평균소득	중위소득
19세 이하	84	52	96	61	89	56
20~24세	168	179	173	183	180	189
25~29세	251	237	258	241	271	250
30~34세	312	285	319	290	333	300
35~39세	356	317	368	325	388	336
40~44세	379	317	392	329	413	343
45~49세	382	280	394	293	414	306
50~54세	375	250	388	261	407	273
55~59세	337	220	352	230	365	240
60~64세	254	184	263	190	273	197
65세 이상	162	112	172	118	178	126

🔺 3개년 연령대별 소득　　　　　　　　　　　　　　　　　(출처 : 통계청)

소득 수준과 소득 수준 증가율은 엄연히 다른 지표이다. 소득 수준은 해당 지역에 양질의 일자리가 존재하는가 아닌가에 대한 지표이다. 그러나 소득 수준 증가율은 해당 지역이 30~40대의 유입이 많은 지역임을 알 수 있는 지표라고 봐야 한다. 즉 **소득 수준 자체가 높다면 해당 지역의 아파트**

가격은 원래 높을 것이고, 소득 수준 증가가 높다면 해당 지역이 새롭게 개발되고 있어 추후 가격 상승의 여지가 높다고 볼 수 있다. 두 지표의 차이를 통해 이미 좋은 지역과 앞으로 좋아질 지역에 대한 구분을 할 수 있다.

소득은 증가하지만 기초 자금이 부족한 30~40대 입장에서는 상대적으로 값은 저렴하지만 소득 수준이 증가되는 지역에 집을 마련하는 것이 효과적 전략이다. 이제 소득 수준의 증가율을 쉽게 확인하는 방법에 대해 알아보자.

〈사진 2-16〉 소득 수준 확인하기 1   (출처 : 부동산지인)

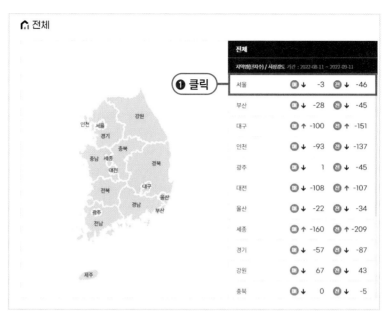

〈사진 2-17〉 소득 수준 확인하기 2(예시 : 서울)　　　　　　　　　　　(출처 : 부동산지인)

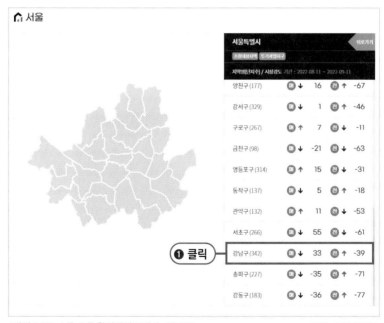

〈사진 2-18〉 소득 수준 확인하기 3(예시 : 강남구)　　　　　　　　　　(출처 : 부동산지인)

사진 2-16~18과 같이, 부동산지인 홈페이지에 들어가 순서대로 클릭하면 원하는 지역의 소득 증가 차트를 확인할 수 있다. 소득 증가에 대한 지표는 차트의 '보조' 탭에 있다. 멀티 차트에서 '보조' 탭을 클릭하면 '지역월소득'을 보조 차트로 추가할 수 있다.

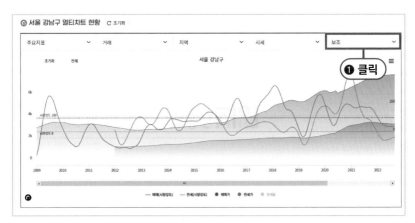

〈사진 2-19〉 선정 지역 월소득 확인하기 1 　　　　　　　　　　　　　(출처 : 부동산지인)

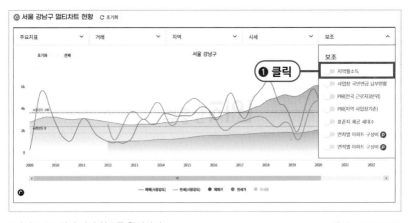

〈사진 2-20〉 선정 지역 월소득 확인하기 2 　　　　　　　　　　　　　(출처 : 부동산지인)

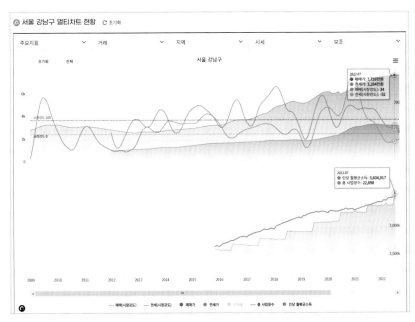

〈사진 2-21〉 선정 지역 월소득 보조지표 확인하기　　　　　（출처 : 부동산지인）

그래프에서는 지역별 소득과 사업장 수뿐만 아니라 증가 속도와 패턴도 확인할 수 있다. 강남과 같은 이미 완성된 핵심지역, 신도시 같은 대규모 개발을 하는 지역, 그리고 젊은 층이 빠져나가는 지역의 월평균 소득 증가 패턴을 비교하여 지역별로 소득 증가 속도와 패턴이 어떻게 다른가 확인해 보자. 예시로 비교해 보면 다음과 같다.

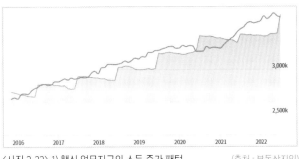

〈사진 2-22〉 1) 핵심 업무지구의 소득 증가 패턴　　　　　（출처 : 부동산지인）

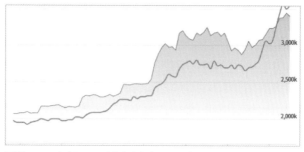

〈사진 2-23〉 2) 대규모 도시개발지역의 소득 증가 패턴　　　(출처 : 부동산지인)

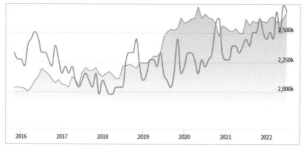

〈사진 2-24〉 3) 젊은 층 유출 지역의 패턴　　　(출처 : 부동산지인)

1) 핵심 업무지구의 경우 사업장 수가 점진적으로 증가하며 소득 수준도 매년 계단식으로 차곡차곡 상승하는 패턴을 보여 준다. 소득 평균값은 가장 높지만, 소득 수준 증가율은 대규모 도시개발지역에 비해 낮다.

2) 대규모 도시개발지역의 경우 소득 증가율과 사업장 증가 수가 단기간에 매우 폭발적으로 증가하는 패턴을 보여 준다. 핵심 업무지구에 비해 소득 평균값은 낮지만, 소득 증가율이 가장 높은 특징을 가진다. 젊은 층이 어느 순간 대규모로 유입됨으로써 소득 증가율이 급격히 높아진 것이라고 유추할 수 있다.

3) 젊은 층 유출 지역의 경우 동일 기간 평균 소득이 대규모 도시개발지역에 비해 절반만 올랐다. 소득 평균값도 가장 낮다. 사업장의 수도 거의 그대로이다. 이 지역의 아파트 가격을 살펴보면 가격도 거의 오르지 않았다.

지역 개발 현황 및 계획

지역 개발 현황 및 계획은 부동산 호황기에는 강력한 가격 상승 촉진제 역할을 한다. GTX 역사 위치가 결정되었다는 이유만으로 해당 지역의 아파트 가격이 하루 만에 1억이나 상승한 적도 있다. 그러나 부동산 조정기에는 가격 상승에 상대적으로 영향을 미치지 않는다. **따라서 개발계획은 장기적으로 지역의 입지가 좋아진다는 관점에서 접근해야 한다.**

초보일수록 개발계획에 의존해 부동산 시장에 접근하는 경우가 많다. 하지만 개발계획은 핵심적 지표라기보다는 보조적 지표라 생각하는 것이 좋다. 물론 같은 값이라면 부동산 시황과 관련 없이 개발계획이 많은 곳이 당연히 좋다. 따라서 아파트 매수를 위해 개발 현황과 계획을 체크할 때는, 계획보다는 현황과 과거를 더 중점적으로 체크하는 것이 좋고, 실제 착공 여부나 위치 등을 확인하기 위해 직접 답사를 다녀야 실수를 막을 수 있다. 소문만 무성한 개발계획 중에는 계획이 무산되어 실망매물(개발계획을 보고 가격이 오를 것이라 판단한 기존 매수자들이 급하게 시장에 내놓는 매물)이 쏟아지는 경우도 다수 있으니, 추진 경과를 자세히 확인할 것을 권장한다.

우선 개발 현황 및 계획이 믿을 만하며 객관적으로 사업 진행에 문제가 없는가를 확인할 수 있어야 한다. 광역개발계획, 도시개발은 국토교통부(https://molit.go.kr) 홈페이지에서 통합검색을 통해 '공시사항'을 확인하는 것이 가장 신뢰성 있다. **사진 2-25**처럼 직접 고시문, 공고 등을 확인하는 습관을 가지도록 하자.

〈사진 2-25〉 국토교통부 공고, 고시문 검색 예시 　　　　　　　　　　　　　　 (출처 : 국토교통부)

이외에 재건축, 재개발 등의 신뢰성 있는 정보를 얻기 위해서는, 조합 사무실을 직접 방문하여 얻을 수 있는 자료를 요청한다. 조합 사무실은 해당 조합의 인터넷 카페나 지도 애플리케이션, 블로그 등에서 연락처를 쉽게 찾을 수 있다. 이외에도 토지이음 사이트에서 도시정비사업 관련 공고 자료를 열람하여 사업성을 확인하는 것도 필수다.

마지막으로 **필수로 현장을 방문하여 직접 눈으로 확인해야 한다.** 해당 지역 거주자들의 의견도 반드시 청취해야 한다. 개발 예정 지역의 상가의 상인, 단독 주택 소유자, 재건축 아파트의 조합, 해당 지역 공인중개사 등 다양한 거주자의 입장을 들으면 정보를 금방 얻을 수 있다. 그뿐만 아니라 시청, 구청에 속한 도시계획과 등에도 물어보는 자세가 필요하다.

초보자들 중에는 뉴스, 인터넷을 통해 개발계획 관련 소식을 접하고 투자를 하는 경우가 많다. 나는 개발계획 관련 부동산 투자를 하다가 경제적 손실을 입어 노후가 힘들어지고, 수억 원을 손해 보는 사람도 만나 봤다. 그러니 반드시 개발계획, 현황은 앞서 말한 방법을 따라 시간과 비용을 투자하길 바란다. 내 집 마련의 성공적인 첫 단추는 잘못을 저지르지 않는 것이다.

학군 현황

수도권, 5대 광역시, 지방 할 것 없이 학군은 중요하다. 특히 학군이 좋은 곳은 임대료가 탄탄하게 유지된다. 안정적인 임차 수요가 있기 때문이다. 단순히 서울 3대 학군(대치동, 목동, 중계동), 외국어고, 과학고 주변 등이 좋다는 점은 누구나 다 아는 사실이다. 우리는 좀 더 구체적으로 학군이 가격에 미치는 영향에 대해서 알아보자.

초등학교는 다니는 아이들의 나이가 어리기 때문에 집에서 가까울수록 좋다. 따라서 바로 인접 아파트에 가격 영향을 미친다. 중고등학교는 거리보다는 대학 진학률과 성적이 중요하기에 인접 아파트에 미치는 영향이 비교적 적다. 우수한 중고등학교 근처의 동 전체가 함께 가격이 오르는 편이라 전입 시 해당 중고등학교로의 진학 가능 여부만 체크하면 된다. 정리하면 아파트와 초등학교가 인접했는가 여부에 따라 아파트 가격이 민감하게 반응한다.

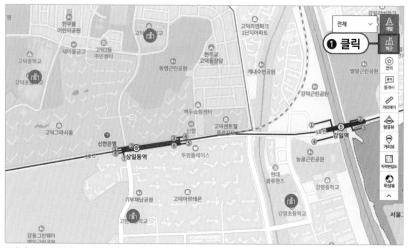

〈사진 2-26〉 초등학교 학군 알아보기　　　　　　　　　　(출처 : 네이버부동산)

네이버부동산에서 우측 탭의 '학군'을 클릭하면 초등학교에 대해 동그란 버튼이 지도에 생성된다. 각 초등학교를 클릭하면 학급당 학생 수와 교사당 학생 수가 나온다. 우리는 **학교의 위치와 더불어 이 학생 수에 주목할 필요가 있다.**

사진 2-26은 강동구 고덕지구의 그라시움아파트 인근의 지도이다. 그라시움아파트는 5,000세대가 넘는 대단지라 두 개의 초등학교로 나눠서 학생이 배정되는데, 한쪽은 아파트 왼편의 강덕초등학교이고 한쪽은 아파트 오른편의 고덕초등학교이다. 확인해 보면 강덕초등학교 학생 수가 고덕초등학교보다 더 많다. 이유는 고덕그라시움에 거주하는 학생 비율이 더 높고 고덕그라시움에서 아이가 초등학교에 걸어가기 더 쉽기 때문이다.

이러한 이유로 그라시움 단지 내에서 임차 수요가 더 많은 곳은 당연히 그라시움 왼쪽이다. **이는 같은 아파트 단지에 속해도 학교의 접근성에 따라 동별 가격 및 선호도가 다를 수도 있음을 시사한다.** 초품아(초등학교를 품은 아파트) 여부와 별개로 단지 내 세부적인 비교를 할 때 중요한 접근법이다.

〈사진 2-27〉 고덕 그라시움의 초등학교 현황 : 좌측 강덕초   (출처 : 네이버부동산)

〈사진 2-28〉 고덕 그라시움의 초등학교 현황 : 우측 고덕초   (출처 : 네이버부동산)

서울강덕초등학교 공립	
학교정보　배정단지	
주소	서울특별시 강동구 동남로82길 94-54
전화	02-426-0871
설립	공립(단설) 1986년 12월 17일
교육청	서울특별시강동송파교육지원청
교원수	69명(남 8명, 여 61명)
학생수	1,147명(남 603명, 여 544명)
홈페이지	http://gangdeok.sen.es.kr

서울고덕초등학교 공립	
학교정보　배정단지	
주소	서울특별시 강동구 아리수로82길 42
전화	02-427-0525
설립	공립(단설) 1983년 12월 03일
교육청	서울특별시강동송파교육지원청
교원수	34명(남 7명, 여 27명)
학생수	396명(남 224명, 여 172명)
홈페이지	http://goduk.sen.es.kr

〈사진 2-29, 30〉 두 초등학교의 정보 비교   (출처 : 네이버부동산)

두 초등학교의 학생 수를 보면 약 2.5배 차이가 난다. 같은 아파트를 사더라도 무슨 동을 사야 유리할지는 숫자가 말해 준다. 초등학교의 접근성 여부는 의외로 엄청난 선호도 차이를 보여 준다는 것을 간과하면 안 된다.

따라서 초등학교 접근성을 이용한 내 집 마련 전략을 취하기 위해 다음과 같은 순서로 체크를 하길 바란다.

❶ 초품아(초등학교 품은 아파트) 여부 체크를 먼저 확인한다.

❷ 단지에서 입학 학교가 두 개로 나눠질 경우, 두 학교 중 학급당 학생 수 또는 학생 수가 많은 쪽을 선택한다. 혹은 같은 아파트 단지의 학생이 많이 배정되는 학교를 택한다.

❸ 초품아가 아닐 경우, 아이가 걸어갈 수 있는 거리인가 체크한다.

❹ 걸어갈 수 없을 경우 대중교통 탑승 한 번으로 이동이 가능한가 체크한다.

2 중고등학교

자녀가 중, 고등학생으로 성장한 상태이기 때문에 초등학교가 아파트에 영향을 미치는 것만큼 세부적인 전략까지는 필요하지 않다. 자녀 스스로 대중교통을 통해서 등하교가 가능하기 때문이다. **중고등학교의 경우 아파트와의 접근성 여부보다는 해당 학교가 대학 진학에 얼마나 좋은 영향을 미치는가와 학원가가 잘 형성되어 있는가가 중요하다.**

따라서 전통적으로 좋은 학교와 외고, 과학고 근처 아파트 등은 꾸준한 수요가 보장된다. 오랜 역사를 자랑하는 학교가 자리한 만큼 인근 아파트 건물도 오래된 경우가 많다. 이럴 경우에는 재건축 가능 여부까지 고려한 전략을 생각해 볼 수 있다. 전통적으로 좋은 학교 인근의 낡은 아파트가 재건축된다면 그만큼 우수한 투자처도 드물기 때문이다.

예를 들어 대전광역시에서 가장 비싼 아파트 3대장은 크, 목, 한이라고 부르는 아파트들인데, 대전 서구 둔산동에 위치한 크로바아파트, 목련아파트, 한마루아파트를 칭하는 말이다. 이 아파트들의 평당가격은 2024년 기준 각각 3,700만 원, 2,900만 원, 2,600만 원 정도로 광역시 구축아파트치고 상당히 고가인 셈이다. 이 아파트들이 구축임에도 대장 자리를 차지할 수 있었던 배경 역시 학군(우수한 학원가 및 초중고)의 역할이 가장 컸고, 거기에 더해 언젠가 재건축을 진행할 수 있다는 기대감이 있기 때문이다.

우리나라에서 아파트와 학군은 불가분 관계이며 아파트 가격에 상당한 영향을 미친다. 그만큼 대수롭지 않아 보이는 부분까지도 학부모가 신경써서 아파트를 결정한다는 점을 기억하자.

02 임장할 때 눈여겨볼 것들과 핵심 과제

임장이란 현장을 확인하여 부동산 현황을 알아보는 가장 중요한 활동이다. 아파트는 비교적 규격화되어 있고 일반인도 많이 접하는 부동산이기에 이해하기가 쉽다. 그래서 부동산 가격 상승기에는 마음이 급급해 집 내부를 보지도 않고 계약을 하는 경우도 있다. 자동차도 운전해 보고 구매하는데 수억 원대의 아파트를 거래하면서 꼭 거쳐야 할 절차를 간과한다니, 웃지 못할 일이다.

초보자일수록 부동산 임장을 꼼꼼하게 배워 실전에 적용하여야 한다. 현장에서는 데이터만으로 알 수 없는 것들이 너무나 많기 때문이다. 수년간 부동산 투자와 컨설팅을 한 나 역시 재개발 임장 시에는 꼭 길을 지나다니시는 할머님들의 의견을 여쭙는다. 그 지역에서 수십 년 살아온 사람보다 여러 사정을 빼곡히 알 수는 없기 때문이다.

이처럼 임장은 현장 답사를 통해 정보를 자세히 수집할 수 있을 뿐만 아니라, 직접 보고 듣고 겪으면서 스스로에게 질문하고 답하는 과정을 통해 부동산의 가치를 다양한 방면으로 가늠해 볼 수 있게 해 준다. 임장에 대한 중요성만 확실하게 배워도 충분하다는 생각으로 최대한 자세하게 아파트 임장 시 핵심을 정리하였다. 또한 프롭테크 사이트의 효과적인 사용법을 알아보겠다.

핵심 업무지구와의 접근성

수도권 3대 업무지구나 판교 등 지역별 핵심 업무지구에 1시간 이내로 도달 가능한가? 나는 이것을 가장 중요하게 생각한다. 교통수단이 어떻든 상관없다. 대중교통이든 개인 자동차든 1시간 이내에 핵심 업무지구에 도달이 가능한지 다양한 시간대별로 체크해 본다. 1시간 이내에 도달할 수 있으면 좋고 아무리 늦어도 1시간 30분 이내에는 도달해야 한다. 그렇지 못한 경우에는 투자하지 않는다(핵심 업무지구 자체가 없는 지역은 별도의 방법으로 투자성을 검토해야 하니 예외로 한다).

이를 임장으로 확인하기 위해서는 목표로 하는 아파트 위치로부터 가장 가까운 핵심 업무지구를 정하고 왕복 세 번 이상 다녀와 보면 된다. 핵심 업무지구는 본인의 일자리 위치를 말하는 것이 아니다. 보편적으로 생각하는 양질의 일자리가 많은 곳을 말한다. 최소한 평일 출근 시간대 한 번, 평일 퇴근 시간대 한 번, 주말 한 번 정도는 다녀온다. 이러한 행동조차도 없이 직주근접이 중요하다고 이야기하는 것은 모순이다.

도저히 직접 다녀올 수 없는 상황이라면 해당 시간대에 지도 네비게이션을 이용해서라도 알아보자. 여러 번 구동하여 편도 운행 시간을 데이터

화라도 해야 한다. 이는 어렵지 않은 과정이다. '데이터보다 10분 정도 늦게 도착하겠구나' 정도로 보수적으로 판단하고 출퇴근 시간, 새벽 시간 등 시간을 달리 하여 운행 시간을 파악해 보자.

지하철 반경 1km 이내 여부

직주근접과 별개로 대중교통 접근성이 좋다는 점은 항상 장점이 된다. 지하철 개발이 계획된 곳이든 현재 지하철이 개통된 곳이든 지하철 반경으로 1km 이내(걸어서 15분 이내 도달 가능한 범위)이면 역세권에 해당한다고 보면 된다. 물론 500m 이내라면 가장 좋지만 초역세권은 상업지구가 많아 주거환경으로는 좋지 않을 수도 있다. 따라서 **아파트부터 역까지 직접 걸어 도달 시간을 확인해 보고, 아파트에서 역까지 이동하는 동안 기피 시설 등은 없는지 환경을 점검하자.**

개인적으로 임장을 하다가 역 입구 바로 앞에 폐기물 처리장이 있는 경우도 본 적이 있다. 이런 경우에는 차라리 역과 아파트의 거리가 먼 곳이 더 가치 있을 수 있다. 그뿐만 아니라 지하철 역과는 500m 거리이지만, 아파트까지의 길이 가파른 경사지인 경우에는 생활에 상당한 불편을 초래한다. 이러한 경우 노인들과 자녀가 있는 부부는 선호하지 않기 때문에 일정 부분 수요가 줄어든다고 볼 수 있다. 임장을 통해서 이러한 현황들을 확인해 보자.

🏠 초등학교 접근성

〈사진 2-31〉 단지 내 초등학교 접근성 차이

(출처 : 네이버부동산)

사진 2-31의 아파트는 초등학교가 단지 내부에 존재한다. 따라서 309, 310, 319, 320, 321동이 학부모에게 인기가 많아 임차 수요가 가장 많은 편이다. 단 하나의 차도도 건너지 않고 안전하게 자녀가 등교할 수 있기 때문이다. 유념할 점이 있다면 가장 밑의 동들이다. 이 동들은 학교의 정문 위치상 차도를 끼고 돌아서 학교에 진입해야 하기에 거리는 가깝지만 접근성이 좋다고 볼 수는 없다. 이러한 사정은 임장을 통해서만 쉽게 이해할 수 있다.

단지 내 초등학교가 없을 경우에는 아파트에서 학교에 도달하는 최단거리 중 대로를 건너야 하는지, 육교는 없는지, 버스 접근성은 어떠한지, 유해 시설은 없는지를 체크해야 한다. 이 사항은 자녀가 없거나 자녀 계획이 없더라도 반드시 체크해야 한다. **교육 환경만큼 한국 사회에서 중요시하는 것도 드물기 때문에 학부모가 안심하고 자녀를 학교에 보낼 수 있어야**

그만큼 좋은 아파트라고 할 수 있다. 단순히 걸어서 몇 분 이런 방법이 아니라 학부모의 입장에서 어린 아이를 혼자 걸어가게 한다는 생각으로 현장을 답사하는 것이 좋다.

내가 투자한 모든 아파트는 걸어서 3분 이내에 초등학교에 도달하거나 단지 내 초등학교가 있다. 아파트에 있어서, 핵심 업무지구와의 거리가 오른팔이라면 초등학교와의 거리는 왼팔 정도 된다고 생각한다.

🏠 일조량

GTX 개발계획으로 수도권 부동산이 들썩거릴 당시 GTX 및 트리플 역세권이 되는 엄청난 기대 지역에 임장을 간 적이 있다. 해당 아파트는 흔히 말하는 1군 브랜드의 대단지로, 개발되는 역과의 거리가 걸어서 1분만에 도달 가능한 수준이었다. 실제로 개발계획 발표 전후로 단기간에 몇 억이나 호가가 오르는 등 뜨겁게 달아오른 아파트였다. 그러나 아파트를 임장했을 때는 조금 실망하지 않을 수 없었다. 40층이 넘는 높이에 비해 너무 가까운 동 간 거리 때문인지 23층까지도 대낮에 해가 가려지는 동이 많았던 것이다.

아파트는 동 간격에 따라 저층도 해가 잘 들기도 하고, 고층도 해가 들지 않기도 한다. **일조량을 확인하는 가장 좋은 방법은 오후 2~3시 사이에 현장을 방문하여 해가 잘 드는지 확인하는 것이다.** 동 간격이 넓어 저층에도 해가 잘 든다면 의외로 수천만 원 저렴하게 쾌적한 집을 마련할 수 있는 기회도 잡을 수 있다.

〈사진 2-32〉 동 간격이 일조량에 미치는 영향 　　　　　　　(출처 : 직접 촬영)

〈사진 2-33〉 건축물 모양이 일조량에 미치는 영향 　　　　　　　(출처 : 직접 촬영)

　　사진 2-32와 **사진 2-33**은 오후 2시경 촬영한 사진들이다. 일조량을 체크하기 위해 현장을 확인해야만 하는 이유를 여실히 보여 준다. **사진 2-32**를 보면 동 간격이 일조량에 엄청난 영향을 미치는 것을 알 수 있다. 같은 동 아파트임에도 라인 하나 차이로 저층임에도 해가 드는 라인과 고층임에도 해가 들지 않는 라인이 확연히 구분된다. 한편 **사진 2-33**은 남동향에 동 간격이 넓음에도 불구하고, 건물의 모양 때문에 한 라인의 거의 전

층에 햇빛이 들어오지 않음을 확인할 수 있다. 이러한 함정은 현장을 확인하지 않고서는 결코 알 수 없다.

이외에도 정남향, 남동향, 남서향에 따라 선호도가 달라진다. 보통 ① 정남향 ② 남동향 ③ 남서향 순으로 인기가 있으며, 서향과 북향은 지양하는 것이 좋다.

추가적으로 타 아파트 단지의 일조량 간섭도 확인하면 좋다. 앞 단지가 목표 아파트의 일조량을 많이 간섭한다면 오히려 단지 내 뒤쪽에 위치한 동들이 일조량이 더 좋은 경우도 있기 때문이다.

일조량은 가격에 아주 민감하게 반응하는 요소도 아니고, 내부에서는 불을 켜 놓고 집을 보여 주기에 잘 캐치하지 못하는 경우가 많다. 그러나 일조량은 일상생활에서 매일 매시간 영향을 미치기 때문에, 통풍과 더불어 꼼꼼하게 체크할수록 좋다.

03 같은 단지 내에서도 더 좋은 아파트 고르는법

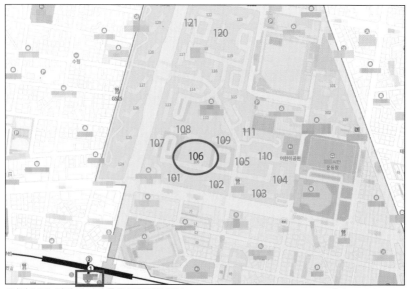

〈사진 2-34〉 단지 내 가장 좋은 동의 위치 예시   (출처 : 네이버부동산)

책을 따라 내게 맞는 임차 유형, 원하는 지역의 원하는 아파트까지 다 잘 정해 놨는데, 같은 단지에서도 가장 좋은 동은 어떻게 알 수 있을까? 단순히 역과 가깝다고, 초등학교가 가깝다고, 일조량이 좋다고 좋은 동이라고 할 수 있을까? 같은 단지 내에서도 선호도가 높은 동일수록 임대차도 빠르게 계약되며 매매가격도 높은 편이다. 하지만 개인 사정에 따라 더 좋은 동임에도 불구하고 상대적으로 저렴하게 매물이 나올 때도 있다. 이러한 사정을 판단하기 위해 어떠한 지식을 알면 좋을지 알아보자.

무조건 역세권이 답은 아니다

보통은 역과 가까울수록 좋은 동에 속한다고 할 수 있다. 그러나 예외도 있다. 수도권 1호선, 수도권 2호선 일부 구간, 경의중앙선 등은 지상철이기 때문에 역과 가까울수록 철도 소리와 진동이 심하다.

따라서 단지들이 역과 한 블럭 떨어져 있는 경우가 많다. 역과 바로 인접하여 맞닿아 있을 경우 철도 소리 때문에 결코 좋은 주거환경이 될 수 없다. 심지어 철도 소리는 고층일수록 더욱 심하게 들린다. 우리가 선호하는 역세권 고층 아파트와 같은 기존 상식과 다른 경우가 존재하는 것이다.

이외에도 아파트에 근접한 고속도로나 고가도로, 대로 등은 매연과 소음 및 안전 등의 이유로 기피된다. 이러한 사유로 인해 **사진 2-34**에서 101, 102, 103동은 최적화된 내 집 마련이라 단정짓기는 어렵다. 반드시 해당 동을 임장하고 주민들의 의견을 청취해야 하는 이유이다.

생각보다 뷰가 많이 중요하다

실거주를 원하는 사람들은 내부에서 밖을 내다보는 발코니의 뷰를 상당히 중요시 생각한다. 아무리 고층이라 해도 막힌 뷰를 선호하는 사람은 거의 없다. 실제로 뷰가 중요한 아파트는 층과 뷰에 따라서 수천에서 수억 원까지 가격이 차이 나기도 한다. 따라서 **사진 2-34**에서 108, 109, 110, 105, 107동 등은 거실에서 바라보았을 때 앞의 아파트에 뷰가 가로막혀 있다면 수요에서 후순위로 밀릴 것이다.

일조권도 상당히 중요하다

보통 북향, 서향보다는 남향, 동향이 선호된다. 둘 중에서도 동향보다는 남향 남서향, 남동향 등이 선호된다.

남향 남서향, 남향 남동향 > 동향 > 북향, 서향

그렇다면 **사진 2-34**에서 동향에 가까운 104동보다는 남향에 가까운 103동이 일조권면에서는 선호될 것이다. 다만 단순히 남향, 동향이 좋다기보다는 한강 뷰 및 바다 뷰 등, 해당 단지의 특성을 고려하여 종합적인 판단을 해야 한다.

초등학교와의 접근성

초등학교 접근성의 경우 자녀들이 도로를 건너지 않는 동이 가장 선호된다. **사진 2-34**에서 111동을 보면 큰 도로를 건너지 않고 초등학교에 접근할 수 있을 것으로 보인다. 이런 경우 같은 남동향인 104동보다 선호될 수 있다.

🏠 평면(타입)

 평면은 일조 시간과 통풍 때문에 중요한 요소이다. 모든 방에 일정하게 해가 들지 않는 타워형보다는 판상형이 선호된다. 판상형은 동일 시간대에 모든 방에 일정하게 해가 잘 들고 통풍도 잘되기 때문이다. 그중에서도 **사진 2-35**와 같이 거실 샷시와 부엌의 창이 직선으로 마주보는 맞통풍 판상형이 가장 인기가 좋다.

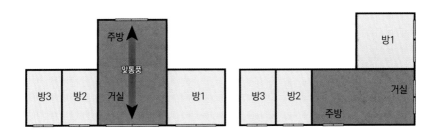

〈사진 2-35〉 맞통풍 판상형 평면(왼쪽)과 타워형 평면(오른쪽)

 지금까지 같은 단지 내에서 더 좋은 아파트 고르는 법을 살펴봤다. 그렇다면 **사진 2-34**의 아파트 단지에서 종합적으로 인기 있는 동은 어디일까? 106동이라고 볼 수 있다. 106동은 대로에서 한 지점 뒤로 물러나 있어, 차량의 소음과 매연의 영향이 없다. 그 외에도 101동과 102동 사이로 뷰가 뚫려 있어 거실에서 막힘 없는 뷰를 볼 수 있을 것이며, 비교적 다른 동에 비해 지하철 접근성도 가까운 편이다. 초등학교도 멀지 않으며 남향에 가까운 만큼 일조량도 우수할 것이다. 106동 중에서도 가장 좋은 호수들은 남서향을 바라보는 호수들일 것이다. 남동향 호수들은 바로 앞 102동이 뷰를 가로막을 확률이 높기 때문이다.

반대로 종합적으로 비선호할 만한 동은 121동일 것이다. 대로와 맞닿아 있고 지하철 역에서 가장 멀며, 초등학교 또한 가장 먼 편이고, 향도 동향에 가까우며 바로 앞 120동에 의해 뷰도 막혀 있다.

우리는 냉정하게 판단하여 최적화된 내 집 마련 전략을 짜려는 사람들이다. 따라서 **보편적으로 선호할 만한 요구사항에 대해 면밀히 판단하고 그 가치에 따라서 적정하게 가격이 매겨졌는지 판단할 수 있는 지식을 가져야 한다.**

이러한 비교 및 판단을 할 때는 데이터를 통해 미리 파악한 선호도를 바탕으로 현장을 직접 방문하여 도로의 경사도는 어떠한지, 소음 여부, 실제 뷰, 일조량은 어떠한지 등을 꼼꼼히 체크해야 한다. 이를 기반으로 적정한 시세를 산출하고 그에 맞게 실제 금액 협상까지 해낸다면, 더욱 성공적으로 집을 마련할 수 있을 것이다.

 퀴즈

사진 2-36을 보자. 역 아래쪽에 위치한 아파트 단지에서 각 관점에 따라 선호하는 동을 직접 골라 보자.

Q1) 교육, 뷰, 역과의 접근성 등을 고려할 때 전반적으로 선호하는 동은 어디일까?
Q2) 조용한 환경과 뷰를 중요시하는 사람은 어떤 동을 선호할까?
Q3) 가장 선호되지 않는 동은 어디일까?

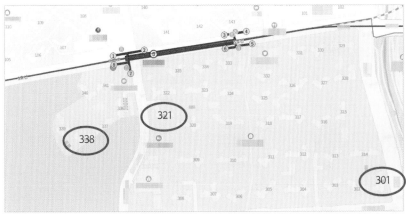

A1) 321동 중 남향으로 배치된 호수가 가장 우수하다. 뷰가 완벽하게 뚫려 있으며, 초등학교와는 도로를 건너지 않고 접하며, 역과도 아주 가까운 편이다. 실제로 해당 동의 임대차 수요가 가장 많다.

A2) 338동 중 남서향으로 배치된 호수가 가장 선호될 것이다. 메인 동과 떨어져 있어서 비교적 사람이 적어 한적하며, 거실에서 산이 들어오는 뷰를 볼 수 있을 것이다.

A3) 301동 중 동향으로 배치된 호수를 가장 비선호할 것이다. 근처에 위치한 하천 때문에 뷰는 좋을 수 있으나, 일조 시간대가 너무 짧을 것이고 역과 학교와의 거리가 먼 편이다. 다양한 요구사항을 동시에 충족하지 못하기에 비선호될 확률이 가장 높은 동이다.

04 개발계획, 있으면 좋지만 함정이 더 많다

대개 사람들이 자신의 선택이 틀렸다고 후회하는 경우는 돈을 잃고 난 뒤이다. 심리적으로 확증편향을 가지기 때문에, 결론이 나기 전까지 자신의 선택을 정당화하기 위해 많은 합리화 과정을 거친다. 부동산 투자에서도 마찬가지인데, 합리화의 근거로 개발계획을 선택하는 경우가 많다. 부동산은 특성상 소유권 이전, 시행자 선정, 설계, 건축, 준공 등 복잡한 과정과 오랜 시간에 걸쳐 개발이 되기 때문에, 그 기간 동안은 맞다 아니다를 단정지을 수 없다. 즉각적으로 결과를 확인하기 어려운 셈이다.

개발계획 설계 도면만을 믿고 현장 확인도 없이 개발제한구역(그린벨트)에 땅을 사는 데 전 재산을 쏟아 부은 노부부를 도와준 적도 있고, 개발계획이 무산됐다는 소식에 어머니가 자신의 집을 헐값에 팔아 넘겨 계약을 철회할 수는 없는지 상담을 요청한 분도 있었다. 확정된 적도 없는 노선 연장 소식이 곧 이루어질 것처럼 홍보하는 분양 현장도 봤고, 특별법 소식에 재건축 아파트 가격이 하루 만에 억 단위로 올랐다가 내려온 경우도 봤다.

물론 개발계획이 부동산의 미래가치를 판단하는 데 핵심 역할을 하는 것은 사실이지만, 개발의 주체, 규모, 현실성, 사업성, 사업기간, 부동산 시장 상황에 따라 얼마든지 변경, 취소, 연장, 연기될 수 있다. **따라서 해당 개발계획의 신뢰성과 현실성을 파악하기 위해 노력하는 한편, 무조건적인 의사결정 사유가 될 수 없음을 인지하여야 한다.** 달콤한 유혹에 넘어가 큰 실수를 저지르지 않도록 몇 가지 실제 사례를 통해 개발계획이 양날의 검과 같다는 것에 대해 이야기하고자 한다.

 ## 오히려 없는 것이 나은 트램

트램에 꽂힌 '이상한' 제주도… "경제성 나올 때까지 타당성 용역 하나"

입력 2022.09.21 16:19 | 수정 2022.09.21 16:22

♡ 0   ♡ 0

"경제성 없다"던 道, 또 도입 추진
앞서 민선 5·7기 모두 사업 포기
혈세 수억원 들여 용역만 되풀이
타 지역은 적자로 애물단지 전략

〈사진 2-37〉   (출처 : 한국일보)

정치 | 집중취재

[집중취재] 시동도 못건 인천 트램… 'GTX-B 지연' 후폭풍

승인 2022-09-10 09:30

〈사진 2-38〉   (출처 : 경기일보)

광역시 및 각 지자체에서 너도나도 트램 사업을 하겠다며 나선 것이 언제부터인지도 모르겠다. 우선 트램을 깔려면 기존 도로가 넓어야 한다. 트램은 지상 운송 수단이기에 트램 레일을 깔려면 기존 도심 내 도로를 확장해야 하며, 기존 교통 체계에도 엄청난 변화와 부담이 필요하다. 그런데 실용성은 버스에 비해 높지 않다. 이미 시행되고 있는 중앙 정류장식 버스면 트램의 속도를 따라잡는 데 충분하고, 중앙 정류장식 버스가 불가능한 수준의 도로 사정이면 트램 노선도 설치가 불가능하다.

트램이 경제성이 높고 효과적이었다면 애초에 지금까지 없을 수가 없지 않았을까. 일본 요코하마의 경우 이전에 있었던 트램마저 현재는 운영하지 않고 있다. 경제성이 부족하기 때문이다. 지금까지도 전국에 교통 수단으로서 트램이 단 한 곳도 없는 데에는 그만한 이유가 있는 것이다. 개발계획을 보면 마치 내 아파트 근처에 지하철 노선이 생기는 듯한 착각을 주기 쉽지만, 오히려 이런 얘기가 있다는 것은 정작 지하철은 내 주지 않겠다는 것과 동일하게 생각하고 판단해야 할 것이다.

새 아파트인 줄 알고 산 낡은 빌라, 재개발 재건축 구역 지정 및 해제

> ### 서울시, 신정1-5주택 구역 등 재건축·재개발 정비예정구역 14곳 해제

> ### 인천 재개발·재건축 구역 142곳→115곳 축소

> ### 재건축·재개발 구역 19곳 무더기 해제

⋮

🔺 포털 사이트 검색 결과로 알 수 있는 정비사업 구역 해제 예시

재개발 재건축은 도시 및 주거환경정비법에 따라 요건을 갖춰 구역을 지정한 후 일정 기간 안에 조합설립 신청, 사업시행, 착공 등을 해야 하는 요건이 있다. 이와는 별개로 부동산 시황에 따라 사업성이 좋아지기도 하고 나빠지기도 한다.

부동산 가격 상승기에는 아파트 분양가가 올라도 상대적으로 수요가 높다. 따라서 일반분양가를 높여서 조합이 수익을 거두며 준공할 수 있기에 정비 사업이 성황리에 마무리될 수 있다. 이런 때일수록 정비사업 구역 지정을 원하는 수요가 폭발적으로 증가한다.

문제는 가격 하락기이다. 일반분양가를 높이면 미분양이 되기 때문에, 조합 입장에서는 저렴하게 분양해야 하므로 상대적으로 조합에서 치러야 하는 비용이 증가한다. **이런 비용 증가가 부담될수록 조합은 사업을 미루게 되는데, 문제는 도시 및 주거환경정비법에 따른 일정 기간 내 사업이 이루어지지 않는 경우 검토하여 정비구역 해제가 이루어진다는 점에 있**다. 정비구역이 해제되면 내 집 마련의 꿈이었던 신축 아파트는 또 수년에서 수십 년 멀어지게 된다.

재개발 재건축은 투자 고수들에게는 매우 훌륭한 투자처이지만 초보 투자자에게는 무덤이 되기도 한다. 수익률이 높은 만큼 리스크도 높기 때문에, 시간과 비용을 들여 직접 사업 성공 여부를 가늠할 수 있어야 한다. 시세차익을 노려 분위기만 띄워 놓고 빠져 버리는 투기 수요로부터 내 자산을 지킬 능력이 되어야 비로소 의미가 있다. SNS 채팅방을 통해 극초기 개발 투자라며 사람들을 모집한 다음, 6천만 원 정도 시세의 빌라 가격을 두 배까지 띄워 놓고 2~3달 만에 전량 처분하고 잠적한 현장도 직접 목격했다.

재개발 재건축은 명확한 근거와 지식 없이 투자하였다가는 위험성이 매우 높다. 따라서 국가법령정보센터(https://www.law.go.kr)에 공고된 도시 및 주거환경정비법을 최소 5회 이상 읽어 보고, 재개발 재건축 성공 사례 등을 공부하자. 내가 목표로 하는 현장의 사업성은 어느 정도일지, 현장 분위기는 어떠한지, 현재 단계는 어떤지 직접 조합에 문의도 해 보고 발로 뛰어야 한다.

소규모 산업단지와 다를 바 없는 이름만 테크노밸리

판교 테크노밸리가 탄생한 이후 다수의 도시에서 테크노밸리를 지정하여 육성하고 있다. 판교 테크노밸리는 경기도에서 성남시가 대장이 되는 데 가장 높은 기여를 하였고, 서울 외 지역 일자리 창출의 신화를 이루었다. 이를 모티브 삼아 수많은 지자체가 판교 테크노밸리를 따라하게 되었다. 제2의 판교라는 키워드를 사용하며 각 지자체는 자신들의 도시개발에 대해 홍보하곤 한다. 그런데 과연 타 지역에서 제2의 판교가 탄생할 수 있을까?

이를 알아보려면 산업의 특성을 이해해야 한다. IT 산업은 산업 특성상 타 회사와 연계성이 중요하다. 미국의 실리콘밸리도 아마존, 애플, 구글 등

IT 글로벌 기업 본사가 한 군데 집중적으로 모여 있듯 판교 또한 그러하다.

　중요한 것은, 극히 일부의 대기업 유치가 확정된 개발지역을 제외하고는 대부분의 테크노밸리가 기업 유치에 실패하고 주거지로 용도가 바뀌는 등 양질의 일자리를 끌어들이는 데 실패한다는 점이다. 이 과정에서 애초에 계획했던 글로벌 기업이나 외화 투자 유치 등 지자체가 시행하고자 했던 개발이 무산되는 사례가 많다. 또한 이러한 도시개발급 사업은 특성상 수년에서 수십 년의 시간이 소요되기에 개발 도중 지자체의 책임자가 바뀌는 일이 비일비재하다. 지자체의 성과를 강조하기 위해 립서비스식 개발계획을 내놨다가, 흐지부지되기 십상이다.

　대기업은 특별한 메리트가 있지 않은 이상 자신들의 IT 본사를 뿌리가 없는 지역에 새롭게 자리 잡기 위해 공격적인 투자를 하지 않는다. 따라서 테크노밸리가 내 집 마련의 투자 지표가 되려면, **실제 대기업이 해당 지역에 투자를 하고 있는지, 개발의 주체가 지자체 단위가 아닌 국가 단위인지, 해당 지역의 현재 개발 현황은 어떠한지**를 직접 확인하는 절차가 필요하다. 위 조건 중 단 하나라도 적합하지 않다면 해당 테크노밸리는 그저 흔히 볼 수 있는 산업단지 정도가 될 것이라고 보수적으로 판단하고 투자해야 안전할 것이다.

05 입지비교, 토지의 가치가 부동산의 미래가치다

입지비교란 지적편집도와 개발계획을 함께 보면서 토지 자체의 미래가 치를 평가하는 것이라고 보면 된다. 인근 위치에 자리한 두 토지여도 미래 에는 가격 차이가 크게 나는 경우가 흔하다. 감정평가사나 전문 투자자만 큼 정확하게 토지의 가치를 판단하기는 어렵겠지만, 적정한 지식만 배워 도 직감적으로 두 토지 사이의 우열을 비교 판단할 수 있다.

아파트를 사는데 왜 토지의 가치를 알아보는 것이 중요한가 되물을 수 있다. 하지만 부동산의 근본은 토지이다. 아파트의 가치도 결국 해당 토 지의 가치에 따라 현격하게 차이 난다는 사실은 재개발, 재건축 등 정비 사업을 통해서도 흔히 볼 수 있다. 따라서 토지의 가치를 적정하게 비교 하는 방법을 배워 토지의 가치 대비 아파트가 저렴한 곳을 선택하는 전략 을 익히자.

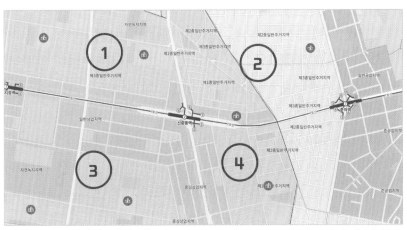

〈사진 2-39〉 토지의 입지 우위 비교해 보기 　　　　　　　　　　 (출처 : 네이버부동산)

　같은 역을 중심으로 1, 2, 3, 4번 위치가 있다. 각각의 입지 우위는 어떻게 될까? 객관적으로 비교 평가하는 방법은 없을까? 이러한 물음에 답하기 위해서는 단순히 해당 지역의 현재 아파트 가격만을 놓고 비교해서는 부족하다. 아파트 연식과 브랜드, 규모에서 차이가 날 수 있어 토지 자체를 객관적으로 비교하기 어렵기 때문이다. 따라서 토지 입지는 토지의 용도, 선호시설과 기피시설의 접근성을 바탕으로 비교하여야 할 것이다. 물론 이 작업을 거친 뒤에 직접 현장에 방문하여 실제 토지의 가격도 확인한다면 완벽하다.

　우선 네이버부동산에서 개발, 학군, 지적편집도 탭을 클릭하여 입지를 확인하기 좋게 바꾼다. 그러면 학교와 개발노선, 개발구역, 토지별 용도지역이 지도 위에 표시된다.

〈사진 2-40〉 학군, 지적편집도 설정하기   (출처 : 네이버부동산)

1 토지별 용도

앞서 용도지역에 대해 배웠다(92p 참고). 용도지역 중에서는 비교적 건축 허가가 쉬워 아파트가 잘 공급되면서도 용적률도 높은 지역이 선호도가 높다. 이러한 관점에서 보면 다음 순으로 좋다.

준주거지역 > 3종 일반주거지역 > 2종 일반주거지역 > 일반상업지역 > 준공업지역

*다만, 토지의 가격은 보통 일반상업지역〉준공업지역〉주거지역 순이다.

2 선호시설과 기피시설

토지별 용도와 더불어 아파트를 놓고 둘러싼 입지 비교를 할 때 중요한 것들은 무엇일까? 바로 선호시설과 기피시설의 접근성이다. 이를 파악하는 방법은 구역별로 선호시설과 기피시설을 점수화하는 것이다. **사진**

2-39를 예로 들어 1, 2, 3, 4번 입지에서 선호시설과 기피시설을 구분해 보자. 구분 기준은 다음과 같다.

아파트 주변 선호시설 : 학교, 상업지역, 자연환경, 핵심 업무지구 등
아파트 주변 기피시설 : 공장, 송전탑, 유흥시설, 고가도로, 폐기물 처리시설 등

*선호시설은 +1, 기피시설은 −1로 계산한다. 점수를 구역별로 합산하여 비교한다.
*접근성이 높을수록 더 높은 숫자(+2, −3 등)를 부여한다.

점수로 비교하기 위해 선호시설은 +로, 기피시설은 −로 계산해 본다. 그리고 점수를 구역별로 합산한다. 같은 시설인 경우 목표 위치와 가까울수록(접근성이 높을수록) 더 높은 숫자를 부여한다.

각 위치별 점수는 다음과 같을 수 있다.

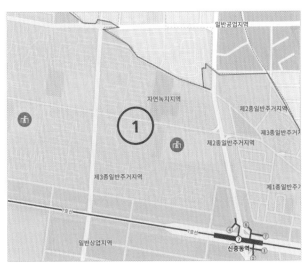

〈사진 2-41〉 1번 지역 입지 현황   (출처 : 네이버부동산)

1번의 용도지역 : 제3종 일반주거지역

1번 위치의 선호시설 : 학교(+2), 상업지역(+1), 녹지(+1)

1번 위치의 기피시설 : 공업지역(-1)

총점수 : **제3종 일반주거지역, 3점**

〈사진 2-42〉 2번 지역 입지 현황   (출처 : 네이버부동산)

2번의 용도지역 : 제2종 일반주거지역

2번 위치의 선호시설 : 학교(+2)

2번 위치의 기피시설 : 공업지역(-2)

총점수 : **제2종 일반주거지역, 0점**

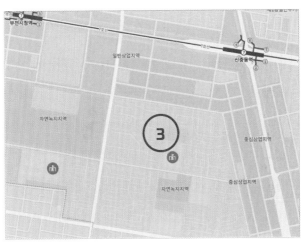

〈사진 2-43〉 3번 지역 입지 현황   (출처 : 네이버부동산)

3번의 용도지역 : 제2종 일반주거지역

3번 위치의 선호시설 : 학교(+2), 상업지역(+2), 녹지(+2)

3번 위치의 기피시설 : 지적도상 없음

총점수 : 제2종 일반주거지역, 6점

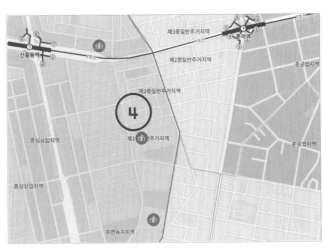

〈사진 2-44〉 4번 지역 입지 현황   (출처 : 네이버부동산)

4번의 용도지역 : 제2종 일반주거지역

4번 위치의 선호시설 : 학교(+2), 상업지역(+1), 녹지(+1)

4번 위치의 기피시설 : 공업지역(-2)

총점수 : **제2종 일반주거지역, 2점**

정리하면 다음과 같다.

1번 : 제3종 일반주거지역, 3점

2번 : 제2종 일반주거지역, 0점

3번 : 제2종 일반주거지역, 6점

4번 : 제2종 일반주거지역, 2점

즉 입지 우위는 3번 〉 1번 〉 4번 〉 2번 순으로 좋다고 볼 수 있다.

그렇다면 실제로도 이 순서대로 아파트의 가격이 비쌀까? 실제로는 그렇지 않다. 해당 토지 위에 지어진 아파트의 연식 차이가 있기 때문이다. 그렇다면 이렇게 토지의 가치의 점수를 매기는 데는 어떠한 의미가 있을까?

힌트는 각각의 위치마다 가장 신축 아파트를 찾아 가격을 비교해 보면 된다. 실제로 3번 위치 인근에 해당 시에서 가장 비싼 주상복합 아파트가 2개 단지나 자리하고 있다. 그렇다면 현재 존재하는 3번 위치의 낡은 아파트가 철거되고 대규모 신축 아파트가 건설된다면, 이 근방을 대표할 아파트가 될 것임은 자명하다. 아파트의 근본인 토지의 가치 자체가 비교군 중 가장 우수하기 때문이다. 토지가치를 판단하는 이런 전략을 취한다면 현재의 낡은 아파트는 추후에 수익을 극대화할 수 있는 전략이 되는 것이다.

그뿐만 아니라 이러한 연습은 추후 공공기관, 대중교통, 고부가가치 민간 사업 등 개발에 대한 이익을 향유할 수 있도록 도움이 될 확률을 높여준다. 가치가 높은 입지는 향후 추가적인 개발 대상지가 될 확률이 비교적 높기 때문이다. 공급자 입장에서는 가치가 더 높은 토지일수록 매입 단가가 높아지기 때문에 토지를 효율적으로 사용하기 위해 부가가치가 더 높은 건물이나 시설을 건설해야 한다. 따라서 현재의 가격 차이가 크지 않다면 매수할 아파트도 더 높은 가치를 지닌 입지로 선택하여, 미래에 개발이익을 향유할 수 있을 만한 확률을 높이길 바란다.

06 감정평가, 가격은 이제 내가 정한다

　내 집 마련 혹은 투자를 하기에 앞서 가장 중요한 것은 **그 대상물이 가치 대비 적정한 가격을 형성하고 있는가를 판단하는 능력**이다. 아무리 좋은 아파트여도 너무 비싸게 사면 그 즉시 손해이며, 아무리 낡은 아파트여도 공짜로 받을 수 있다면 나쁠 것이 없다. 결국 성공적인 내 집 마련과 투자는 내가 사는 시점에서의 가격과 미래의 어떤 시점에서 상승한 가격에 의해 좌우된다. 이번에는 몇 가지 예시를 통해 가격을 평가하는 연습을 해보도록 하자[*]. 다음과 같다.

> ❶ 근처 아파트 대비 저렴한 구축 빌라의 전세가격 적정성 가늠해 보기
> ❷ 근처 아파트 대비 신축 오피스텔 분양가 적정성 가늠해 보기
> ❸ 근처 아파트 대비 신축 아파트 분양가 적정성 가늠해 보기

　위 세 가지 예시를 선정한 이유는 다음과 같다.

---

[*] 예시 중에서 적정 가격 산정 결과값은 내가 이 글을 작성한 시간과 여러분이 책을 읽는 시간에 몇 개월 또는 몇 년의 시간 차이가 존재하므로 반드시 정답이라고 할 수 없다. 따라서 이 부분의 취지는 여러분이 이러한 방법론을 실전에 사용할 그 시점에 동일하게 적용해 보자는 취지임을 이해해 주시길 부탁드린다.

❶ 구축 빌라의 적정한 전세가격을 산정하기 위해 건축물의 상태를 반영한 감정평가를 연습할 수 있다. 이를 통해 대부분의 주거용 건축물의 적정 가격을 판단할 수 있게 된다. 이는 경매 등에도 매우 유용하다. 또, 신축 빌라 깡통 전세사기를 당할 근본적인 원인 자체를 제거할 수 있다. 빌라의 적정 매매가격 및 임대가격을 추정하는 것이 아파트에 비해 훨씬 어렵기 때문에, 이러한 과정을 연습해 보는 것만으로도 아파트의 시세를 추정하는 데 큰 도움이 될 것이다.

❷ 신축 오피스텔 분양가를 적정하게 판단할 수 있으면 건축비, 토지비용, 사업수익 등 공급자 입장에서의 감정평가를 배울 수 있다. 또 다른 장점은 가격 평가를 좀 더 객관적으로 할 수 있다는 점이다. 아파트 분양가는 HUG의 분양심사를 통해 억지로 가격 통제가 이루어지는 반면, 오피스텔 분양가는 자연스러운 시장의 분위기를 그대로 반영하기 때문이다. 추가로 상업용지에 주로 분양되는 오피스텔의 특성상, 주거용지와 상업용지의 가격 차이에 대해서도 생각해 볼 여지를 준다.

❸ 근처 아파트 대비 신축 아파트의 분양가 적정성을 판단할 수 있으면, 해당 분양의 경쟁률을 가늠할 수 있다. 분양 경쟁률을 미리 파악한다는 것은 청약 전략을 마련함에 있어 답안지를 미리 보고 싸우는 것과 마찬가지이다. 또한 해당 청약의 안전마진은 얼마인가를 가늠할 수 있을 것이며, 해당 분양지가 정비사업이라면 정비사업 조합의 사업성까지 추정해 낼 수 있게 될 것이다. 이러한 연습은 추후 정비사업 투자인 입주권 투자에도 핵심적인 도움을 준다.

근처 아파트 대비 저렴한 구축 빌라의
전세 적정 가격 가늠해 보기

1 방 3개 빌라의 전세가격을 확인하기 위한 설정

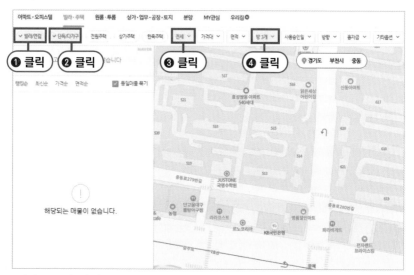

〈사진 2-45〉 방 3개 빌라의 전세가격 검색　　　　　　　(출처 : 네이버부동산)

　　먼저 네이버부동산(https://new.land.naver.com)에 들어가 원하는
지역으로 위치시킨다(책에서는 부천시 춘의동을 기준으로 한다). 빌라/주
택 탭을 클릭하고, 상단의 정렬 항목에서 빌라/연립, 단독/다가구, 전세,
방 3개를 선택한다.

〈사진 2-46〉 선정된 매물 리스트 확인   (출처 : 네이버부동산)

경기도 부천시 7호선 춘의역 근처에는 신축 빌라, 구축 빌라, 구축 아파트가 거의 동일한 입지로 자리하고 있다. 조사 기간 중 매물 전체를 확인해 본 결과, 방 3개인 빌라의 전세가격은 약 1억 4천만~3억 3천만으로 가격이 2배 이상 차이 난다는 것을 확인할 수 있었다. 이를 신축 빌라와 구축 빌라로 구분해 보니, 사용승인된 지 1~2년 이내인 신축 빌라는 2억 8천만~3억 3천만 원 정도의 전세가격을 형성하고 있다. 10년 이내 빌라는 1억 7천만~1억 8천만 원 정도의 전세가격을 형성하고 있고, 25년 이내 빌라는 1억 4천만~1억 6천만 원 정도의 전세가격을 형성하고 있다.

사용 승인	방 3개 빌라 매물 전세가격
1~2년 이내	2.8억~3.3억
10년 이내	1.7억~1.8억
25년 이내	1.4억~1.6억

3 빌라와 비슷한 평형의 아파트 전세가격을 확인하기 위한 설정

〈사진 2-47〉 비교할 아파트 매물 설정　　　　　(출처 : 네이버부동산)

　　빌라의 사용승인 연도별 호가의 시세를 대략 파악했다면, 이제 동일하게 방이 3개인 아파트의 전세가격을 파악한다. 분류 탭에서 아파트, 전세, 20평형대를 선택한다. 이후 바로 인근에 보이는 아파트(여기서는 우민늘사랑, 하나리아벨아파트)를 클릭하여 20평형대가 방 3개가 맞는지 확인한다.

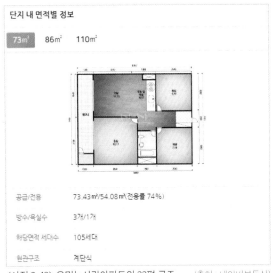

단지 내 면적별 정보

73㎡ 86㎡ 110㎡

공급/전용	73.43㎡/54.08㎡(전용률 74%)
방수/욕실수	3개/1개
해당면적 세대수	105세대
현관구조	계단식

〈사진 2-48〉 우민늘사랑아파트의 22평 구조   (출처 : 네이버부동산)

두 아파트 모두 매물로 올라온 전세는 방 3개가 맞다는 것이 확인되었으니, 어느 정도 동일선상에서 빌라의 전세가격과 비교가 가능해진 것이다. 지하철역과의 접근성 또한 거의 비슷하다. 두 아파트는 각각 2004년, 2005년에 사용승인된 구축 아파트이다.

4 아파트의 전용면적 평당 전세가격 도출

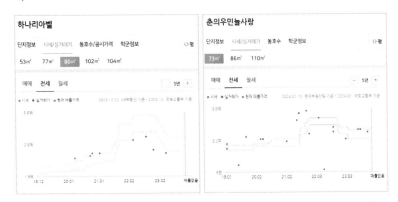

〈사진 2-49, 50〉 두 아파트의 전세 실거래가 추이(20평대)   (출처 : 네이버부동산)

이제 해당 아파트의 전세가를 확인한다. 아파트를 클릭한 뒤, 시세/실거래가 탭을 클릭하고, 원하던 평형대를 클릭한 뒤 전세를 클릭한다. 그럼 기간별 실거래 신고금액이 나온다.

우민늘사랑아파트의 경우 1억 원에 거래된 것도 보이는데, 이런 경우는 정상거래 범위를 한참 벗어난 계약이므로 제외한다. 제외하면 이 근방 구축 아파트의 전세 시세는 2억 후반에서 3억 초반으로 볼 수 있다. 3억~3억 2천만 원 정도면 충분히 거래가 가능할 것이므로, 적정 전세가격을 3억 2천만 원 정도로 잡으면 넉넉하다. 적정 전세가격을 3억 2천만 원으로 잡았으므로, 공식에 따라 이 근방 20년 이내의 방 3개짜리 구축 아파트의 전용면적 평당 적정 전세가격을 계산한다. 계산 시에는 빌라와 직접 비교하기 위해 전용면적당 가격으로 계산하는 것이 좋다.

계산 공식

3억 2천 만 / 20(전용면적의 평수) = 1천 6백만 원

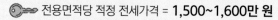 전용면적당 적정 전세가격 = **1,500~1,600만 원**

자신이 갭투자 등을 하는 투자자라면 전세가격을 보수적으로 보아 전용면적 평당 1,500만 원을 잡으면 되며, 방을 여유롭게 구하려는 임차인 입장이라면 1,600만 원을 잡으면 충분할 것이다.

 TIP

입장에 따라 시세의 폭을 다르게 생각해야 하는 이유는 시세는 언제나 변동하므로, 거래가 가능하게끔 예산에 여유를 두어 보수적으로 접근하는 것이 안전하기 때문이다.

⑤ 아파트의 전세가격을 기준으로 빌라의 연식별 전세가격 검토

그렇다면 이제 정리하여, 근처 동일 입지 아파트의 전세가격 1,500~
1,600만 원 vs 연식별 빌라의 전세가격을 비교한다. 그리하여 빌라의 고
평가 여부를 검토하면 된다. 이 과정에서 우리가 꼭 집고 넘어가야 할 점
은 다음과 같다.

> ❶ 신축 빌라라 하더라도 구축 아파트의 적정 전세가격에 비해서 가격이
> 지나치게 높으면 전세사기를 당할 위험이 높다.
> ❷ 비교하려는 아파트와 비슷한 연식의 빌라라면 가격은 낮아야만 한다
> (고급 주거타운의 타운하우스와 같은 빌라는 예외).

사용 승인	방 3개 빌라 매물 전세가격	방 3개 아파트의 전세가격
1~2년 이내	2.8억~3.3억	전용면적 평당 1,500~1,600만원
10년 이내	1.7억~1.8억	
25년 이내	1.4억~1.6억	

위와 같이 사용 승인 연도를 세 유형으로 묶어, 신축 빌라, 준신축 빌
라, 구축 빌라의 전세 평당가격을 구해 냄으로써 유형별 전세가격이 아파
트에 비해 얼마나 고평가되었는가 확인하여 안전한 전세 계약을 체결할
수 있다. 이제 직접 비교하기 위해 빌라의 전세가격을 전용면적 평당으로
바꿔 보자.

6

빌라의 전용면적 평당 전세가격 도출

〈사진 2-51〉 매물 확인하기   (출처 : 네이버부동산)

네이버부동산의 '빌라·주택' 탭에서 근처 빌라의 매물을 누르면, 다음과 같이 평당 공급/전용면적 전세가격을 알 수 있다.

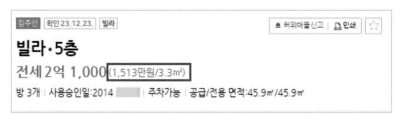

〈사진 2-52〉 평당 전세가격 확인하기   (출처 : 네이버부동산)

참고   **평당가를 구할 때는 넓이의 기준을 우선적으로 정하자**

나는 전용면적으로 환산하여 비교했으며, 아파트는 전용면적 20평을 기준으로 하였다. 전용면적으로 환산한 이유는 빌라는 실제 사용면적인 전용면적 대비 공급면적의 편차가 큰 경우가 많기 때문이다. 또, 아파트와 빌라를 비교할 때는 단순히 가격만을 비교하면 안 된다. 방의 개수나 건축 연도로 최대한 비슷한 조건을 맞추어 비교해야 하며, 비교 기준이 공급면적이면 둘 다 공급면적으로, 전용면적이면 둘 다 전용면적으로 환산하여 비교해야 한다.

아파트 시세를 전용면적 기준으로 구했으니, 빌라 역시 전용면적을 기준으로 평당 시세를 구한다. 인근 빌라의 매물 전체(동일 매물 제외)를 정리하면 아래와 같은 표로 정리할 수 있다.

*단위 : 만 원

사용 승인	방 3개 빌라 매물 전세가격	전용면적(m²)	평당가격
25년 이내	15,000	47	1,053
25년 이내	16,000	48	1,100
25년 이내	23,000	45	1,687
10년 이내	13,500	46	968
10년 이내	17,000	40	1,403
10년 이내	17,500	34	1,699
10년 이내	18,000	46	1,291
10년 이내	18,000	55	1,080
10년 이내	19,000	38	1,650
10년 이내	21,000	45	1,540
10년 이내	23,000	49	1,549
10년 이내	23,500	54	1,436
10년 이내	24,000	38	2,084
10년 이내	25,000	51	1,618
10년 이내	26,000	48	1,788

10년 이내	27,500	58	1,565
10년 이내	28,000	45	2,053
10년 이내	28,500	54	1,742
2년 이내	28,000	47	1,966
2년 이내	30,000	50	1,980
2년 이내	30,000	45	2,200
2년 이내	30,000	50	1,980
2년 이내	32,000	54	1,956
2년 이내	32,900	50	2,171
2년 이내	33,280	43	2,554

🔺 사용승인 연도별 빌라 매물 전세가격을 평당가격으로 환산한 표

각각 '[전세가격 / (전용면적/3.3)] = 평당가격'으로 계산하면 위와 같이 나온다. 이를 각각 사용승인 연도별로 평균을 내어 정리하면 다음과 같은 최종 표로 정리된다.

사용 승인	방 3개 빌라 매물의 평당 전세가격	방 3개 아파트의 평당 전세가격
1~2년 이내	평당 2,115만 원	
10년 이내	평당 1,564만 원	평당 1,500~1,600만 원
25년 이내	평당 1,280만 원	

🔺 사용 승인별 평당 전세가격 현황

7 전세가격 평가 지수 도출

이 표로 신축 빌라 전세가가 아파트에 비해 얼마나 고평가되었는지를 수치화한다. 고평가는 빌라의 평당 전세가를 아파트 평당 전세가로 나누면 된다.

빌라 평당 전세가 / 아파트 평당 전세가 = 전세가격 평가 지수

1~2년 이내 빌라를 기준으로 '2,115(빌라 평당 전세가)/1,600(아파트 평당 전세가)'을 하면 1.32라는 값을 구할 수 있다. 나머지 역시 아래와 같이 수치화된다. 1보다 높다면 빌라의 가격이 아파트에 비해 비싼 것이며, 1보다 낮다면 빌라의 가격이 싼 것이다.

사용 승인	빌라 고평가 지수
1~2년 이내	1.32
10년 이내	0.98
25년 이내	0.80

🔺 사용 승인별 평균 고평가 지수

보수적으로 보아도, 조사기간 중(2022년 8월) 매물로 나온 신축 빌라의 가격은 구축 아파트에 비해 32%나 비싼 것이라고 파악할 수 있다. 편리성과 신축 빌라인 점을 감안하더라도 주차와 보안 등을 생각하면 구축 아파트에 비해서 좋을 이유는 거의 없다. 10년 이내의 빌라는 아파트와 비슷한 전세가격을 형성하고 있다. 통상 아파트와 비슷한 연식의 빌라의 전세가격은 아파트 전세가격에 비해 70% 정도를 넘기 힘든데 이 역시 평균 이상의 수치이다. 따라서 우리는 이 지역의 빌라 전세가격이 대체로 비싼 편임을 지수를 통해 곧장 알 수 있다(이 지역의 빌라 전세가격이 전반적으로 고평가인 이유는 단순하다. 주변에 아파트가 상대적으로 적기 때문이다. 아파트가 많았다면 빌라 전세가격은 지금과 같이 상대적으로 높지 않았을 것이다).

*단위 : 만 원

사용 승인	방 3개 빌라 매물 전세가격	전용면적(m²)	평당가격	빌라 고평가 지수
25년 이내	15,000	47	1,053	0.66
25년 이내	16,000	48	1,100	0.69
25년 이내	23,000	45	1,687	1.05
10년 이내	13,500	46	968	0.61
10년 이내	17,000	40	1,403	0.88
10년 이내	17,500	34	1,699	1.06
10년 이내	18,000	46	1,291	0.81
10년 이내	18,000	55	1,080	0.68
10년 이내	19,000	38	1,650	1.03
10년 이내	21,000	45	1,540	0.96
10년 이내	23,000	49	1,549	0.97
10년 이내	23,500	54	1,436	0.90
10년 이내	24,000	38	2,084	1.30
10년 이내	25,000	51	1,618	1.01
10년 이내	26,000	48	1,788	1.12
10년 이내	27,500	58	1,565	0.98
10년 이내	28,000	45	2,053	1.28
10년 이내	28,500	54	1,742	1.09
2년 이내	28,000	47	1,966	1.23
2년 이내	30,000	50	1,980	1.24
2년 이내	30,000	45	2,200	1.38
2년 이내	30,000	50	1,980	1.24
2년 이내	32,000	54	1,956	1.22
2년 이내	32,900	50	2,171	1.36
2년 이내	33,280	43	2,554	1.60

🔼 빌라 전세 매물의 전체 고평가 지수 도출

앞선 표는 151p에서 정리하였던 매물별 평당 전세가격을 아파트 적정 전세가격인 1,600만 원으로 나누어 고평가 지수를 계산한 표이다. 고평가 지수가 낮은 TOP5(즉 계약을 체결해도 될 만한 매물)와 고평가 지수가 높은 TOP5(즉 계약을 하지 말하야 할 매물)는 다음과 같다.

사용 승인	방 3개 빌라 매물 전세가격	전용면적(m²)	평당가격	빌라 고평가 지수
10년 이내	13,500	46	968	0.61
25년 이내	15,000	47	1,053	0.66
10년 이내	18,000	55	1,080	0.68
25년 이내	16,000	48	1,100	0.69
10년 이내	18,000	46	1,291	0.81

🔺 고평가 지수가 낮은 TOP5(계약을 해도 좋은)

사용 승인	방 3개 빌라 매물 전세가격	전용면적(m²)	평당가격	빌라 고평가 지수
2년 이내	33,280	43	2,554	1.60
2년 이내	30,000	45	2,200	1.38
2년 이내	32,900	50	2,171	1.36
10년 이내	24,000	38	2,084	1.30
10년 이내	28,000	45	2,053	1.28

🔺 고평가 지수가 높은 TOP5(계약을 하면 위험한)

여기서 중요한 점은 계약을 체결해도 될 만한 매물 TOP5에는 1억 8천만 원 매물이 있으며, 계약을 하지 말아야 할 매물 TOP5에는 2억 4천만 원의 매물이 있다는 점이다. 80%까지 대출 가능한 전세대출을 활용하면 자기자본금은 '6,000만 원(2억 4천만 원에서 1억 8천만 원을 뺀 금액) × 20% = 1,200만 원'밖에 차이 나지 않는다. 이렇게 보면 언뜻 그리 큰 가격 차이는 아니라고 볼 수 있다. 그렇기에 더더욱 정확히 판단해야 한다. 이 과정을 통해서 해야 할 계약과 하지 말아야 할 계약을 정확히 구분할 수 있다.

사용 승인	이상치를 제거한 방 3개 빌라 전세가격	방 3개 아파트 적정 전세가격
1~2년 이내	평당 1,970만 원	
10년 이내	평당 1,356만 원	평당 1,500~1,600만 원
25년 이상	평당 1,077만 원	

위 표는 빌라 중에서 고평가 지수가 지나치게 크거나 작은 이상값을 제거하고 남은 빌라들의 평당 전세가격을 평균 낸 표이다. 이 작업은 주관적 요소가 개입될 여지가 크다. 통계이기 때문이다. 하지만 이러한 사실을 감안하더라도 **이 작업을 통해 가격의 기준을 확립하는 것은 현명한 투자자로서 갖추어야 할 고급 기술이다**(실제로 조사 기간 이후 1년 이상이 지난 2024년 현재 해당 지역 신축 빌라 전세들은 역전세난을 겪으며, 세입자 중에는 보증금을 돌려받지 못하는 곤란한 처지에 처해 있는 사람들이 있다).

빌라는 건축물마다 특성이 너무나도 다른 경우가 많아 평균 시세를 짐작하기가 어렵다. 은행 또한 대출을 해 줄 때 감정평가서와 개별주택 공시가격에 의존하여 시세를 평가한다(돈을 빌려 주는 은행조차 못한다는 말이다). **개인 투자자 혹은 내 집 마련을 하려는 초심자는 앞의 내용으로 가격 기준을 잡는 것만으로도 전세사기는 당할 리가 없다.** 오히려 역산을 통해 아파트의 적정 전세가격까지 도출할 수 있다.

도출해 낸 적정 전세가격이 맞고 틀리다의 기준은 없다. 하지만 고평가 지수를 구할 수 있다면 연관이 없는 지역 간의 가격 비교도 가능할 뿐 아니라, 근본적으로 부동산 자체를 평가, 비교하는 눈을 키울 수 있다. 이 작업을 한 뒤 각 지역을 임장하면 더욱 높은 학습 효과를 기대할 수 있다.

근처 아파트 대비 신축 오피스텔 분양가 적정성 가늠해 보기

〈사진 2-53〉 만약 이곳에 신축 오피스텔이 건축되면 분양가는 얼마인가?　　　(출처 : 네이버부동산)

만약 다음과 같은 자리에 주거형 오피스텔 대단지가 들어선다면 분양 가로는 얼마가 적정하다고 볼 수 있을까?

어떤 상품의 가격을 평가할 때는 비교군이 있는 항목과 비교군이 없는 항목으로 우선 나눠야 한다. 가격을 평가할 때, 비교대상이 있는 항목으로 는 노무비, 재료비 등이 포함된 건축비와 토지비용이 있다. 건축비와 토지비는 적정한 시세와 비교대상이 있기 때문이다. 그렇다면 비교대상이 없는 항목은 무엇일까? **사업 이윤이다. 사업 이윤은 시행자가 시장 상황에 따라 얼마든지 높게도 낮게도 부를 수 있기 때문이다.** 그렇다면 우리는 건축비와 토지비용에 대한 평균값을 데이터화하고, 이를 오피스텔이 완공될 인근 부지의 입지가치에 따라 가격을 가감하여 적정한 평당 분양가격을 산정할 수 있다. 물론 도출한 결론이 실제 분양가와는 다를 수 있겠지만, 적어도 부적절한 투자를 하지 않게끔 도와줄 것이다.

우선 오피스텔의 건축비를 가늠해 보자. 청약홈(https://www.apply home.co.kr)에서는 오피스텔 분양 정보를 확인할 수 있다. 여기서 인근 공고들을 확인하여 실제 분양공고에서 책정된 건축비를 확인해야 한다. 이것이 비교대상이 된다. 공고를 5개 정도만 확인하여 평당 건축비를 도출해 보자.

〈사진 2-54〉 오피스텔 분양 일정 예시　　　　　　　　　　(출처 : 청약홈)

사진 2-54와 같이 청약홈 홈페이지에서 여러 가지 오피스텔 분양 공고문을 확인할 수 있다. 그중 84~85타입 형태의 건축비를 확인해 보면 약 3억 6천만 원이다. 중요한 점은 오피스텔은 서비스 면적이 없어, 오피스텔 84타입이 아파트 25평(59타입)의 전용면적과 실제 평수가 비슷하다는 점이다. 따라서, 오피스텔 84타입의 건축비 3억 6천만 원을 25평으로 나눈다면 전용면적 평당 건축비는 1440만 원 정도가 된다.

〈사진 2-55〉   (출처 : 청약홈)

사진 2-55의 표시 지역을 오피스텔이 들어설 지역이라 가정해 보자. 인근 아파트의 실거래가는 25평이 10.3억, 10.9억, 10.3억이다. 평균 10.5억이 시세라고 볼 수 있다. 이 10.5억에서 건축비로 잡았던 3.6억을 빼면 대략 7억이다.

주변 아파트 시세 10.5억 − 오피스텔 25평의 평균 건축비 3.6억
= 약 7억(대지비와 사업 이윤 등 건축비를 제외한 금액으로 추정 가능)

이 7억 원에서 가장 비중이 높은 대지비를 제외한다면 사업 이윤이 될 것이다. 대지비는 해당 지역의 토지 실거래가격을 기반으로 평당 가격을 환산하여 해당 오피스텔의 대지지분만큼 곱하면 산출된다. 이렇게 산출된 대지비용을 제외하면 공급자의 사업 이윤에 근접한다. 그렇다면 우리는 이 사업 이윤과 인근 아파트의 분양권 프리미엄(분양권 매도자의 이윤)의 가격을 비교해서 이 오피스텔의 분양가격이 적정한 것인지 판단할 수 있다.

인근에 아파트 분양권이 존재하지 않는 곳이라면 인근 아파트 금액 대비 통상 70~80% 정도로 감가해서 비교 평가할 수 있다(보통 오피스텔은 아파트에 비해 주거용도로서 가치가 낮기 때문이다). 이곳에 주거용 오피스텔이 들어선다면 오피스텔 84타입(아파트 기준 25평)은 10.5억에 70~80%를 곱한 7.35억~8.4억 정도가 적당한 분양가격이라고 판단할 수 있다.

> **요약**
> ❶ 오피스텔 분양 정보를 통해 건축비 확인
> ❷ 평당 건축비 계산(건축비 총액 / 전용 실평수)
> ❸ 주변 아파트 시세 - 오피스텔 건축비 - 대지비(토지실거래가격/대지지분) = 사업 이윤
> ❹ 사업 이윤 VS 인근 아파트 분양권 프리미엄과의 가격 비교
> ❺ 사업 이윤이 더 높을 경우 시세보다 비싼 분양, 더 낮을 경우 시세보다 저렴한 분양으로 판단

좀 더 정확하게 판단하려면 상업용지와 주거용지 간의 가격차, 지하철 접근성, 신축이라는 점, 예측되는 주변 시세의 변화 등을 함께 계산해야 하지만, 해당 내용이 공식처럼 정해진 것은 아니다. 다만 인근 아파트 가격 대비 70~80%를 곱하면 적정하다고 하는 이유는 수많은 데이터 조사를 통해 낸 개인적인 결론이다. 아파트 대비 오피스텔의 감가율은 품질, 시황, 정책에 따라 유동적으로 변할 수 있기에 지속적으로 실제 사례 등과 비교하여 결론을 도출해 낼 수도 있어야 한다.

근처 아파트 대비 신축 아파트 분양가 적정성 가늠해 보기

아파트 분양가는 부동산 시장 상황과 정책적 규제(분양가 상한제)가 반영되어 결정된다. 주택법 제57조의 분양가격 제한을 살펴보면 크게 두 가지 경우에 분양가 상한제가 적용된다.

> ❶ 공공택지
> ❷ 공공택지 외의 택지로서 다음 각 목의 어느 하나에 해당하는 지역
>   가. 「공공주택 특별법」에 따른 도심 공공주택 복합지구
>   나. 「도시재생 활성화 및 지원에 관한 특별법」에 따른 주거재생혁신지구
>   다. 주택가격 상승 우려가 있어 제58조에 따라 국토교통부장관이 「주거기본법」 제8조에 따른 주거정책심의위원회(이하 '주거정책심의위원회'라 한다)의 심의를 거쳐 지정하는 지역

국토의 약 30%만이 건물을 건설하기 적합한 우리나라의 지리적 특성상 아파트는 가장 선호되는 주거 형태가 되었다. 주거를 책임지는 역할을 하기 때문에, 민생 안정을 위해 아파트의 가격을 통제하는 경우가 생긴 것이

다. 특히 정책적으로 주거 공급을 늘리기 위해 공공택지를 조성하는 경우, 공급자의 이윤을 통제한다. 이외에도 '다' 항목의 국토교통부장관이 지정한 지역 등에서 아파트를 공급할 경우에는 재건축과 같은 민간 사업도 분양가 상한제가 적용될 수 있다.

그렇다면 분양가격이 주변 시세 대비 어느 정도여야 좋다고 할 수 있을까? **대략 주변 시세의 70~80%로 분양되는 아파트가 가장 좋은 경우라고 생각한다.** 주변 시세의 60% 정도로 분양되는 로또 분양의 경우, 경쟁률이 지나치게 높아 당첨 확률이 극히 낮기 때문이다. 대표적인 사례가 2022년 5월에 분양한 시흥장현 퍼스트베뉴인데 일반공급 67가구에 12,726건의 청약이 접수되었다.

둔촌주공 "일반분양가 3550만 원 책정"

(출처 : 동아일보 2019. 12. 09일자 기사 헤드 가공)

위 기사의 3,550만 원은 2019년에 조합이 제시한 둔촌주공(올림픽파크포레온)의 일반 분양가이다. 이와 반대로 분양가 심사를 하는 HUG에서는 2,600만 원대를 고려했다. 분양가로 인한 마찰로 둔촌주공은 후분양을 하기로 하였고, 우여곡절 끝에 일반 분양가가 4,000만 원 정도로 책정되었다.

2023년 4월 기준 둔촌주공 입주권(기존 조합원이 신축된 아파트를 소유할 권리)은 34평 기준 16.8억 원이며 추가 분담금 6천만 원이 있으니 매수하려면 17.4억 원 정도가 필요하다. 이외에 맞은편 올림픽선수기자촌 아파트는 34평 실거래가 기준 18.5억 원 정도이다. 반면 둔촌주공이 일반 분양을 평당 4,000만 원에 할 경우, 34평의 가격은 13억 원 정도이며 확장비, 옵션 등을 더하면 13.5억 원 정도이다. 입주권이 17.4억이고 주변 아파트 시세가 18.5억이 넘어가는 상황에서 일반분양이 13.5억 정도라면, 주변 시세 대비 약 27%가 저렴한 분양이다.

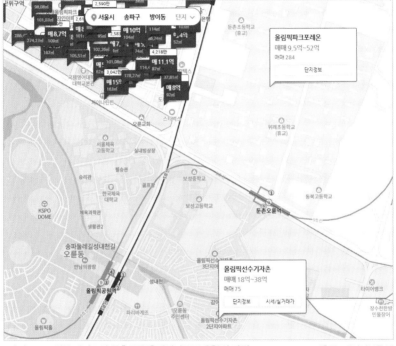

〈사진 2-56〉 인근 아파트와 둔촌주공(올림픽파크포레온)의 가격　　　　　(출처 : 네이버부동산)

앞서 주변 시세 대비 70~80%로 분양가가 책정되면 괜찮은 분양가라고 하였다. 더 싼 것만 찾는 욕심을 내다가 당첨 기회를 잃는 것보다 위와 같이 근거를 가지고 판단하면 좋다. 공급자 측의 사정을 아예 무시한 채 거래를 할 수는 없다. 이 정도 가격만 되어도 충분히 좋은 청약 당첨이다. 여기서 더 큰 욕심을 부릴수록, 경쟁률이 높아져 내 집 마련은 멀어질 것이다.

감정평가는 이 책에서 가장 고심한 내용이다. **나는 가치 대비 가격을 산정할 수 있는 능력을 갖추면, 자본주의에서 우월한 입지를 차지할 수 있다고 믿는다.** 따라서 반드시 다뤄야 했다. 그러나 단순 이론을 나열하는 것은 살상용 전투기를 일반인에게 맡기는 것과 같은 결과를 초래할 것이 뻔해 보였다. 따라서 최대한 쉬우면서도 의사결정에 도움을 주기 위해 다각도로 고민한 끝에 세 가지 케이스를 다뤘다. 이 내용을 몇 번만 연습하고 실생활에 적용하는 것만으로도 수천만 원에서 수억 원의 이익을 거두거나 그만한 금액의 손해를 입지 않을 것이다. 일례로 전세사기를 당하는 핵심 이유도 감정평가를 할 수 없어서이다. 전문인처럼 감정평가를 할 필요까지는 없다. 최소한의 개념과 사례만 알아도 이를 모르는 사람과는 의사결정에서 다분히 큰 차이를 가질 것이라 확신한다.

07 직주근접, 부부 간 직장이 서로 너무 멀다면?

신혼부부의 내 집 마련 상담을 하다 보면 대부분 아내와 남편의 직장 위치가 먼 경우가 많다. 이런 경우에는 두 사람의 기존 거주지를 떠나 타 지역을 선택하는 경우가 많다. 두 사람 간의 소득 차이, 자금, 자녀 계획 등을 바탕으로 미래 상황 설계까지 감안해야 하기 때문이다.

대부분의 부동산 투자 서적은 이러한 세대 내 미래 변화 사항까지 반영하지 못한 결론을 내린다는 한계점이 있다. 하지만 실제 내 집 마련 최적화를 위해서는 이러한 미래 변화 과정까지 감안해야 한다. 세대의 가처분소득(총소득 − 총소비)이 크게 변화될 여지가 있고, 이에 따른 금융비 리스크를 감안하여야 안전하게 집을 마련할 수 있기 때문이다. 예를 들어 자녀 계획을 몇 년 이내에 앞둔 세대의 경우 아내의 육아휴직 등으로 1년에 걸쳐서 가정 총소득이 감소할 수 있다. 이러한 사정까지 염두해야만 현실적이고 시장 상황에 유연하게 대처할 수 있다.

그렇다면 서로 직장이 너무 멀어, 한 사람이 희생하거나 협의점을 찾아야 하는 경우는 어떻게 해야 가장 현명하다고 할 수 있을까? 자금이 무한하지 않은 한, 그 누구도 완벽한 해답을 내놓을 수는 없다. 다만 사회적 분위기, 정책, 다양한 사례를 참조하여 좀 더 현명하게 선택해야 한다.

 Case 1, 소득 중심의 선택

가장 보수적이고 안전한 방법이다. 두 사람 간의 소득이 차이가 많이 날 경우에 한해서 선택하는 방법이다. **소득 중심의 선택을 할 경우에는 소득이 높은 쪽의 직업 안정성이 높아야 한다.** 이런 경우 단순하게 소득이 높은 쪽의 직장에 가깝게 지역을 선택하는 것이 좋다. 세대 내 최소 한 명은 소득 활동을 해야 한다. 이를 위해서 소득이 높은 쪽에 출퇴근 편의성을 최대한 배려해 주고 소득이 낮은 쪽이 희생을 하는 것이다. 소득이 낮은 쪽의 소득이 줄어들거나 없어질 것을 감안하여 원리금 상환액을 설정한 뒤, 마련할 아파트 가격대를 산정한다.

소득이 낮은 쪽이 출퇴근 시간을 희생해야 하는 만큼 이 선택의 장점이 확실해야 한다. 소득이 많은 쪽의 소득이 적은 쪽보다 최소 150% 이상 높아야 한다. 그렇지 않다면 소득이 적은 쪽이 직장을 그만 두게 될 때 세대 총소득이 급격히 줄어들어 자금 한계가 발생한다. 만약 두 사람 간 소득 격차가 크지 않을 경우에는 Case 3과 같은 거리상 타협 중심의 선택을 하는 것이 원리금 상환을 감안할 때 훨씬 유리하다.

> **장점 :** 미리 미래 소득의 축소를 감안하여 아파트를 마련하므로 무리한 선택을 하지 않게 된다.
> **단점 :** 현재 소득 대비 저렴한 아파트를 마련하므로 수익률 측면에서는 가장 저조하다.

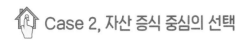 ## Case 2, 자산 증식 중심의 선택

자산 증식 중심의 선택은 실거주를 위한 월세 선택과 갭투자를 통한 내 집 마련을 동시에 진행하는 방법이다. **이 방법은 부부 중 최소 한 명은 부동산 투자에 대한 지식과 시장을 판단하는 능력을 갖춰야 한다.** 투자자가 갭투자를 하는 형태와 동일하기 때문이다.

부동산 하락기가 찾아올 때, 자산을 지키기 위해서는 실제 거주하고 있는 곳의 월세를 내면서도 전세가격 하락 방어에 대비하기 위해 자금을 모을 수 있는 여유가 필요하다. 따라서 두 부부가 거주할 위치는 맞벌이가 가능하면서도 최대한 월세가 저렴한 곳으로 선택하는 것이 유리하며, 투자 겸 내 집 마련할 지역은 향후 전세가격과 매매가격의 동반 상승이 예상되는 지역을 공격적으로 선택해야 한다. 이 방법은 당장은 불편함을 초래하지만, 장기적 관점에서 자산 상승에 가장 효과적이다.

이 방법을 고려하는 부부라면, 세대의 총소득이 높고 지출은 낮아야 한다. 더불어 현재는 저렴한 월세에 거주해야 하는 불편함을 감수해야 하기에 부부의 부동산 투자 지식과 의지, 미래를 가늠하는 통찰력 등이 요구된다. 세대 월 저축액이 최소 300만 원 이상 가능한 경우에는 적극 추천하고 싶다.

장점 : 출퇴근이 편한 곳에 월세를 살면 되므로 출퇴근이 편하다.
다른 방법에 비해 가장 큰 자금을 활용할 수 있으므로 수익률이 가장 높다.
단점 : 저렴한 월세를 살아야 하므로 일상생활에서 불편함을 감수해야 한다.
갭투자를 하는 것이므로 위험 또한 가장 높다. 가장 높은 부동산 투자 지식을 요구한다.

Case 3, 거리상 타협 중심의 선택

이 경우는 맞벌이를 위해 각 근무지에서 중간 지점 정도로 거리상 타협하는 선택을 하는 방법이다. 대개 많은 부부가 이러한 형태로 집을 마련한다. **부부 간 소득 격차가 크지 않을 경우 선택하는 경우가 많은데, 출퇴근 거리상 한 사람의 희생을 강요하지 않기 때문에 비교적 평화적이다.**

다만 단점은 종종 누구도 만족하기 어려운 선택을 해야 하는 경우가 생긴다는 점이다. 또한 한 명이라도 직장을 그만 둘 경우 이 선택 자체가 기회비용을 발생시킨다. 결과적으로 꼭 필요하지 않았던 지역에 거주하게 된 상황이 오는 것이다. 두 직장 사이의 중간 지역이 지나치게 매매가격이 높거나 미래 투자가치가 낮은 경우에는 한 명도 만족하지 못할 수도 있다. 그래서 현재 라이프 스타일이 지속된다는 가정이 필요하고, 선택한 지역이 충분한 투자가치를 지니고 있는지, 매수 가능한 자금이 충분한지 확인이 필요하다.

이 방법은 현재의 삶이 중심이 되는 선택이기 때문에, 비용이 크면서도 효율이 낮을 수 있는 위험이 있다. 따라서 부부 간의 소득 격차가 적은지, 직장 안정성은 어떠한지, 중간 지점의 가치와 가격은 어떠한지를 미래를 감안하여 판단한 뒤 선택할 것을 권한다.

장점 : 한 명의 희생을 강요하지 않는다. 현재의 삶에서 가장 적은 변화를 요구한다.
단점: 중간 지역으로 대상지가 한정되므로 가장 비효율적인 결과를 초래할 가능성이 높다.

이외에도 여러 가지 경우의 수가 있겠지만, 가장 대표적인 세 가지 사례를 다루었다. 이러한 현실적인 고민을 토대로 장기적인 목표를 가진 의사결정을 하면 그렇지 않은 사람들에 비해 현명한 선택을 할 수 있을 것이다. 현명한 독자들은 짐작하였겠지만, 다수가 편리에 의해 선택하는 case 3보다는 미래를 위해 현재의 안락함을 조금 포기하더라도 조금 더 전략적 선택인 case 1, 2를 추천하고 싶다.

08 수많은 잔금 대출,
무엇을 골라야 할까?

주택담보대출은 집을 마련하기 위해 대부분의 사람이 이용한다. 대출은 상환기간, 금리, 상환방법, 수수료의 유무 등에 따라 모두 다르기 때문에, 첫 집을 마련하려는 사람은 어떤 대출이 나에게 잘 맞는지 잘 알지 못하는 경우가 많다. 금리만을 비교해서 어떤 대출 어떤 은행이 좋다고 하기도 어렵다. 매월 수백만 원 이상의 원리금 상환이 이루어져야 하므로 주택담보대출을 확실히 이해해야 주거 로드맵을 설계하는 데 있어 중요한 역할을 할 것이다. 따라서 상환기간별 전략, 주택담보대출 금리는 어떻게 구성되는지, 상환방법별 차이점 등에 대해 간단히 알아보자.

🏠 상환기간

주택담보대출은 20년에서 길면 50년 가까이에 걸쳐 원리금을 상환하는 상품들이 많다. 상환기간이 길수록 이자 총액이 높아지고, 상환기간이 짧을수록 매월 상환해야 하는 금액이 높아진다. 이 사이에서 적정한 균형을 찾는 것이 중요한데, 이는 세대의 소득과 상황에 따라 달라지기 때문에 정답이 없다.

다만, 소득이 충분하고 이번에 장만한 아파트가 평생 거주해도 괜찮을 정도로 가치가 높은 곳이라고 생각한다면 최대한 짧게 상환기간을 잡아 이자를 줄여 애초에 들어갈 비용을 최대한 줄이는 것이 좋다. 반대로 이번 아파트를 지렛대 삼아 5~10년 내에 갈아타기를 생각하는 경우 최대한 상환기간을 길게 잡아 매월 들어가는 비용을 줄이고, 목돈을 모을 수 있는 환경을 조성해야 한다.

🏠 금리

주택담보대출 금리는 국내 8개 은행이 가중평균한 금리인 '**COFIX금리 + 가산금리**'로 이루어진다. COFIX금리는 매월 변동되며 이 변동된 금리에 은행의 이윤인 가산금리가 더해진다.

주택담보대출에는 혼합형과 변동금리형이 있는데, 변동금리형의 경우 3~6개월에 한 번 정도 변동되는 금리를 적용하여 원리금 상환을 하게 한다. 혼합형은 일정한 금리를 일정 기간 동안 동일하게 고정하여 적용해 주고, 그 기간이 지나면 변동금리를 적용하는 것이다.

금리 상승기에는 통상 변동금리형의 초기 금리가 혼합형의 초기 금리보다 낮은 편이다. 금리 상승 시기에는 혼합형의 경우 은행이 일정 기간 동안 금리를 올리지 못하기 때문에(이를 대주 위험이라 한다) 이러한 위험이 감지되면 은행은 미리 가산금리를 상대적으로 높게 적용하여 대출해 주기 때문이다. 이에 반해 변동금리형의 경우 시중 금리가 오르면 은

행도 같이 금리를 올릴 수 있기 때문에 대출 당시에 금리를 비싸게 적용할 이유가 없는 것이다.

정리하면 **금리 상승기에는 혼합형을 선택하되, 변동금리형과 초기대출 이율이 얼마나 차이나는가를 따져 봐야 하며, 금리 하락기에는 변동금리형을 선택하되 혼합형과 초기대출 이율이 얼마나 차이나는가를 따져 보면** 유리한 대출 방법을 선택할 수 있다.

상환 방법

주택담보대출에서 가장 중요한 항목 중 하나가 상환 방법이다. 상환 방법에 따라 매월 상환해야 하는 금액의 차이가 크기 때문이다. 주택담보대출 상환 방법에는 크게 세 가지가 있다. ① 원금균등상환, ② 원리금균등상환, ③ 체증식상환이다. 각각 이자 총액과 월 부담액이 다르기 때문에 상황에 맞게 선택해야 한다.

원금과 이자를 분리해서 생각하면 세 가지 상환 방식을 이해하기가 쉽다. 원리금 상환이란 원금과 이자의 상환을 뜻한다. 회수 기간이 동일하다면 원금을 많이 갚을수록 이자가 줄어드는 것은 당연하다. 이러한 관점에서 각 상환 방식에 대해 전반적인 이해만 해도, 어떤 상환 방법을 택해야 할지 결론이 쉽게 나온다.

구분	원금균등상환	원리금균등상환	체증식상환
이자 총액	가장 적음	중간	가장 큼
매월 상환액	지속적으로 줄어듦	일정	지속적으로 상승함
상환 초기 부담	가장 큼	중간	가장 적음
활용 대상	고소득자	일반	저소득자

🔺 금리 변동은 반영하지 않았음

① **원금균등상환**은 대출액 원금을 매월 같은 금액으로 나눠 상환하는 방법으로, 원금이 다른 상환 방법에 비해 빠르게 줄어들기 때문에 이자도 빠른 속도로 줄어든다. 다만 다른 상환 방법에 비해 매월 갚는 원금의 비중이 크기 때문에 초기 상환 부담이 가장 크다. 따라서 이 방법은 **현재 고소득자이며 빠르게 원금을 갚아서 이자 총액을 줄이려는 사람에게 유리하다.** 주로 장년층 이상이며 마지막 내 집 마련을 완료한 경우에 이용하는 것을 추천한다.

② **원리금균등상환**은 원금과 이자의 합을 매월 같은 금액으로 동일하게 갚아 나가는 방법으로, 주택담보대출에서 가장 많이 쓰이는 방법이다. 금리가 고정이라 가정하면 매월 상환해야 하는 금액은 동일하지만, 상환액에서 원금의 비중이 처음에는 낮다가 점차 높아지고, 이자는 처음에는 높다가 점차 낮아지는 방식이다. 매월 고정된 금액이 지출되기에 안정적인 상환계획을 수립하기 유용하다. 다만 원금균등상환에 비해서 총 이자액이 높은 점은 단점이다. **특별한 사유가 없는 한 원리금균등상환을 선택하여 대출을 실행한다.**

③ **체증식상환**은 원금과 이자액의 합 중 원금의 비중이 아주 낮거나 약

정된 기간 동안은 이자만 갚아 나가는 식이며 매월 점차 원금의 비중이 높아지는 상환 방법이다. 이 방법은 초기에는 이자만 부담하기에 초기 부담 금액이 다른 상환 방법에 비해 매우 낮다. 그런 만큼 **추후 소득이 증가할 것으로 예상되는 신혼부부, 청년 층이 사용하기 좋은 방법이다.** 다만 이 자의 총액이 다른 상환 방법에 비해 매우 높기 때문에 만료 시점에서의 총 부담액이 가장 높다. 따라서 이 방법은 5~10년 이내에 다른 아파트로 갈 아타려고 지금의 집을 마련할 때 이용하는 것을 추천하며, 앞으로 소득이 증가할 것으로 예상되는 세대만 사용하도록 하자.

중도 상환 수수료의 유무

주택담보대출의 주요 수수료에는 만기 전 중도 상환 수수료가 있다. 아파트의 경우 보통 30년가량의 회수기간을 설정한 대출을 실행하기 때문에, 대부분의 경우 만기 전에 상환해야 할 일이 생긴다. 만기 전 상환 수수료를 간과하면 안 되는 것이 수백만 원가량 하기 때문이다. 금리가 약간 더 비싸더라도 만기 전 중도 상환 수수료가 없는 대출을 실행하는 것이 현명한 선택인 경우도 많다.

따라서 주택담보대출을 실행하기 전에 만약 어느 시점에서 갈아타기나 주택 매도를 감안하고 있다면, **해당 기간 후 중도 상환을 했을 경우 수수료가 얼마인지 담보대출 실행 은행에 반드시 물어보고 확인해 놓는 것이 좋다.** 금리가 크게 차이 나지 않는 이상 무조건 중도 상환 수수료가 없는 담보대출을 실행해야 함을 잊지 말자.

만약 중도 상환 수수료가 있는 대출을 실행할 경우, 네이버에서 제공하는 중도 상환 수수료 계산기를 활용하여 예상하는 보유 기간을 따져 보고 내게 더 유리한 조건을 직접 확인해 보자.

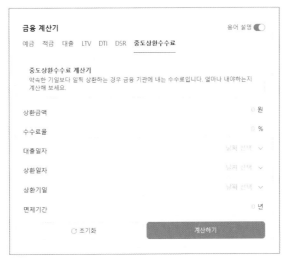

〈사진 2-57〉 네이버에서 제공하는 중도 상환 수수료 계산기 (출처 : 네이버)

3장

똑 부러지는
수도권
지역분석

 들어가며

"가격이 저렴할 때 사서 비쌀 때 팔아라."

수많은 유명 투자자들의 소신을 한마디로 요약하면 위와 같다. 이 한 문장을 실현하기 위해 '금리, 물가상승률, 환율, 수급, 참여자의 심리' 등 수많은 지표를 확인하고 공부하는 것이다. 다만 이 압축된 문장을 이해할 때는 조심해야 할 점이 있다. 너무 간단하기 때문에 비판적 사고를 하기 어려워진다는 점이다.

"가격이 저렴할 때 사서 비쌀 때 팔아라"라는 이 명언이 틀렸다고 말할 생각은 없다. 자본 수익의 기본 원리이기 때문이다. 그렇다 해도 명쾌한 답안으로 느껴지지는 않는다. 대체 언제가 싼 것이고 언제가 비싼 것이며, 싸다와 비싸다의 기준을 어떻게 세워야 타당하다고 할 수 있는지가 의문이기 때문이다. 내가 원하는 부동산이 싼지 비싼지 어떻게 알 수 있을까? 그 해답은 지역분석에 있다.

01 지역분석의 의의와 그 목표

　지역분석은 투자 지역의 본질적 가치를 탐구하는 영역에 속한다. 다양한 지역을 분석할수록 지역 간의 상대적 평가가 가능해지므로 목표하는 아파트가 현재 저렴한지 비싼지를 가늠할 수 있다. 지역분석이야말로 어떤 기준으로 가격을 매겨야 하는가에 대한 물음에 가장 객관적인 답을 제공한다.

　그뿐만 아니라 해당 지역에 다각도로 접근하며 다양한 정보를 얻기 때문에, 보다 확실한 매수 근거를 발견할 수 있다. **지역분석은 결국 상대적으로 가격이 저렴하면서 가치가 높은 곳을 찾기 위한 정보를 모아 최적화된 의사결정을 해내기 위해 꼭 필요한 과정**이다.

　그렇다면 지역분석을 할 때 가져야 할 목표는 무엇일까? 나는 다음과 같은 목표를 가지고 지역을 분석한다.

❶ 지역분석 대상지 내에 핵심 업무지구가 존재하는가 여부로 지역의 경제성을 판단한다.

❷ 핵심 업무지구와 지역분석 대상지 간 접근성을 중심으로 지역의 입지가치를 판단한다.

❸ 미래의 개발 상황을 감안하여 도시의 확장을 판단한다.

❹ 지역분석 대상지 내의 업무지구에 대해 파악하여 경제적 자립 여부를 추정한다.

❺ 추가적인 개발 원동력이 될 만한 요소가 있는지 검토한다.

❻ 지역분석 대상지에 투자처를 선정하고 투자금액을 추정한다.

이 여섯 가지 목표 중 가장 중요한 것은 업무지구와 관련된 것이다. 우수한 업무지구가 지역 내 있거나, 접근하기 좋은 지역이라면 그곳의 부동산 가격은 장기적으로 우상향하기 때문이다.

부동산 투자에서 '가격이 저렴할 때 사서 비싸게 파는' 결코 실패하지 않는 방법은 결국 **지역분석을 통해 지역의 근본적 가치에 대해 연구하고 도출한 결론을 가지고 적정한 금액으로 투자하여 장기적으로 보유하는 것뿐이다.** 그리고 그 지역분석에서 가장 중요한 것은 업무지구와 관련되어 있다는 점을 재차 강조한다. 따라서 첫 번째로 업무지구에 대한 이해를 바탕으로 전체적인 지역분석 공부를 먼저 하고 이후 세부적인 지역별 특징에 대해 공부를 해 나가자.

02 서울의 3대 업무지구

자본주의와 업무지구

지역분석에서 업무지구에 대한 공부를 우선적으로 해야 하는 이유는 무엇일까? 자본주의는 이름 그대로 '돈'에 대한 이데올로기이다. 자본주의 세상 아래 인간은 '돈' 앞에서 결코 자유로울 수 없다. 돈이 생존의 핵심이기에, 돈을 벌기 위해 최선을 다하는 것만이 쾌적한 생존을 보장하는 셈이다. **즉 일자리가 있는 곳이야말로 오늘날 생존을 제공하는 근본 토대이다.** 따라서 돈을 벌러 가는 곳인 일자리와 거주지가 가까워야 한다는 직주 근접은 오늘날 개인에게 생존 필수 요소이다.

이러한 개념을 부동산에 적용하면, 주거용 부동산 가격 변동의 핵심은 일자리에 있음을 알 수 있다. 공급을 결정하는 주요 원인은 수요에 의해서이다(혹은 그 반대일수도 있다). 수요를 결정하는 주요 원인은 결국 돈이다. 돈이 되니까 투자를 하든 내 집 마련을 하든 수요가 생기는 것이다. 그리고 돈을 위해서는 일자리가 있어야 한다. 결론적으로 돈을 벌기 쉽거나 그 가능성이 높은 곳일수록 주거의 가치 및 아파트 가격이 높아진다. 강남, 여의도, 종로, 용산의 아파트 가격이 비싼 근본 원인은 일자리 때문이다. 그리고 강남, 여의도, 종로, 용산 등 핵심 업무지구와 밀접하게 연관된 지역이 한국 아파트 부동산 가격을 이끈다. 따라서 지역별 핵심 업무지구의 접근성과 그 접근성에 따른 지역 간 아파트의 가격 비교를 통해, 내가 사고자 하는 아파트의 객관적 가격을 추정해야 한다.

공급이 발생하는 근본적 이유 ▶ **수요가 높아서!**
수요가 발생하는 근본적 이유 ▶ **돈이 되어서!**
돈을 잘 벌 수 있는 이유 ▶ **양질의 일자리가 있어서!**

따라서 양질의 일자리와 가까운 곳이라면?
돈을 벌 수 있으니 그만큼 수요가 많아지고, 수요에 비해 한정된 공급 때문에 아파트의 가격은 상승한다!

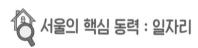 서울의 핵심 동력 : 일자리

가장 많은 일자리를 제공하는 서울은 자연스럽게 한국 부동산 가격을 이끄는 핵심지이다. 그중에서도 **핵심으로는 서울 3대 업무지구인 강남, 여의도, 종로가 있다.** 누구나 강남, 여의도, 종로가 부동산 가격에 중요한 지표가 된다는 점은 알고 있다. 다만 이 3대 업무지구에 대해 깊게 이해하는 것이 얼마나 중요한지에 대해서는 관심이 적다. 대다수는 그 업무지구에서 일을 해서 돈을 버는 것이 중요하고 업무지구 주변의 아파트 가격이 얼마인가에 대해 관심을 가질 뿐이다. **더 수준 높은 지역분석을 위해서는, 해당 지역에 존재하는 회사나 산업군 정도를 이해하는 것은 기본이고, 그**

산업군이 어떠한 특성을 가지는가에 대한 이해도 필수적이다.

우리는 이 3대 업무지구의 역사와 산업 형태 등 다양한 정보를 바탕으로 최대한 선명하게 미래를 내다보려 노력해야 한다. 핵심 업무지구를 중심으로 앞으로도 선호될 만한 수도권 지역에 대해 간략히 분석하고, 미래에 투자하기 좋을 만한 지역까지 알아보도록 하자. 서울 3대 업무지구를 자세히 연구하다 보면 시대와 산업의 변화에 따라 판교가 태어난 것처럼 미래에 탄생할 제2의 판교, 제2의 강남에 대해 검토해 볼 수 있다.

2022년 통계청에서 발표한 지역별 취업자수에 따르면, 서울은 약 510만 명, 경기는 약 760만 명, 인천은 약 160만 명에 이른다. 수도권 전체를 통틀어 1430만 명가량이 취업자이다. 전국 인구의 28%가 수도권에서 일자리를 가진 셈이다. 통계청에 취업자로 분류되지 않는 미등록 형태의 고용까지 감안한다면, 적어도 30% 이상의 인구가 수도권에서 경제 활동을 하고 있을 것으로 추정된다.

눈여겨볼 점은 서울의 경우 문화·예술·스포츠 전문가 및 관련직의 수가 타 지역에 비해 압도적으로 높다는 점이다. 타 지역이 말 그대로 먹고 사는 것에 연관된 직종이 많은 것과 달리 오락, 취미와 관련된 직종이 상위 취업 직종으로 꼽혔다는 점은 서울이 다른 지역에 비해 문화적 발전 또한 앞서고 집중되어 있다는 것을 암시한다.

 ## 3대 업무지구의 지리적 환경

앞서 일자리의 중요성이 아파트 가격에 미치는 영향을 파악하였고, 일자리 중에서도 서울 3대 업무지구가 가장 중요하다는 것을 파악하였다. 이제 서울 3대 업무지구의 지리적 환경을 확인해 보자.

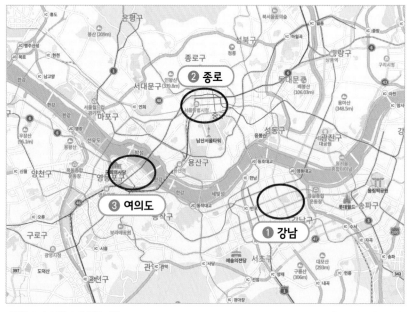

〈사진 3-1〉 서울 3대 업무지구 (출처 : 네이버부동산)

① 강남의 경우 송파구, 서초구, 강남구 3개 구 모두 우수한 일자리가 풍부하다. 그러나 책에서는 강남구만을 다룰 것이다. 각 3대 업무지구의 특징을 비교하여 간단하게 지역별 일자리 특징에 대해 다룰 것이기 때문이다. 인접지 모든 지역을 포함시키면 결국엔 강남 찬양론으로 결론을 맺게 될 뿐이므로 강남구로 한정했다.

② 종로의 경우 중구와 종로구를 합쳐서 분석할 것이다. 중구는 면적이 매우 좁고 종로구는 구 전체에서 남쪽 일부만 한정되어 다수의 일자리를 확보하고 있기 때문이다. 또한 중구와 종로구 남쪽의 일자리는 행정구역상으로만 구분되었을 뿐, 동일 지역 일자리나 마찬가지인 이유도 있다.

③ 여의도의 경우 영등포구에서도 일부 한정된 지역에 양질의 일자리가 집중된 점을 감안하여 영등포구만 조사 대상으로 하기로 한다.

정리하자면 '강남구'의 일자리 현황, '종로구+중구'의 일자리 현황, '영등포구'의 일자리 현황을 확인함으로써 3대 업무지구의 현황에 대해 비교 및 분석을 할 것이며, 나아가 '강남구+서초구+송파구'의 일자리를 확인하면서 일자리와 직종 등이 지역의 주택 가격에 가장 밀접한 연관이 있음을 다시 한번 확인할 것이다.

1 분석에 앞선 배경지식

한국 표준 산업 분류
A.농업, 임업 및 어업(01~03)
B.광업(05~08)
C.제조업(10~34)
D.전기, 가스, 증기 및 공기 조절 공급업(35)
E.수도, 하수 및 폐기물 처리, 원료 재생업(36~39)
F.건설업(41~42)

G.도매 및 소매업(45~47)

H.운수 및 창고업(49~52)

I.숙박 및 음식점업(55~56)

J.정보통신업(58~63)

K.금융 및 보험업(64~66)

L.부동산업(68)

M.전문, 과학 및 기술 서비스업(70~73)

N.사업시설 관리, 사업 지원 및 임대 서비스업(74~76)

O.공공 행정, 국방 및 사회보장 행정(84)

P.교육 서비스업(85)

Q.보건업 및 사회복지 서비스업(86~87)

R.예술, 스포츠 및 여가 관련 서비스업(90~91)

S.협회 및 단체, 수리 및 기타 개인 서비스업(94~96)

T.가구 내 고용활동 및 달리 분류되지 않은 자가 소비 생산활동(97~98)

U.국제 및 외국기관(99)

🔺 한국 표준 산업 분류표　　　　　　　　　　　　　　　　　　(출처 : 통계청)

　　본격적인 분석에 앞서 확인해야 할 것이 있다. 한국 표준 산업 분류표에 따라 산업을 여섯 종류로 구분한 다음 지역별 일자리 특성을 분석할 것이다. 산업 구분은 다음과 같다.

1종: 농업, 임업, 어업
2종: 광업, 제조업
3종: 건설업
4종: 도소매, 음식·숙박업

5종: 전기, 운수, 통신, 금융업

6종: 사업 시설, 지원, 개인서비스, 공공서비스 및 기타

이 책에서는 1종에서 6종으로 갈수록 고차산업으로 분류하기로 한다. 5~6종 분류에는 한국 표준 산업 분류 중에서 전문기술을 상당히 요하는 업종이 다수 포함되어 있다.

	2023년 상반기 임금수준별 임금근로자 비중 (단위 : 천 명, %)						
직업 대분류	계(천 명)	100만 원 미만	100~200 만 원 미만	200~300 만 원 미만	300~400 만 원 미만	400~500 만 원 미만	500 만 원 이상
	21,794	1,994	2,587	7,335	4,637	2,238	3,003
관리자	445	0.0%	0.2%	4.5%	13.9%	13.0%	68.5%
전문가 및 관련 종사자	5,178	2.3%	6.7%	29.7%	22.6%	13.9%	24.9%
사무 종사자	4,676	1.8%	5.0%	35.2%	25.7%	14.1%	18.2%
서비스 종사자	2,405	20.9%	23.7%	35.9%	11.8%	4.3%	3.5%
판매 종사자	1,527	12.2%	17.4%	38.4%	18.9%	7.3%	5.9%
농림·어업 숙련 종사자	64	1.6%	12.5%	54.7%	21.9%	7.8%	1.6%
기능원 및 관련 기능 종사자	1,723	1.7%	6.7%	31.6%	34.5%	16.1%	9.3%
장치·기계 조작 및 조립 종사자	2,133	0.9%	5.7%	37.4%	32.7%	13.2%	10.1%
단순노무 종사자	3,643	28.8%	25.4%	35.9%	9.0%	0.6%	0.2%

(출처 : 통계청)

통계청의 임금수준별 임금근로자 비중을 확인해 보면 고차 업종으로 갈수록(1종에서 6종) 대체로 고임금 비중이 높아진다는 것을 확인할 수 있다. 이러한 배경지식을 확인하고 이제부터 서울 3대 업무지구에 대해 알아보도록 하자.

2 업무지구별 분석 1. 강남구

강남구의 일자리 현황은 다음과 같다. 앞에서도 말했듯 여기서의 강남 일자리는 행정 통계상의 강남구로 한정했다.

	산업별	2023년 상반기		직업별	2023년 상반기	
		취업자 (천 명)	비율		취업자 (천 명)	비율
	계	902	100%	계	902	100%
강남구	1종(농업, 임업 및 어업)	0	0%	관리자, 전문가 및 관련 종사자	388	43%
	2종(광·제조업)	45	5%	사무 종사자	265	29%
	3종(건설업)	44	5%	서비스·판매 종사자	149	17%
	4종(도소매, 음식숙박업)	192	21%	농림어업 숙련 종사자	0	0%
	5종(전기, 운수, 통신, 금융업)	219	24%	기능·기계조작·조립 종사자	42	5%
	6종(사업, 개인서비스, 공공서비스 및 기타)	402	45%	단순노무 종사자	58	6%

(출처 : 통계청)

2023년 상반기 강남구의 산업별 직업별 일자리 통계(근무지 기준)를 확인해 보면, 1종의 현황은 0%이며 6종인 사업, 개인서비스, 공공서비스 및 기타 분류가 압도적으로 높은 비율을 차지한다는 것을 알 수 있다. 직설적으로 말하자면 고차원 일자리가 상당히 집중되어 있다는 것이다. 특히 5종과 6종의 비율 총계가 약 70%에 가깝다.

서울 모든 구를 통틀어 단순노무 종사자 비율이 6%로 가장 적고, 전문직+사무직 종사자가 72%에 이른다는 점은 강남의 일부 유통, 음식점을 제외하고는 거의 모든 일자리가 전문직+사무직 종사자라는 점이다.

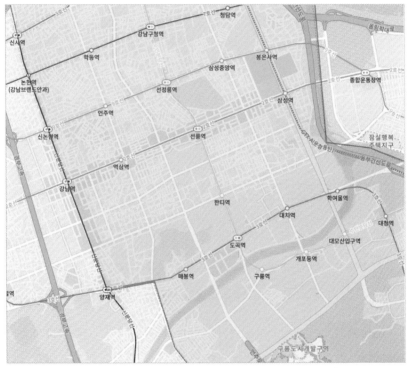

〈사진 3-2〉 강남구 지적편집도 　　　　　　　　　　　　　　　　　　(출처 : 네이버부동산)

결론적으로 강남구의 5, 6종 일자리 산업 비율과 직업별 전문가+사무직 종사자 비율을 감안하면 강남구는 고차 일자리도 많고 전문직 비율도 높으며 임금도 높은 곳이라는 점을 유추할 수 있다.

여의도가 자리한 영등포구의 일자리 현황은 다음과 같다.

| 산업별 | 2023년 상반기 | | 직업별 | 2023년 상반기 | |
	취업자 (천 명)	비율		취업자 (천 명)	비율
계	418	100%	계	418	100%
영등포구	1종(농업, 임업 및 어업)	0	0%	관리자, 전문가 및 관련 종사자	150	36%
2종(광·제조업)	24	6%	사무 종사자	128	31%
3종(건설업)	27	6%	서비스·판매 종사자	69	17%
4종(도소매, 음식숙박업)	74	18%	농림어업 숙련 종사자	0	0%
5종(전기, 운수, 통신, 금융업)	140	33%	기능·기계조작·조립 종사자	36	9%
6종(사업, 개인, 공공 서비스 및 기타)	152	36%	단순노무 종사자	36	9%

(출처 : 통계청)

2023년 상반기 영등포구의 산업별 직업별 일자리 통계를 확인해 보면, 1종 종사자 비율은 0%이며, 4~6종 종사자 비율이 87%에 이른다. 직업별 종사자 비율을 확인해 보면 강남구와 비교했을 때 업종별로는 5종(특히 금융업) 종사자 비중이 높고, 직업별로는 기능, 기계조작, 조립 종사자의 비율이 확연히 많은 점을 알 수 있다. 이와 같은 사정은 영등포구의 지적 편집도에서도 확인할 수 있다. 여의도에는 각종 금융사, 금융투자사의 본사가 밀집되어 있으며 이 지역은 **사진 3-3**에서 여의도역을 둘러싼 빨간색(상업지역) 지역에 포진되어 있다.

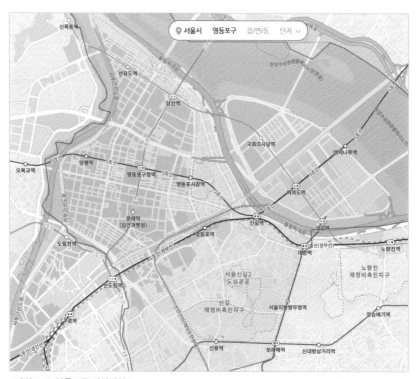

〈사진 3-3〉 영등포구 지적편집도 (출처 : 네이버부동산)

한편 영등포구청역을 중심으로는 반경 약 1.3km를 쭉 둘러서 준공업 지역(**사진 3-3** 내 연보라색 지역)이 형성되어 있는 것을 확인할 수 있다. **사진 3-4**처럼 영등포구청역을 중심으로 하여 기계공구상가 등이 오랜 기간 자리하였다.

하지만 현재 기계공구상가는 서울의 지가 상승과 여의도와의 접근성으로 인해 역사 속으로 사라지고 있고 재개발을 진행하고 있다. 준공업지역은 용적률이 높아 고층 건물을 짓기가 용이하기 때문에 주상복합 오피스텔 등을 건설하기 좋다. 따라서 여의도를 제외한 영등포구는 재개발과 같은 정비사업이 지속되면서 앞으로 더 좋은 지역으로 탈바꿈할 것이라는 사실을 유추할 수 있다.

〈사진 3-4〉 재개발 예정인 영등포구 공구상가의 현황 　　　　　(출처 : 네이버부동산)

영등포구의 또 다른 특징으로는 여의도가 금융 중심지여서 산업별 종사자 중 금융 종사자 비중이 아주 높다는 것이다. 5종에 속하는 금융 종사자의 비율이 강남구에 비해서도 높은 것을 확인할 수 있다. 이외에도 국회의사당과 같은 국가 핵심 기관이 존재하여 관리자, 사무 종사자의 비중 또한 67%인 것을 확인할 수 있다.

중구+종로구, 즉 광화문 인근 일자리 현황은 다음과 같다.

	산업별	2023년 상반기		직업별	2023년 상반기	
		취업자 (천 명)	비율		취업자 (천 명)	비율
중구 + 종로구	계	663	100%	계	663	100%
	1종(농업, 임업 및 어업)	0	0%	관리자, 전문가 및 관련 종사자	227	34%
	2종(광·제조업)	55	8%	사무 종사자	216	33%
	3종(건설업)	29	4%	서비스·판매 종사자	132	20%
	4종(도소매, 음식숙박업)	142	21%	농림어업 숙련 종사자	0	0%
	5종(전기, 운수, 통신, 금융업)	180	27%	기능·기계조작·조립 종사자	52	8%
	6종(사업, 개인, 공공서비스 및 기타)	259	39%	단순노무 종사자	35	5%

(출처 : 통계청)

2023년 상반기 중구+종로구의 산업별 직업별 일자리 통계를 확인해 보면, 1종 종사자 비율은 0%이며, 4~6종 종사자 비율이 87%에 이른다. 여의도와 강남 일자리와 비교해 본다면 서비스 판매 종사자의 비율이 확연히 높은 것을 알 수 있다. 명동, 회현, 남대문, 을지로 등 지역 전통을 자랑하는 거대 상권이 있기 때문에, 타 지역에 비해 서비스 판매 종사자가 높은 것이다. 이는 마찬가지로 지적편집도에서 확인해 볼 수 있는데, 타 핵심 업무지구에 비해 상업지역의 분포가 매우 넓다는 것을 확인할 수 있다.

〈사진 3-5〉 중구+종로구 지적편집도 　　　　　　　　　　(출처 : 네이버부동산)

　　중구+종로구는 언론기관, 서울경찰청 등 수사기관, 헌법재판소 등 사
법기관, 서울국세청 등 조세기관, 서울시청 등 행정기관과 같이 다양한 국
가 업무 일자리가 집중된 곳이다.

⑤ 업무지구별 분석 4. 강남구+서초구+송파구

강남구+서초구+송파구를 아우르는 강남 일자리의 현황은 다음과 같다.

	산업별	2023년 상반기		직업별	2023년 상반기	
		취업자 (천 명)	비율		취업자 (천 명)	비율
강남구	계	902	100%	계	902	100%
	1종(농업, 임업 및 어업)	0	0%	관리자, 전문가 및 관련 종사자	388	43%
	2종(광·제조업)	45	5%	사무 종사자	265	29%
	3종(건설업)	44	5%	서비스·판매 종사자	149	17%
	4종(도소매, 음식숙박업)	192	21%	농림어업 숙련 종사자	0	0%
	5종(전기, 운수, 통신, 금융업)	219	24%	기능·기계조작·조립 종사자	42	5%
	6종(사업, 개인, 공공 서비스 및 기타)	402	45%	단순노무 종사자	58	6%
서초구	계	361	100%	계	361	100%
	1종(농업, 임업 및 어업)	0	0%	관리자, 전문가 및 관련 종사자	157	43%
	2종(광·제조업)	20	6%	사무 종사자	105	29%
	3종(건설업)	23	6%	서비스·판매 종사자	53	15%
	4종(도소매, 음식숙박업)	68	19%	농림어업 숙련 종사자	0	0%
	5종(전기, 운수, 통신, 금융업)	66	18%	기능·기계조작·조립 종사자	22	6%
	6종(사업, 개인, 공공 서비스 및 기타)	184	51%	단순노무 종사자	25	7%
송파구	계	381	100%	계	381	100%
	1종(농업, 임업 및 어업)	0	0%	관리자, 전문가 및 관련 종사자	139	36%
	2종(광·제조업)	16	4%	사무 종사자	87	23%
	3종(건설업)	21	6%	서비스·판매 종사자	86	23%
	4종(도소매, 음식숙박업)	107	28%	농림어업 숙련 종사자	0	0%
	5종(전기, 운수, 통신, 금융업)	67	18%	기능·기계조작·조립 종사자	30	8%
	6종(사업, 개인, 공공 서비스 및 기타)	170	45%	단순노무 종사자	39	10%

(출처 : 통계청)

세 구의 취업자 수는 약 164만 4천 명인데 이는 타 지역에 비해 월등히 많은 수이다. 그뿐만 아니라 관리자, 전문가 및, 사무종사자의 비율이 평균 68%에 달할 만큼 사무직+전문직 일자리가 많다. 반면 단순노무 종사자 평균 비율(7.9%)은 전국적으로 가장 낮은 수준이다. 즉 일자리가 많을 뿐만 아니라 지속적으로 고용이 보장되는 양질의 일자리가 많은 곳임을 확인할 수 있다.

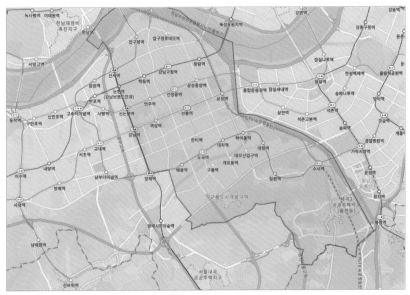

〈사진 3-6〉 강남 3구의 지적편집도   (출처 : 네이버부동산)

강남 3구의 지적편집도를 확인해 보면 서울에서는 드물게 그물형으로 도시 계획이 되었다는 것을 확인할 수 있다. 도로 정리가 잘 되어 있고 이 라인들을 따라 촘촘하게 거의 모든 지하철 노선이 지나간다. 서초, 강남, 송파를 지나는 지하철 노선은 2호선, 3호선, 4호선, 5호선, 7호선, 8호선, 9호선, 신분당선 등이며, 위례신사선, GTX-A, GTX-C까지 예정되어 있어 무려 12개의 지하철 노선을 이용할 수 있다. 도시 간 접근성을 감안하면 강남 3구는 계속해서 수도권 핵심 업무지구의 위치를 차지할 것이다.

간략하게나마 서울 3대 업무지구에 대한 일자리 정보를 확인해 보았다. 이제부터 서울의 업무지구 접근성 중심으로 지역분석을 할 것이다. 결국 수도권은 일부 지역을 제외하고는 서울 3대 업무지구의 영향에서 벗어날 수 없다. **특히 수도권 아파트의 입지가치는 서울 3대 업무지구에 얼마나 빠르고 편하게 도달하는가에 따라 극명하게 달라진다.** 따라서 수도권의 도시별 3대 업무지구 접근성을 따져 본다면 거시적인 차원에서 지역분석을 할 수 있고, 나아가 도시별 접근성 비교를 통해 적정 가격도 도출할 수 있다.

03 3대 업무지구와의 접근성으로 따져 본 한강 북쪽

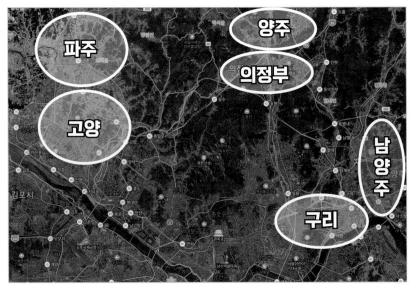

〈사진 3-7〉 한강 북쪽 위성지도

(출처 : 네이버부동산)

3대 업무지구에 대해 알아봤으니 이제 한강 북쪽의 도시들과 핵심 업무지구 간의 연계성에 대해 알아보자. **사진 3-7**에 표기된 것처럼 3대 업무지구 중 두 곳인 여의도와 광화문에 대한 접근성을 중심으로 따질 것이다. 먼저 도시별 간략한 특성을 짚어 본다. 도시와 업무지구 간의 연계성을 파악하여 효율적으로 활용하는 데 도움이 될 것이다.

한강 북쪽 서울

지역 분석을 할 때 가장 간단하면서도 객관적인 방법은 '위치'를 기반으로 분석하는 것이다. 한강 북쪽은 3대 업무지구 중 여의도 일자리와 광화문(종로구+중구) 일자리에 접근성이 좋다. 결론적으로는 두 일자리에 가까울수록 지가와 입지 선호도, 성장 가능성이 높으며, 아파트 가격도 높게 형성될 확률이 높다. 한강 북쪽의 서울에서 살펴보면, 그중 남쪽에 해당하는 용산구와 남동쪽의 성동구, 남서쪽의 마포구로 이를 이해할 수 있다.

1 마포구, 용산구, 성동구

서울시의 한강 북쪽을 대표하는 입지는 마용성이라 불리는 마포구, 용산구, 성동구이다. 이 지역의 가장 큰 장점은 2대 업무지구인 여의도, 광화문 일자리에서 매우 가깝고, 해당 지역 자체의 일자리 또한 우수하다는 점이다. 이외에도 남쪽으로 한강을 바라보는 뷰의 아파트가 들어설 수 있다는 점, 한강이라는 자연적 인프라를 누릴 수 있다는 점에서 입지가치가 높다. 이 세 지역은 한강 북쪽 기준으로 강남에도 가장 빠르게 접근할 수 있으므로 사실상 3대 업무지구와의 접근성이 우수한 입지라고 할 수 있다. 실제로도 한강 북쪽 중에서 지가와 주거용 부동산 가격이 가장 높다.

② 은평구, 서대문구

한강 북쪽 서울의 서쪽에 입지한 서대문구와 은평구도 광화문과 여의도 일자리에 접근성이 좋다. 다만 자체적 일자리가 부족한 배드타운에 가까운 점은 아쉽고, 마용성에 비해 지하철 대중교통 인프라가 부족하다. 위치는 좋지만 접근성 면에서 불리하다.

다만 서대문구 최남쪽의 신촌역, 이대역, 아현역 부근은 행정구역상으로만 서대문구일 뿐 마포구 일부 지역에 비해 우수한 위치이기 때문에, 투자가치가 상당하다고 할 수 있다. 마포 래미안 푸르지오, 마포 더 클래시 등과 같은 마포구 대장 아파트들과 대로 하나를 두고 마주보고 있기 때문이다. 따라서 서대문구는 남쪽과 북쪽의 입지가치가 극명하게 갈린다고 할 수 있고, 은평구는 전반적으로 입지가치가 마용성에 비해 확연히 떨어진다고 할 수 있다. 다만 입지가치가 비교적 떨어진다는 점이 그 지역의 투자를 피하라는 것은 아니다. 이러한 사정을 활용하여 적극적인 투자를 하는 것이 시장 상황에 따라서 상당히 유리할 수도 있다.

3 종로구, 중구

한강 북쪽 서울의 중심인 종로구와 중구는 3대 업무지구 중 한 곳으로 입지적 가치가 매우 높지만, 업무지구 밀집 지역 특성상 주거지역이 적다. 그뿐만 아니라 종로구와 중구는 각종 문화재와 오랜 전통을 지닌 시장들로 인해 대단지 주거단지가 밀집하기에 어려운 특성을 가지고 있어, 투자적 관점에서는 제외하는 것이 좋다. 이런 곳에서는 대체로 건축 허가를 받기가 매우 어려우며, 허가를 받는다 하더라도 용도상 고층 주상복합 아파트나 오피스텔이 들어서는 경우가 많다. 이런 경우에는 가치 대비 분양가가 지나치게 높은 경우가 허다하여, 특히 분양권 신규 투자를 하려는 경우라면 주의해야 한다. 다만, 중구 약수동의 경우 마용성에 비견할 만한 우수한 입지적 가치를 가지고 있어 그만큼 높은 가격에 주거용 부동산이 거래되고 있다.

4 중랑구, 동대문구, 광진구

한강 북쪽 서울의 동쪽에 위치한 중랑구, 동대문구, 광진구는 비교적 여의도에서는 거리가 있는 편이다. 다만 동쪽은 대중교통 인프라가 우수하여 3대 업무지구 접근성이 상당히 우수한 편이다. 특히 동대문구에 있는 청량리역은 1호선, 수인·분당선, 경의·중앙선뿐 아니라 추후 GTX-B와 GTX-C까지 예정되어 있어 강남과 여의도 접근성이 크게 개선될 예정이다. 그만큼 땅값도 가파르게 올랐다.

개인적으로는 서울 북쪽에서 순위를 매긴다면 마용성 다음으로 광진구를 생각한다. 광진구는 7호선 덕분에 강남으로 빠르게 접근할 수 있을 뿐 아니라 2호선 덕분에 광화문에도 쉽게 접근할 수 있다. 그뿐만 아니라 한 강을 남쪽으로 바라보는 뷰의 아파트를 지을 수 있고 거대한 공원들이 근처에 조성되어 있어 우수한 주거환경을 갖출 수 있다. 위치 자체만 살펴봐도 광진구가 셋 중 요지에 훨씬 가깝다.

중랑구는 사실상 은평구와 마찬가지로 서울 변두리로 취급받다가, 동대문구 청량리역의 개발계획에 힘입어 우수한 주거지역으로 탈바꿈하고 있다. 아직은 재개발해야 할 곳이 많은 낙후 도심이지만, 이는 시간이 해결해 줄 것으로 기대한다.

⑤ 노원구, 도봉구, 강북구, 성북구

마지막으로 한강 북쪽 서울의 북쪽인 노원구, 도봉구, 강북구, 성북구를 보자. 이 지역들은 여의도 출퇴근은 상당히 힘들고 강남도 먼 거리와 환승저항으로 편히 출퇴근하기는 어렵다. 다만 광화문까지 도달하기에는 괜찮은 편에 속한다. GTX-C가 개통한 후에는 강남 접근성이 상당히 개선될 것으로 생각되지만, 최소 10년 뒤의 이야기이며 노선 하나가 접근성을 개선하는 것은 일부 지역으로 한정되기 때문에 한계가 있을 것은 확실하다.

다만, 노원구는 한강 북쪽 중 유일하다 싶을 정도의 전통적 학군지로, 우수한 재목들을 많이 길러 내는 인프라가 이미 조성된 만큼 앞으로도 그 인기는 지속될 것이다. 이러한 인프라를 갖춘 지역은 교통 개발만 지속되면 되기 때문에, 앞으로의 위상은 더욱 좋아질 것이다. 또한 이 네 지역은 재건축과 재개발 가능성이 높은 곳이어서, 지속적으로 주거환경이 좋아질 것이라 기대할 수 있다.

🏠 한강 북쪽 경기도

이제 한강 북쪽 경기도에 대해 알아보자. 한강 북쪽의 동쪽에는 구리시와 남양주시가 있고, 서쪽에는 고양시와 파주시가 있다. 북쪽에는 의정부시와 양주시, 포천시, 동두천시가 있는데 여기서는 포천시와 동두천시는 다루지 않을 것이다. 이유는 포천시와 동두천시는 사실상 3대 업무지구 접근성이 매우 떨어지고, 현실적으로 3대 업무지구 모두 출퇴근하기가 불편하기 때문이다.

1 구리시

구리시는 현재 활발하게 공사 중인 8호선 연장 덕분에 강남 접근성이 크게 개선될 것이다. 강남 일자리에 20~30분대로 도달 가능한 흔치 않은 경기도 도시 중 하나가 되는 셈이다. 오랜 낙후 도심이기에 재개발 사업이 활발하여 새로운 대단지 조성을 목전에 두고 있는 점 또한 기대되는 점이다. 구리시는 면적이 작고 그만큼 인구도 적으며 자체 일자리가 우수하다고 볼 수는 없는 곳이다. 다만 우수한 강남 일자리 접근성을 바탕으로 앞으로는 서울급 입지로 판단해도 될 만큼 우수한 위치에 자리하고 있다.

2 남양주시

남양주시는 경기도 중에서도 압도적으로 넓은 면적을 가진 도시인데, 면적의 대부분이 산으로 둘러싸여 있어 일부 면적인 서남쪽 다산 지금택지,

---

* 택지는 「택지개발촉진법」에 따라 개발·공급되는 주택건설용지 및 공공시설용지를 말하며, 주택을 건설하는 용지뿐만 아니라 도로, 공원, 학교 등의 기반 시설과 상업·업무 시설 등의 시설을 설치하기 위한 토지를 포함하는 포괄적인 개념으로 정의되어 있다.

왕숙 진접택지 정도가 주거용 땅으로 사용 가능하다. 남양주에 진입하는 지하철 노선은 현재로서는 없는 것과 마찬가지이지만, 8호선이 다산신도시에 들어올 예정이라 다산신도시 일부 아파트만큼은 상당한 입지적 가치를 가질 것이다. 추후 9호선이 서울 고덕지구를 지나 지금택지, 왕숙택지를 거쳐 진접까지 진입할 예정이므로 9호선 연장이 완공된다면 남양주는 강남 일자리에 접근하는 노선을 2개 가지게 되는 셈이다.

그뿐만 아니라 3기 신도시 추진으로 남양주 내에 많은 공급이 예정되었다는 점은 남양주시의 인구 증가를 이끌 것이며 인구 증가는 곧 표심이 되어 개발을 앞당기는 유인으로 작용할 수 있다. 이러한 점들을 고려하면 아직은 3대 업무지구 접근성이 부족한 곳이지만(차량 통행로도 상당히 막힌다) 추후 연장될 8호선과 9호선에 의해 완전히 새로운 도시로 평가받을 수 있는, 미래가 기대되는 도시로 판단할 수 있다. 즉 지금 싸게 사서 나중에 비싸게 팔 수 있는 노다지가 많은 곳이라고 볼 수 있는 셈이다.

③ 고양시

고양시는 1기 신도시 중 하나라는 점과 재건축 대상이 될 수 있는 아파트가 즐비해 있다는 점, 그리고 이미 완성된 깔끔한 도시 인프라를 갖추고 있다는 점이 아주 매력적이다. 고양시와 남양주시는 서울을 기준으로 구석에 위치해 있지만 차이가 크다. 남양주시는 현재 일부 면적에 한정하여 대대적인 도시개발사업을 하고 있는 반면, 고양시는 광활하다고 말할 수 있는 정도의 평지를 바탕으로 이미 대규모 주거 인프라가 형성되어 기반을 잡았다는 점이 특징이다.

고양시에서 광화문 접근성은 약간은 부담스럽다. 가장 아쉬운 점으로는 한 번에 핵심 업무지구에 도달하는 알짜 노선이 없다는 점이다. 이를 보완하기 위해 광역버스가 매우 발달해 있는데, 버스는 정시성이 떨어지기 때문에 조금 아쉽다. 여의도 접근성도 사실상 비슷한데, 만약 환승 없이 접근이 가능했다면 지금보다 훨씬 더 좋은 이미지를 가졌을 것이다. 다만 바로 근처에 김포공항, 마곡지구, DMC 등 양질의 일자리가 고르게 분포되어 있어 적정한 주거 수요는 뒷받침될 수 있다. 이외에도 3기 신도시 중 창릉신도시가 서울 마포구를 바로 목전에 둔 위치에 예정되어 있어, 우수한 투자처가 될 것으로 보인다.

4 파주시

파주시는 남양주시와 비슷하게 광활한 면적 대비 주거 전용면적이 한정되어 있는 지리적 특성을 가지고 있다. 파주 북쪽의 경우 북한과 접해 있어 개발이 통제되는 군사보호·통제구역이 많다. 경찰 훈련소와 같은 훈련기관도 존재하여, 민간이 개발하기에는 한계가 명확하다. 이러한 사정 때문에 대중교통 인프라가 경기도에서 가장 부족한 편에 속했다.

그러나 파주시 최남쪽에는 GTX-A 노선이 개발 중이어서 운정신도시는 교통 접근성이 획기적으로 개선될 것으로 기대하고 있다. 특히 이 GTX-A는 개발 속도가 다른 광역교통망에 비해 가장 빠를 뿐 아니라 강남 일자리 중 핵심지역인 삼성역에 직통으로 연결되기 때문에 GTX-A가 지나가는 입지의 위상은 높아질 것이다. 따라서 파주시는 출퇴근으로 GTX-A 이용이 가능한가 아닌가를 유념하여 투자해야 할 것이다.

개발 관련 건축 제한사항이 많은 도시의 특성상(군사 요충지) 파주시에 대한 투자는 결국 파주시 최남단 일부에 한정될 수밖에 없다. 따라서 GTX-A를 이용할 수 있는 지역과 그 이외의 지역은 아예 다른 도시라고 생각해야 객관적으로 판단할 수 있다. 이외의 개발로는 서해선 연장이 있다. 파주 구도심에서 김포공항까지 직결된 노선이 현재 공사 중으로, 주요 일자리 중 하나인 김포공항, 마곡지구로의 접근성이 개선될 것으로 기대된다.

5 의정부시

이제 한강 북쪽 경기도의 북쪽을 알아보자. 이 지역의 대표 도시로는 의정부시, 양주시가 있다. 경기도 북쪽은 아직까지는 철저하게 교통 개발 수혜에서 배제된 지역 중 하나다. 수도권에서 가장 오래된 전철인 1호선이 서울을 지나 의정부, 양주, 동두천을 지나 연천까지 연결되어 있지만 구석구석을 지나지 못한다는 점, 양주 이북의 긴 배차 간격 등 명확한 한계가 있다. 그나마 알짜 노선인 7호선은 의정부시 최남단에 차량기지를 목적으로 장암역 하나가 존재할 뿐이다. 이러한 사정상 주거용 부동산 투자가치를 판단할 때 마지노선으로 한정할 수 있는 지역은 의정부시와 양주시뿐이다.

의정부시는 한강 북쪽의 경기도 북쪽을 대표하는 도시로, 의정부역에서 도봉산역까지 이동한 다음 7호선으로 환승하여 강남에 도달할 수 있다. 1시간 정도가 걸리는데 거리상으로는 상당히 멀지만, 대중교통 접근성은 뛰어난 셈이다. 또한 의정부역에서 광화문 일자리 근처인 종각역까지는 40분대로 도달 가능하다. 양주 옥정신도시까지 예정된 GTX-C 노선까지 완공된다면, 강남 접근성이 크게 개선되면서 우수한 위성도시로 자리 잡을 것으로 기대하고 있다.

의정부시 내에는 의정부경전철 노선이 있으며, 이 노선이 추후 연장될 7호선과 현재 존재하는 1호선을 이어 줄 것이다. 이러한 상황을 감안하면 중기적으로는 의정부 구도심인 좌측에 비해 새롭게 도시개발사업을 진행하고 있는 고산지구, 민락지구 등 우측 지역을 유망 지역으로 판단하는 것이 합리적이다. 그러나 GTX-C는 의정부 구도심을 관통하여 개발될 예정이므로 GTX-C의 완공과 의정부 구도심의 재개발이 맞물려 다시 한번 지역 내 선호도를 되찾아 올 것으로 판단된다. 이러한 사정을 감안한다면 중단기 및 초보 투자자는 의정부 우측 지역에, 장기 투자자는 의정부 구도심에 투자하는 것이 좋은 선택일 것이다.

6 양주시

양주시는 중심에 불곡산이 있다. 이를 기준으로 좌측은 농업, 물류업, 제조업 등이 고루 자리 잡았고 우측은 회천, 옥정신도시로 택지 개발을 하였다. 드넓은 면적에 비해 주거용 부동산 투자처는 한정된 셈이다. 현재는 1호선만 개통되어 있으나 7호선 연장 사업으로 인해 옥정신도시는 7호선 이용을 할 수 있게 될 예정이다. 또한 GTX-C가 회천택지에 개발될 예정이어서, 두 노선이 양주시 주거가치를 올려 줄 것이다. 물론 두 교통 개발사업 모두 완공에 장기간이 걸리지만, 장기적 관점을 가진 투자자로서는 매력적인 개발계획임에 틀림없다. 이외에도 수도권 제2순환고속도로로 곧장 진입이 가능하므로, 물류산업의 성장은 계속 기대할 수 있다. 긴 호흡을 가지고 관심을 가진다면 충분히 수익을 낼 수 있는 지역임에 틀림없다.

04 3대 업무지구와의 접근성으로 따져 본 한강 남쪽

〈사진 3-8〉 한강 남쪽 위성지도

(출처 : 네이버부동산)

이제는 한강 남쪽의 도시에 대해 확인해 보고, 이 도시들과 핵심 업무지구 간의 연계성에 대해 알아보자. 3대 업무지구 중 두 곳인 강남, 여의도에 대한 접근성을 중심으로 따질 것이다.

한강 이남 지역은 주요 일자리와 핵심 대도시들이 다수 몰려 있는 곳이다. 이중에서 비교적 핵심 일자리와의 접근성이 부족한, 이천시(하이닉스 공장이 있지만 제외한다), 여주시, 오산시, 안성시는 다루지 않겠다. 또한 송파구, 강남구, 서초구는 앞에서 이 지역 자체를 핵심 업무지구로서 다뤘기 때문에 별도로 다루지 않는다.

한강 남쪽 서울특별시의 구성

동쪽 : 강동구, 송파구

중심 : 강남구, 서초구, 동작구, 관악구

서쪽 : 강서구, 양천구, 영등포구, 구로구, 금천구

한강 북쪽 경기도의 구성

동쪽 : 하남시, 성남시, 용인시, 광주시, 이천시, 여주시

서쪽 : 김포시, 부천시, 광명시, 시흥시

중심 : 과천시, 의왕시, 안양시, 군포시

남쪽 : 수원시, 화성시, 평택시, 안산시, 오산시, 안성시

*구분은 위치를 기준으로 한 저자의 주관적 구분임

 한강 남쪽 서울

1 강동구

강동구는 천호동 일대에는 재개발이, 길동과 명일동 일대에는 재건축이 진행되고 있으며, 고덕동과 상일동 일대에는 신규 아파트 주거촌이 자리해 있다. 그리고 현재 한국 부동산 최대 물량인 1만 2천 세대의 재건축 둔촌주공이 있다. 강동구는 전반적으로 송파구에 비해 강남 접근성이 한

참 떨어졌었다. 5호선이 두 줄기로 나뉘어져 야기한 긴 배차 간격과 5호선의 선형이 강남 일자리로 접근하는 데 상당히 불편했기 때문이다. 그러나 인근 송파구의 지가가 급격이 상승하면서 덩달아 강동구의 위상도 올라가는 모양새다.

이로 인해 전형적인 낙후 도심이었던 강동구는 연달아 대대적 재건축 사업을 성공하며, 고덕지구와 둔촌주공을 앞세워 인구 밀집 지역으로 탈바꿈하고 있다. 인구가 늘어나니 교통 개발계획이 들어서는 것은 당연한 일이다. 강동구 일대를 관통하기로 결정되어 현재 연장 공사 중인 8호선과 9호선은 멀지 않은 미래에 개통될 예정이며, 특히 알짜 노선인 9호선이 강동구의 위상을 올려 줄 것으로 기대하고 있다.

2 동작구

동작구는 떠오르는 샛별과 같은 곳이다. 강남, 광화문, 여의도와의 접근성이 모두 우수하다. 그뿐만 아니라 한강을 바라보는 아파트를 지을 수 있으며, 국립 서울 현충원의 거대한 녹지까지 갖추고 있어 주거지로서 안성맞춤이다. 지나는 노선도 7호선, 9호선으로 알짜 노선들이며 상도, 흑석, 노량진 등 알짜 재개발이 가득한 곳이다. 상도는 이미 대규모 입주가 완료되었고 흑석도 재건축, 재개발 논의가 활발하게 진행되고 있다. 노량진은 수도권 재개발에서 빼놓을 수 없는 핵심지역이다.

3 관악구

관악구는 현재 서울시 전체를 통틀어 입지 대비 가장 저평가받고 있는

지역이다. 바로 옆이 서초구와 과천시인데, 입지 대비 너무 가혹한 평가를 받고 있다. 이유는 간단하다. 구 전체에 아직 이렇다 할 대장 대단지 아파트가 없기 때문이다. 사실 위치로 보면 강동구에 비해 뒤처질 이유가 전혀 없는 곳이다. 신림선은 이미 개통되었고 서부선이 예정되어 있어 여의도 접근성은 더욱 개선될 것이며, 이미 2호선을 통해 강남에 10분대로 진입이 가능한 지역인데, 아직 이렇다 할 대단지 신축 아파트가 없는 것뿐이다.

아직 일부 지역이 판자촌 이미지를 탈피하지 못했지만, 신림, 봉천과 같은 재정비구역에서 대규모 재개발이 성공적으로 마무리된다면 일생에 한두 번 있을까 말까 한 수익률을 거둬들일 수 있는 지역이 관악구라고 생각한다. 지금의 관악구를 보고 있자면, 지금은 마포 래미안 푸르지오, 마포 프레스티지 자이 등이 들어선 아현동, 염리동 일대가 떠오른다. 10~20년 후 과연 관악구가 지금과 같은 수준에 머물러 있을까? 나는 아현동, 염리동 일대가 재개발로 공사판이 된 그 일대에서 대학생활을 했기 때문에 이런 곳의 미래를 직접 겪어 본 셈이다.

4 구로구

구로구는 안양천을 기준으로 우측과 좌측이 용도지역부터 다르다. 구로구 우측은 준공업지역에 국가산업단지가 자리하고 있다. 이 지역은 디지털단지로 개발하여, 대규모 아파트형 공장(지식산업센터)이 집중되어 있다. 스타트업 IT 기업이 다수 자리하여 양질의 일자리를 공급하고 있다. 구로구 우측 끝의 신도림역은 2호선과 1호선이 존재해 강남과 광화문에 곧장 진입하기 좋은 교통망을 가지고 있고 여의도와는 물리적으로 가까워 3대 업무지구 모두에 빠르게 도달 가능한 좋은 입지다.

반면 안양천 좌측은 교통이 상대적으로 불편하다. 천왕역 일대가 정비사업을 하고 있고, 오류동과 개봉동 인근은 아직 개발이 더딘 낙후 도심이라고 할 수 있다. 이 일대는 시간이 지나면 전반적으로 정비사업을 통해 더 좋은 주거 환경을 갖출 것으로 기대하고 있다.

5 영등포구

영등포구는 국회의사당이 존재하는 여의도, 신길뉴타운, 대림, 문래, 당산으로 크게 나뉜다. 핵심 업무지구가 존재하는 행정구역인 만큼 땅의 가치도 가파르게 상승하는 지역이다. 대표적인 예로 신길뉴타운을 뽑을 수 있는데, 일대 곳곳이 재개발되어 아주 인기 있는 아파트 단지를 완공하였다. 신안산선의 개발로 인해 신길뉴타운에서 여의도로 직통하는 만큼 입지의 가치도 나날이 상승하고 있다. 당산은 한강에 접하여 이미 우수한 주거지로 자리 잡았고, 영등포와 대림 또한 거대 정비구역을 지정하여 활발한 재정비 사업을 추진하고 있다.

6 금천구

금천구는 한강 남쪽 서울시 중 입지가 가장 떨어지는 곳이다. 여태껏 1호선 지선밖에는 교통망이 없었기 때문이다. 그러나 국가산업단지인 가산디지털단지가 자리하여 구로구와 마찬가지로 대규모 아파트형 공장(지식산업센터)이 집중되어 있고, 신안산선이 개통되면 여의도에 직통으로 접근 가능하기 때문에 금천구는 더 이상 서울 변두리의 입지로 평가받지 않을 것이다. 그간 교통에서 외면받던 독산동 일대와 시흥동 일대는 앞으로 꽤나 살기 좋은 주거지역으로 인정받을 수 있을 것이다. 교통이 개선되면서 땅의 가치가 올라간다면 언젠가는 대규모 재개발을 통해 신길처럼 뉴타운을 형성할 수도 있을 것이다.

7 양천구

양천구는 크게 목동, 신정동, 신월동으로 나뉜다. 목동은 한국의 3대 학군지 중 하나로 재건축 정비사업을 추진하는 단지가 즐비해 있으며, 유명 학원가 덕분에 주거지로 상당히 인기가 높은 지역이다. 여의도 접근성도 매우 좋기 때문에 직주근접과 학군을 갖춘 앞으로도 인기 있는 주거지로 입지를 굳힐 것이다. 신정동은 이전에는 상당한 낙후 도심이었으나 현재는 신정네거리역을 중심으로 재정비촉진지구를 형성하여, 대단지 아파트들이 많이 들어섰다. 신정동에도 목동신시가지 8~14단지가 있어 추후 재건축 기대감이 높은 곳이다. 반면 신월동은 아직 낙후 도심 주거촌으로 강서구 화곡동과 더불어 빌라촌이 많이 형성되어 있다. 이 지역은 아직은 투자하기에 시간적 리스크가 높은 편이다.

8 강서구

강서구는 마곡지구, 김포공항 등 우수한 자체 일자리를 가졌으며, 5호선과 9호선을 통해 여의도 일자리에 접근하기도 좋은 지역이다. 크게는 화곡동, 등촌동·가양동·염창동, 마곡동·김포공항 정도로 구분하면 편리하다. 화곡동은 양천구 신월동과 접해 있고 주변 환경이 많이 낙후된 상황이다. 아직은 이렇다 할 대규모 개발사업이 없어 정비사업 투자를 하기에는 리스크가 있는 지역이다. 등촌동, 가양동, 염창동 일대는 한강변이면서 9호선 접근성이 좋아 아파트촌을 형성하고 있으며, 등촌주공과 같은 일부 단지들은 재건축 사업 대상지이다. 마곡지구의 경우 도시개발사업으로 새롭게 형성된 일자리 중심 지역으로, 일부 대기업 본사 등이 자리하여 양질의 일자리를 다수 제공하고 있다. 그뿐만 아니라 바로 왼쪽에 김포공항이 존재하여 운수산업 관련 대규모 일자리를 제공하고 있으니 양질의 업무지구를 형성한 지역이라고 할 수 있다.

🏠🔍 한강 남쪽 경기도

이제 한강 남쪽 경기도에 대해 간략히 알아보자.

1 하남시

하남시는 면적이 넓어서 크게 네 구역으로 나누면 용이하다. 첫째는 강동구 고덕지구 옆의 미사강변신도시이다. 미사강변신도시는 서울 강일지구와 더불어 대대적인 신축급 아파트로 주거촌을 형성하고 있다. 그리고 남쪽 풍산동 일대에 일부 아파트형 공장이 들어서 있어, 스타트업 일자리를 제공하고 있다. 미사강변신도시는 9호선 연장으로 인해 강남 접근성이 획기적으로 좋아질 예정으로, 한강과 가까운 점까지 있어 인기 주거촌으로 자리매김하였다.

둘째는 하남시청 인근의 구하남 지역으로, 구축 아파트촌을 형성하고 있다. 아쉽게도 9호선이 지나가지 않아 강남 접근성이 좋아지려면 3호선 연장을 기다리는 수밖에 없다.

세 번째 구역은 하남 감일지구 일대로, 신축 아파트촌이 형성되어 있으며 바로 앞 오금역에서 3호선이 연장되면 강남 접근성이 매우 좋아질 예정이다.

네 번째 구역은 서울시, 성남시와 하남시가 중첩되어 있는 위례 일대이다. 위례신사선이 개통되면 이곳 또한 강남 접근성이 크게 개선되기에 이 일대도 좋은 지역이라 할 수 있다. 특히 위례는 서울 송파구, 성남 수정구와 하남시가 함께 개발한 만큼 면적이 매우 넓고 대단지 아파트가 즐비하여 완벽한 주거촌을 갖추고 있다.

2 광주시

광주시는 넓은 면적에 비해 산지가 많아 주거촌은 일부 지역에 한정되어 개발되었다. 대표적으로는 경기광주역 인근의 구도심 재개발 사업, 역동지구 단위계획구역의 신축 아파트촌이 있는데, 이 일대는 경강선으로 인해 판교 출퇴근이 매우 용이하다. 개발이 예정된 수서광주선까지 이 일대를 정차하므로 앞으로는 강남 접근성도 획기적으로 좋아질 것으로 볼 수 있다. 이외에는 태전택지개발지구가 눈여겨볼 만한데, 대규모 아파트 단지촌을 형성하고 있고 바로 인접한 태전JC에서 직접 판교로 접근이 가능하며, 저렴한 가격대라는 점에서 메리트가 높다.

3 성남시

성남시는 경기도의 대장이라 할 수 있다. 강남만큼 양질의 일자리가 많은 판교 테크노밸리를 가지고 있어 각종 IT 대기업 본사가 위치해 있기 때문이다. 그뿐만 아니라 신분당선, 분당선을 통해 강남에도 20분대로 접근 가능하다. 중원구 일대 재개발 사업의 성공적인 마무리와, 분당구 일대의 대대적 재건축 사업, 서판교 일대의 타운하우스 주거촌, 그리고 무수히 많은 고속도로 JC와 알짜 지하철 노선, 개발 예정된 다수의 노선들까지. 완벽한 자급자족 도시라고 할 수 있다.

4 용인시

용인시는 수지구, 기흥구, 처인구 순으로 지역적 입지 편차가 매우 큰 특성을 가지고 있다. 수지구는 경기도의 대표적 학군지이면서, 분당선과 신분당선을 모두 이용할 수 있고 물리적으로도 판교와 강남이 가깝기 때문에 상당히 높은 가격에 아파트가 거래되는 곳이다. 반면 기흥구는 분당선 이용 가능 여부에 따라 지역적 입지 편차가 크고, 비교적 구축 아파트가 많은 편이다. 처인구는 대부분 강남 접근성 면에서는 불편함이 높다. 다만 용인 반도체 클러스터로 개발이 계획되어, 양질의 대규모 일자리가 공급될 예정이다.

따라서 수지구와 기흥구는 강남과 판교를 보고 투자해야 하고 처인구는 자급자족 일자리의 개발에 따라 투자해야 한다. 용인시는 투자하려는 위치에 따라 가치 격차가 큼을 유념해야 한다. 현재로선 GTX-A 노선 외에 특별한 추가 노선 개발 예정이 없어, 신분당선 라인 근처에 가까울수록 투자 가치가 높다고 할 수 있다. 인구가 100만이 넘는 대도시인 만큼 앞으로 균형 발전을 위한 교통 개발계획에 주목해야 할 것이다.

⑤ 과천시

과천시는 위치가 위치인 만큼 강남 부럽지 않은 높은 가격의 아파트가 즐비한 곳이다. 이 일대가 인기 있는 이유는 비단 위치 때문만이 아니다. 시의 절반 이상이 녹지이며 공원인 점, 대부분의 아파트가 신축이라는 점이 큰 기여를 했다. 단점으로는 개발이 제한되는 녹지가 대부분이라 공급이 적어 인구 증가가 한정될 수밖에 없다는 점뿐이다. 매번 청약 현장에서도 수백 대 일을 기록하는 청약 경쟁률 때문에, 아주 한정된 일부 인원만이 성공적인 투자를 하는 곳이다. 그마저도 거주 의무 기간이 수년이나 요구되기 때문에, 막상 좋은 투자 기회를 잡기에는 쉽지 않다.

⑥ 의왕시

의왕시는 과천과 비슷하게 면적 대부분이 녹지여서 상당히 한정된 공간만 주거촌으로 자리하였다. 위치상 강남에 상당히 가까움에도 불구하고 오랜 기간 대중교통의 불모지였기 때문에 외면받는 곳이었다. GTX-C가 의왕역을 통과하기로 하면서 이 일대의 강남 일자리 접근성이 획기적으로 개선될 예정이다. 때문에 의왕시는 의왕역 인근의 한정된 개발 사업지를 중점적으로 고려해 보면 좋을 것이다.

⑦ 수원시

수원시는 성남시에 이어 경기도 두 번째 대표라고 칭하여도 아쉬울 것이 없는 곳이다. 용인시와 마찬가지로 100만 명이 넘는 인구가 거주하고 있다. 그뿐만 아니라 신분당선, 분당선을 통해 수원에서 강남, 판교 일자리로 접근할 수 있다. 신분당선은 수원 호매실까지 연장되면서 수원 곳곳을 강남으로 연결시켜 줄 예정이다. 또한 삼성전자 본사 사업장을 가지고 있어 자급자족이 가능한 도시이다.

이외에도 수원역, 매교역 일대의 대규모 재개발 사업, 망포 일대의 대규모 도시개발사업, 호매실 당수 일대의 신축 대단지 주거촌, 매탄동 일대의 대규모 재건축 사업 등 주거용 부동산 투자의 모든 것을 경험할 수 있는 곳이기도 하다. 임장을 처음 한다면 수원을 둘러보면 좋다. 신도시부터 재개발, 재건축, 교통 개발까지 모든 것을 한번에 볼 수 있는 곳이 수원이다.

8 안양시

안양시는 우수한 학군과 테크노밸리를 갖춘 평촌 범계와, 안양시 구도심인 안양역 인근의 대규모 재개발 현장이 눈여겨볼 포인트이다. 위치도 과천시와 광명시에 접해 있는 만큼, 서울 접근성이 우수한 편이다. 4호선과 1호선 지선을 통해 여의도와 강남에 충분히 출퇴근이 가능한 접근성을 갖추어, 우수한 주거환경을 갖추고 있다. GTX-C까지 개통된다면 강남 접근성이 더욱 좋아질 것으로 전망되며, 동서로 뻗어 나가기 좋은 자리인 만큼 전체적으로 균형이 잡힌 도시라고 할 수 있다.

9 군포시

군포시는 안양시에 인접하여 위치하고 있다. 군포시청을 둘러싼 산본

1기 신도시가 위치한 곳으로, 주거 인프라가 이미 오래 전에 자리 잡은 우수한 도시이다. 녹지가 시 전체의 절반 이상을 차지하며, 녹지 이외에는 대부분 용도가 주거 및 제조업 산업단지라서 소규모 자급자족이 가능한 도시이다. 이외에도 1호선과 4호선을 통해 여의도와 강남 접근이 가능한 입지라 앞으로도 수요가 충분할 것으로 예상된다. GTX-C가 지날 예정인 만큼 앞으로 더욱 강남 일자리 수요가 늘어날 것이라 본다.

10 안산시

안산시는 시흥시와 더불어 대규모 시화국가산업단지가 자리한 곳으로, 오래 전부터 경기도 일대에서 제조업 중소기업의 중심지로 역할을 담당해 왔다. 중소 제조기업 일자리가 많기 때문에 서울 3대 일자리보다는 자급자족 중심으로 도시가 운영되고 있다.

그러나 현재 공사 중인 신안산선이 안산의 주요 주거촌 일대에서 여의도 접근성을 획기적으로 개선해 줄 것으로 기대하고 있다. 이러한 상황과 더불어 선부, 달미 일대 등에서 재개발과 재건축이 활발히 진행되고 있으며, 고잔과 호수 일대에는 추후 재건축과 리모델링 사업 추진이 활발해질 것으로 예상하고 있다.

특히 초지 일대에는 안산의 대장 아파트들이 자리하고 있다. 초지역에 KTX, 4호선, 서해선, 분당선이 지나기 때문이다. 신안산선이 조만간 개통되면 경기도 일대에서는 드물게 교통 핵심지로 인정받을 수 있을 것이다. 이 지역은 산업단지와도 가깝고, 녹지도 풍부하며 평지가 넓게 펼쳐져 있어 거의 완벽한 주거촌으로 인정할 수 있는 곳이다.

11 화성시

화성시는 경기도 일대에서 면적이 가장 넓은 편에 속한다. 동쪽 동탄부터 서쪽 송산까지 길게 자리하고 있다. 당연히 강남에서 접근성이 좋은 동쪽부터 개발이 시작되었고, 동탄1신도시와 동탄2신도시가 완성되면서 인근의 병점역까지 개발이 확장되고 있다. 동탄도시철도가 예정되어 있어 병점에서 분당선 접근이 좋아질 예정이다.

거기서 더 서쪽으로 가면 수원 권선구와 접한 봉담 지역이 현재 도시개발사업을 통해 대규모 주거촌으로 거듭날 예정이다. 이 지역까지 신분당선이 연장될 것이라는 국토교통부 발표가 있어 추후 수원 호매실과 더불어 수혜를 받을 것으로 보고 있다. 이외에 5장에서 자세하게 다룰 화성시 최서쪽의 송산 그린시티까지 대대적으로 개발되어, 앞으로 평택처럼 산업 중심의 자급자족 도시로 거듭날 것으로 기대하고 있다.

12 평택시

평택시의 고덕지구(강동구 고덕과는 다른 곳이다)에는 삼성전자가 반도체 공장 건설을 위해 100조 원을 투자했다. 서울과 거리상 상당히 떨어져 있지만 자급자족 도시이기 때문에 3대 업무지구 접근성과는 큰 연관이 없는 곳이라고 생각해야 한다. 이 고덕면 일대에서 평택지제역을 통해 SRT(고속철도)를 탑승하여 강남 수서역으로 직행하면 30분 이내로 도달이 가능하다. 대규모 반도체 공장에 바로 접한 고덕신도시의 신축 아파트 단지 분양권이 미분양 및 마이너스 프리미엄 고초를 겪고 지금은 완공되어 분양가 대비 꽤 높은 가격에 거래되고 있다. 이외에는 평택항 일대에서 일자리를 위해 현덕면 일대에도 도시개발사업을 진행하고 있다.

ⅠⅢ 시흥시

시흥시는 같은 시흥 내에서도 지역에 따라 상당히 다른 입지가치를 가진 곳이다. 송도처럼 산업단지와 바다 근처에 자리하여 서울 3대 업무지구와는 전혀 상관이 없는 작지만 예쁜 동네 배곧신도시가 있는가 하면, 경강선과 신안산선 개발을 통해 여의도 업무지구 접근성 향상에 사활을 걸고 있는 장현 및 하중지구, 교통 호재와는 거리가 멀지만 물리적으로 서울과 가까운 은행동 일대의 은계지구가 존재한다. 이외에 3기 신도시로 개발이 예정된 광명시흥신도시까지 이전에는 자급자족도 교통도 소외되었던 곳이지만, 교통망 개발과 더불어 대대적으로 개발을 진행하면서, 쾌적한 주거촌을 형성해 가고 있다.

ⅠⅣ 광명시

광명시와 과천시는 서울시에서 위성도시로 개발하기 위해 1960년도부터 도시계획구역으로 선정한 곳이다. 이러한 사정이 말해 주듯 광명시는 서울 최인접 도시로 개발되어, 7호선, 1호선 탑승을 통해 강남과 여의도, 그리고 인근의 가산과 구로 일자리에 빠르게 접근할 수 있다. 이미 개발된 지 오래된 구도심이 많기에, 철산역 인근에서는 재건축 사업장이 주를 이루고 있으며, 광명사거리역 일대에서는 대대적인 재개발 사업을 추진하고 있다. 안양천과 산으로 둘러 쌓인 만큼 자연 인프라도 우수하며, 서울 핵심 업무지구 접근성이 매우 좋기 때문에 앞으로도 계속해서 인기 지역으로 취급될 것이다.

이 지역에 재건축, 재개발 투자를 잘해 놓으면 기간에 따라 높은 수익률을 거둘 수 있을 것이다. 다만, 서울과 비슷한 금액으로 분양하는 경우가 많아 경기도의 다른 지역이나 인천광역시처럼 분양시장에서 고수익을 접하기에는 무리가 있는 편이다.

15 부천시

부천시는 인천광역시처럼 입지 대비 저평가되는 도시 중 하나이다. 1기 신도시인 중동신도시가 평야에 드넓게 펼쳐져 있어 일산처럼 주거 인프라가 이미 완성되었으며, 7호선을 통해 가산, 구로, 여의도 일자리에 접근이 용이함에도 불구하고 부동산 활황기에도 가격 폭등 사례가 적은 지역 중 하나이다.

독특하게도 부천시는 전세가와 매매가가 지속적으로 조금씩 계속 올라가는 완만한 시세 형태를 띤다. 이는 투기 세력보다 실거주 수요에 의해 시장이 움직이고 있다는 의미이다. 나는 개인적으로 이런 지역의 투자를 선호한다. 수익률이 아주 높지는 않지만 망할 가능성이 극히 적기 때문이다. 꾸준하게 보유와 관리만 하면 충분하기 때문에, 장기적인 부동산 투자를 하기에 적합한 곳이다. 물론 중동 일대가 추후 대대적인 재건축을 추진한다면 지금보다 훨씬 주목받는 도시가 될 것임에는 의심의 여지가 없다. 아무리 저평가받는다 하여도 부천시 대장 신축 아파트들은 상당히 고가에 거래된다는 점이 있으니, 단순하게 저렴한 동네라고 취급해서는 안 된다.

GTX-B의 개발과 중동의 재건축은 이 도시를 재평가하게 할 탄환이 장전되어 있는 것과 마찬가지니 말이다.

16 김포시

김포시는 풍무지구, 한강신도시, 고촌 일부 지역이 집중적으로 개발되었다. 한강에 인접하여 자연 인프라를 누리기 좋다는 면에서 베드타운의 역할을 담당하고 있다. 이에 반해 3대 업무지구 접근성은 부족한 도시 중 하나다. 꼬마 전철인 골드라인이 개발되기 전에는 단 하나의 지하철도 없는 지역이었으니 말이다.

다행히 이 꼬마 전철을 통해 김포공항, 마곡지구, 여의도 접근성이 개선되었지만, 골드라인이 도화선이 되어 대통령 선거 후보자 등도 지옥철 경험을 할 정도이니 여전히 대중 교통 문제는 심각하다. 여기에 더해 국토교통부에서는 추가로 작은 규모의 신도시를 개발할 예정이다. 인구가 계속해서 늘어나는 만큼, 교통 개발에 사활을 걸어야 한다. 서울시와 김포시가 협력하여 5호선 연장에 대해 활발하게 논의하고 있으니 이 결과를 주목할 필요가 있다.

05 3대 업무지구로 향하는 도시의 확장성

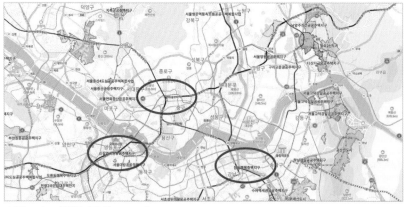

〈사진 3-9〉 3대 업무지구 및 GTX 노선도 　　　　　　　　　(출처 : 네이버부동산)

　　최근 수도권의 교통개발 중 가장 뜨거운 감자라면 바로 GTX일 것이다. 이러한 노선이 나온 배경은 역시 3대 업무지구의 중요성 때문이다. GTX 는 Great Train eXpress의 약자로, 직역하면 광역철도급행이다. 지도를 보면 알겠지만 GTX A, B, C 모든 라인은 서울 3대 업무지구 중 하나 이상을 거쳐 가도록 설계하였다. 그간 대중교통 편의성에서 소외받던 지역들도 이러한 개발을 통해 3대 업무지구로 30분 이내에 도달할 수 있게 되고, 외곽지역까지 도시가 확장될 것이다. 이러한 개발은 이전에는 저평가되던 부동산의 가치가 급격히 오르기 때문에 투자 정보로 활용할 수 있다.

GTX를 알아보는 이유는 또 있다. GTX와 같은 광역교통망 개발은 운에 의해 임의로 역이 계획 및 결정되는 것이 아니다. 인구가 급격히 늘어나는 지역 혹은 이미 인구가 많은 지역의 교통 개발 수요에 의해 계획된다. 이 사실을 기억하면 다음에는 어떤 지역이 광역교통망 개발에 해당될지 유추할 수 있고, 나아가 더욱 지혜로운 투자를 할 수 있을 것이다(나의 경우, 1시간 이내 핵심 업무지구 도달 여부, 지자체 행정단위별 인구수 50만 이상, 매년 인구 증가 여부를 파악하여 투자한다).

책에서는 최근 발표된 GTX-D, GTX-E, GTX-F까지 다루지는 않는다. 구체화된 내용이 아무것도 없기 때문이다. 현실성 있는 노선들의 세부적인 정보에 대해 알아보자.

〈사진 3-10〉 예정된 GTX 노선도　　　(출처 : 국토교통부)

1 GTX-A 노선

현재 공사 중인 GTX-A 노선은 파주시의 운정지구에서 시작하여 고양시 일산 킨텍스-고양시 대곡-서울 은평구 연신내-서울 중구 서울역-서울 강남구 삼성과 수서-성남시 분당구-용인시 기흥구-화성시 오산동(동탄)까지 도달하는 노선이다. A 노선은 강남과 광화문과 파주시, 고양시, 성남시, 용인시, 화성시 거주민이 연결될 수 있도록 다리를 놓아 주는 라인이다.

사업 구간	경기도 파주시 연다산동~경기도 화성시 오산동
사업 규모	건설 연장 : 42.6km / 신규 건설 정거장 : 5개소(운영 10개소) / 운영 연장 : 79.9km / 차량기지 : 1개소(파주시 연다산동)
공사 기간	72개월
총사업비	27,012억 원(공사비 21,435억 원)
사업 추진 방식	BTO(Build-Transfer-Operate) 방식

🔺 GTX-A 사업 개요

정거장 가장 끝인 파주시 운정에서 광화문 업무지구 인접지인 서울역까지는 20분, 화성시 동탄에서 강남까지는 21분이 소요될 것으로 계획하고 있으며, 끝과 끝인 운정에서 동탄까지는 43분이 소요될 것으로 예상하고 있다.

GTX-A는 2028년 전 구간 운행을 목표로 하고 있다. 삼성~동탄 노선은 2024년에 가장 우선적으로 개통 예정이며, 삼성역은 임시 개통 상태로 둔 채로, 2024년 내에 개통될 운정~서울역 노선과 분리 운영을 할 예정이다. 이후 GTX-A 전체를 연결하면서, 운정에서 동탄 방향으로 가는 라인은 삼성역을 무정차로 통과하고, 2028년에 이르러서야 삼성역이 완전 개통되며 전 구간 운영이 가능할 것으로 보고 있다. 삼성역이 복합 개발로 인해 가장 늦게 완전 개통된다. 전 구간 완전 개통이 된다면 파주, 고양, 용인, 화성 일대는 약 30분도 안 되는 시간에 강남에 도달할 수 있는 특별한 위성도시가 될 것이다.

짚고 넘어가야 할 점이 있다면, 계획대로 2028년에 전 구간이 개통된다고 하여도 기본계획 고시를 한 2017년 12월로부터 약 11년이 소요되었다는 것이다. 그나마 사업속도가 가장 빠른 GTX-A가 개통까지 상당히 오랜 기간이 걸리는 만큼, GTX는 장기적 관점에서의 투자 정보로 활용해야 할 것이다.

② GTX-B 노선

2024년 착공하여 2030년 완공을 목표로 하는 GTX-B 노선은 인천 송도에서 인천시청과 인천 부평을 거쳐, 경기도 부천시-서울 구로구 신도림-서울 영등포구 여의도-서울 용산구 용산역-서울 중구 서울역-서울 동대문구 청량리-서울 중랑구 상봉-남양주시의 별내, 왕숙, 평내호평, 마석까지 도달하는 노선이다. B 노선은 인천광역시, 부천시, 남양주시의 거주민에게 여의도와 광화문으로의 다리를 놓아 준다.

사업 구간	인천 송도동~경기도 남양주시
사업 규모	건설 연장 : 62.77km / 정거장 : 운영 14개소 / 운영 연장 : 82.7km / 차량기지 : 1개소(남양주 화도읍 예정)
공사 기간	60개월
총사업비	64,005억 원
사업 추진 방식	BTO(Build-Transfer-Operate) 방식

🔺 GTX-B 사업 개요

GTX-B의 특징은 서부광역급행철도(GTX-D)를 지선으로 하여 경기도 부천시 대장동 일대, 인천 계양구의 계양과 서구의 검단, 김포시 장기동까지 Y자 노선으로 연결한다는 점이다. 경기도 김포시와 인천 북서부 권역도 연결해 주어 일자리 접근성을 높인다. GTX-B의 가장 끝인 인천 송도에서 여의도까지는 17분, 경기도 남양주시 마석에서 광화문까지는 20분 정도가 소요될 것으로 예상하고 있다.

GTX-B 노선은 2024년 상반기에 민자 노선 및 재정(이미 노선이 있는) 구간을 동시에 조기 착공하겠다는 국토교통부 발표가 있었다. 아직 착공도 안 된 사업인 만큼 불확실 요소가 많은 것은 사실이나, 정책 당국의 지속적인 계획과 발표가 있는 만큼 조기 현실화를 희망하는 상태이다. 다만 GTX-A의 사례처럼 필연적으로 발생할 변수들을 고려하면 조심스럽지만 최소 2030년은 넘어가야 Y 노선까지 정상 운영되지 않을까 예상하고 있다. 그리고 세 노선 중 유일하게 강남에 도달하지 못한다는 점도 아쉬움으로 남는다.

3 GTX-C 노선

2028년 개통을 목표로 한 GTX-C 노선은 경기도 수원시 수원역-경기도 의왕시-경기도 군포시 금정역-경기도 안양시-경기도 과천시를 거쳐 서울 서초구 양재동-서울 강남구 삼성동-서울 동대문구 청량리역-서울 노원구 광운대역-서울 도봉구 창동역-경기도 의정부시 의정부동-경기도 양주시 덕정동까지 도달하는 노선이다. C 노선은 수원시, 의왕시, 군포시, 안양시, 과천시, 의정부시, 양주시 거주민에게 강남으로 다리를 놓아 준다.

사업 구간	수원시 수원역~경기도 양주시 덕정동
사업 규모	건설 연장 : 37.7km / 정거장 : 운영 10개소 / 운영 연장 : 74.8km / 차량기지 : 1개소(양주시 중 미정)
공사 기간	60개월
총사업비	43,857억 원
사업 추진 방식	BTO(Build-Transfer-Operate) 방식

🔺 GTX-C 사업 개요

GTX-C는 수원 구도심, 의왕시, 안양시, 의정부시, 양주시 등 기존에 강남 접근성이 부족했던 지역에 직통 라인을 놓아 주는 황금 노선으로 도시별 이해관계가 복잡하게 얽혀 난항을 겪고 있다. 안양시 인덕원역, 안산시 상록수역, 의왕시 의왕역, 서울 성동구 왕십리역 등이 추가될 것이라고 발표된 만큼 당초 계획된 10개 정차 역에 비해 사업 기간과 비용이 훨씬 증가할 것으로 보고 있다. 그뿐만 아니라 계획된 노선이 강남구 대치동 은마아파트 아래를 지나간다는 이유 때문에 노후 아파트의 안전상 문제가 불거져 우회까지 검토하는 등 불확실성이 가장 높은 라인이기도 하다.

정차역이 확정되지 않았지만, GTX-C 노선은 완공되면 굵직한 경기도 도시들과 강남을 연결해 주는 만큼 서울 도심의 인구 분산효과가 뛰어날 것으로 생각하고 있다. 시간이 지남에 따라 해당 지역의 투자가치가 높아질 수 있음을 암시한다.

4 GTX를 바라보는 투자자의 자세

도시의 확장성 관점에서 GTX 노선의 모양과 정차 역은 우리에게 시사하는 바가 크다. GTX의 사례를 보면 3대 업무지구를 중심으로 수도권 도시가 방사형으로 확장되고 있다는 사실을 알 수 있다. 결국 개발 호재도 일자리 때문에 생기는 셈이다. 투자적 관점에서도 GTX는 투자처로 고려될만한 중요한 개발사업이다. 발표, 착공, 완공 단계를 거치면서 GTX 수혜지역의 부동산 가격은 그렇지 못한 지역에 비해 오를 것이다.

그럼에도 나는 GTX를 보고 투자하지 말라고 권고해 왔다. 아직 불확실성이 크고, 그에 비해 가격이 너무나 민감하게 반응하기 때문이다. **아무리 발전 가능성이 높은 지역에 투자할지라도 애초부터 비싸게 사는 것은 현명한 의사결정이라고 할 수 없다.**

GTX를 알아본 이유는 단순히 GTX가 지나가는 곳에 투자하라는 말을 하고 싶어서가 아니다. 중요한 것은 GTX의 노선도와 개발 속도를 보면서, 왜 이곳부터 시작해서 어디로 끝이 나고, 어디가 정거장이 되었으며, 어디가 차량기지가 되었는지 그 이유를 깊게 생각해 보자는 것이다. 이런 훈련을 통해 미래의 GTX와 견줄 만한 개발 사업 대상지에 대해서도 타당한 예측과 결론을 낼 수 있다. 이러한 활동도 지역분석의 일종이다. 개발 계획의 예측과 지역분석이 함께 시너지를 낸다면 실로 무궁무진한 수익률을 달성할 수 있다.

06

경기도의 핵심 업무지구

지금까지 3대 업무지구 중심으로 수도권에 대한 간단한 지역분석을 실시하였다. 서울의 3대 업무지구가 수도권 부동산 투자의 핵심인 것은 사실이지만, 경기도의 핵심 업무지구도 인근 부동산에 미치는 영향이 매우 높다. 이번에는 경기도의 핵심 업무지구를 알아보자.

1 성남 판교 테크노밸리

판교 테크노밸리는 경기도의 경제 자립을 위해 경기도에서 추진한 IT 산업타운이다. 판교가 경기도 내에서 IT 산업타운으로 선정되는 과정에서는 신분당선의 강남 일자리 접근성(경기도 핵심 업무지구 선정 과정에서도 강남과의 접근성이 중요한 역할을 한다)이 큰 기여를 했다. 2006년에 판교의 도시개발 착공이 시작되었고 약 10년의 시간을 걸쳐 한국을 대표하는 IT 기업 본사가 입주를 마무리하였다. 이러한 대기업의 입주에 힘입어 한국 전체를 통틀어 가장 성공적인 테크노밸리로 자리 잡게 되었고, 지금은 강남에 버금가는 양질의 일자리를 제공하는 지역으로 그 위상을 굳혔다.

가장 최근에 집계된 입주 기업은 약 1,700개이며, 기존 판교 테크노밸리에 약 1,300개, 제2 판교에 약 400개 사업장이 소재해 있다. 입주 업종의 약 65%가 IT 기업이며 바이오 기업이 13%, 문화콘텐츠기술 기업이 13% 정도이다. 판교 테크노밸리에 입주한 기업들의 전체 매출은 연간 110조 원에 달하며, 기타 및 중소기업 비율이 90%, 중견 및 대기업이 약 10%에 이른다. 상근하는 임직원 수는 7만 명이 넘고, 그중 연구 인력이 35%에 이른다. 연령별로는 60% 이상이 20~30대로 비교적 젊은 근로자가 다수를 차지한다. 네이버, 다음카카오, 안랩, 엔씨소프트, 넥슨, 포스코ICT, 한글과 컴퓨터, 위메이드, 네오위즈 등의 굵직한 IT 기업, SK바이오팜, 차바이오텍, CMG제약 등의 바이오 기업이 입주해 있다.

용지 구성

구분	필지(개)	총면적(m²)	도입기능
계	44	454,964(100%)	-
초청연구용지	4	48,147(10.65%)	글로벌 R&D기업 및 국책연구기관 초청 유치
일반연구용지	28	267,450(58.8%)	R&D를 위한 관련 집적시설, 공동연구센터 등
연구지원용지	6	117,651(25.8%)	연구지원 및 단지 활성화를 위한 지원 기능
주차장	6	21,716(4.8%)	주차장

- **사업비** 5조 2,705억원 (부지비 1조 4,046억원, 건축비 3조 8,659억원)
- **시행사** 경기도 (경기도시공사 대행)

〈사진 3-11〉 판교의 용지 구성   (출처 : 판교 테크노밸리)

　IT 기업은 회사 간 업무 연계가 사업을 성장하는 데 중요한 동력으로 작용(지식 집약적 산업 특성)하기 때문에 미국의 실리콘밸리처럼 한 지역에 집중적으로 모이는 것이 유리하다. 정부 입장에서도 대규모 세수를 확보할 수 있는 기업들이 세계적으로 경쟁력을 갖추기를 바라기 때문에, 판교는 계속해서 규모를 키워 나갈 것이다. 때문에 타 지역에서 판교와 같은 사례가 재생산되기에는 이미 판교의 산업 규모가 너무 비대해져 있다. 결국 경기도에서는 판교 인근의 부지를 매입하여 제2, 제3의 판교를 추진하는 모양새다. 판교 좌우로 해서 녹지(산)가 많은 만큼, 경기도 입장에서도 그린벨트 부지를 비교적 저렴하게 매입하여 제2, 제3의 판교를 추가 개발하기가 용이하다. **판교의 규모는 더 커지고 새로운 판교가 타 지역에 자리잡기는 더더욱 힘들어질 것이라 전망한다.**

교통 역시 이를 뒷받침하는 근거로, 현재 판교 인근에는 신분당선, 경강선(좌측으로 연장 공사 중), 분당선이 있으며, 추후 경기도 화성시 동탄에서 올라오는 GTX-A까지 갖추면 동서남북으로 뻗어 나갈 수 있는 교통 중심지가 될 것이다. 지금의 성남시가 경기도 대장이 된 것은 분당신도시 덕분이 아니라 판교와 신분당선 덕분이다. 만약 판교와 신분당선이 없었다면 분당도 일산과 마찬가지로 인프라가 좋은 주거촌에 불과했을 것이다. 이것이 같은 1기 신도시였던 분당과 일산의 가격 차이가 2~3배 나게 된 주요 원인이다.

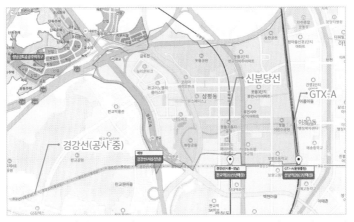

〈사진 3-12〉 판교의 철도교통 노선도　　　　　　　　　(출처 : 네이버부동산)

경기도에서 가장 핵심적인 양질의 일자리를 제공하는 지역인 만큼, 주변 부동산의 전망은 앞으로도 밝다. 판교 내와 성남시뿐 아니라 인근 지역인 용인시, 수원시, 광주시에도 영향을 미치기 때문에 판교에 최대한 가깝게 전진하기 위해 노력하는 것이 합리적인 투자이다. 이미 1기 신도시로 우수한 주거환경을 자랑하는 분당신도시가 있는 만큼, 자금이 허락한다면 재건축 투자에도 관심을 가져 볼 만하다. 재건축 투자는 대지 지분만 높다면 투룸 아파트여도 그 가치가 높으니 투자 시 활용할 팁으로 염두하기 바란다.

앞으로도 제2, 제3 판교라는 타이틀로 각 지역에서 테크노밸리 개발 시도를 할 것이다. 그러나 **그럴싸한 도시개발계획만 가지고는 기술집약적 산업의 특성을 반영할 수 없다.** 타 산업이 국가 도시 계획하에 대규모로 개발되어 자리한다는 소식, 실제로 착공하고 있는지 여부 등을 꼼꼼하게 분석하여야 적극적 투자 정보로 활용할 수 있을 것이다.

② 수원 삼성 사업장

수원시 영통구 매탄동 일대에 자리한 삼성전자 본사와 삼성전기 본사는 수원시 120만 인구를 책임질 뿐만 아니라 한국을 대표하는 다국적 기업으로서 경제 성장에 지대한 영향을 미치는 회사이다.

삼성전자 본사는 현재에도 약 3만 5천 명의 임직원이 근무하고 있으며, 새 연구단지인 R6가 완공되면 추가로 1만 명에 이르는 고용 창출이 이루어질 것으로 기대하고 있다. 이곳에서 삼성전자는 반도체, 바이오, 인공

지능, 차세대통신을 포함한 IT 산업에 향후 5년간 450조 원을 투자할 계획이다.

삼성전기 본사는 삼성전자 본사 바로 옆에 위치하고 있다. 연간 매출액이 약 10조 원에 이르며, 총직원 수가 12,000명에 이른다.

수원에 자리한 삼성그룹의 핵심 업무가 연구, 개발, 설계인 만큼 고급 인력이 대부분이며 연봉이 그만큼 높은 직원들이 근무하고 있다. 경제 선순환 효과로 매탄동 일대의 재건축 아파트가 평당 5천만 원에 이르는 호황을 맛보기도 하였다. 수원시 인구가 100만을 돌파하는 데 가장 핵심적인 역할을 한 일등 공신이며, 이러한 과정에서 도시가 발전하면서 성균관대학교, 수원 과학고등학교 등 굵직한 명문 고등학교와 대학교가 자리하게 되었다.

〈사진 3-13〉 삼성전자, 삼성전기 본사 위치   (출처 : 네이버부동산)

③ 평택 삼성 사업장

평택 삼성 사업장은 삼성의 신규 반도체 제조공장으로 부지 면적이 87만 평에 달하는 어마어마한 규모의 사업장이다. 메모리와 파운드리 제품을 생산하며 약 9천 명에 달하는 인원이 근무하고 있다. 신규 공장인 P3 라인은 반일 반도체 공장 중 세계에서 가장 큰 공장이다. 미국의 바이든 대통령 내한 시 윤석열 대통령과 방문한 장소도 이곳이다. 미국 대통령이 방문할 정도로 세계 산업의 핵심 제조 공장인 것이다.

현재까지 가동 중인 1, 2, 3라인을 비롯해 추가적으로 4, 5, 6라인을 조성할 예정이다. 현재만으로도 평택에 직원 1만여 명과 관련 업체 5만 명의 고용 창출을 일으켰고, 추가 조성되는 라인에는 이보다 많은 인원이 고용될 것으로 예상하고 있다.

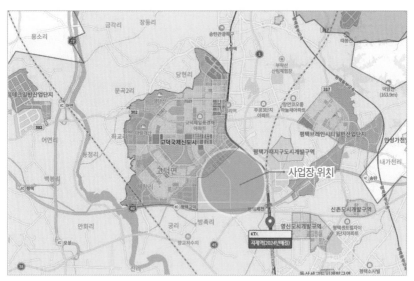

〈사진 3-14〉 평택 고덕의 삼성전자 위치　　　　　　　　　　　　　　(출처 : 네이버부동산)

평택 삼성전자 사업장은 고덕면에 대규모 신도시가 들어서게 된 요인이기도 하다. 이곳은 처음에 고분양가 논란으로 미분양이 되었지만 현재는 분양가격보다 한참 높은 가격에 거래가 되고 있다. 사업장 바로 옆에 위치하여 거의 대부분 단지에서 도보로 출퇴근이 가능할 정도로 도시가 설계되었다. 고덕신도시 우측에는 산업단지가 고루 자리하여 삼성전자와 협력하는 업체들이 줄줄이 들어서서 지역 경제효과의 핵심 원동력으로 작용하고 있다.

이외에도 이천 하이닉스 공장과 용인 반도체클러스터, 동탄 반도체공장 등 대규모 고용이 가능한 양질의 일자리가 경기도 곳곳에 있거나 계획되어 있다. 이 모든 대기업을 다루는 것보다는 몇 가지 대표적 예를 공부하면서, 경기도에서 자급자족이 가능한 도시의 특징을 파악하면 된다. 특징은 다음과 같다.

> ❶ 동일한 도시 내의 인구가 100만 이상인 경우가 많다.
> ❷ 항만교통이든 철도교통이든 수출 혹은 기술 교류를 하기 용이한 위치에 대기업 신공장이 들어선다.
> ❸ 신도시로 개발되는 경우가 많다.

이렇게 서울 핵심 일자리와 경기도 핵심 일자리에 대한 간략한 공부까지 마쳤다. **부동산 가격은 항상 일자리의 질과 관계가 가장 높다. 교통, 입지, 학군 모두 좋은 일자리를 좇아간다.** 이러한 관점에서 현재 산업과 미래 산업, 그리고 앞으로 그 산업과 연관하여 개발될 지역을 찾는 것은 부동산 투자의 가장 핵심적 개념이며 근본이다.

특히 앞에서 언급한 서울과 경기도의 사업장들 주변에 관심이 있다면, 이 사업장들에 대한 기본적 산업 구조와 특성, 위치, 고용 인원과 확장 계획에 대해서 지속적으로 참고하기를 권한다.

07

인천광역시의 잠재력

오랫동안 들어 온 격언이 하나 떠오른다. 싼 것은 다 이유가 있다는 말이다. 어떠한 이유로 인해 시장에서 한 번 '이 물건은 싸다'라는 평가를 받으면, 이러한 오명을 벗는 데는 오랜 기간이 소요된다.

거시적 관점에서 들여다볼 때, 서울은 한국의 역사를 통틀어 핵심 지역이었다. 그렇다면 현재의 인천은 어떠한가? 인천은 가장 먼저 도시철도가 개통되기도 한, 역사 있는 지역이다. 하지만 부동산 가치의 측면에서는 서울 주변 지역의 한 부분으로 인식하는 데 그친다.

물론 인천에도 오랜 기간 중요한 역사가 존재했으나, 기껏해야 50년 정도 되는 도시화 과정에서 현대인이 바라보는 인천이라는 도시의 중요성은 서울에 비해 너무나도 가혹한 평가를 받는다. 이러한 이야기를 늘어놓는 이유는 인천광역시의 본질적 가치 대비 사람들의 인식과 평가가 너무 가혹한 수준이라는 생각을 지울 수 없기 때문이다. 이러한 인식은 편견에서 비롯된다. **편견은 행동과 선택에 지대한 제한을 줄 뿐이다.**

대학교 시절 7년간을 서울 마포에서 지낸 나에게 염리동과 아현동은 낙후된 주거촌이었다. 밤길은 어둡고 골목은 좁았으며, 자동차는커녕 오토바이도 주차하기 애매한 폭 2m 도보가 방사형으로 존재하는 우범지대와 같은 곳이었다. 수년을 거주하면서 맡아 온 지하 원룸의 곰팡내와 모기의 불쾌함. 썩었다고 표현해도 무방한 화장실. 이로 인해 염리동과 아현동은 나에게 좋은 인상으로 남지 않았다. 시간이 지나 현재 그곳에는 마용성의 대장인 마포 래미안 푸르지오, 마포 프레스티지 자이 등이 들어서 있다. 우범지대와 같았던 그 지역에 살던 많은 사람들은 입주권을 받았을 것이며, 현재 그곳에서 살거나 어마어마한 시세차익을 거두었을 것이다.

내 일화를 소개하면서 하고 싶은 이야기는 이것이다. 과연 **'인천은 다 이유가 있어서 싼 것인가? 아니면 서울만을 고집해 왔던 인식이 인천을 싸게 만든 것인가?'**이다. 만약 후자라면 이는 본질적 가치 대비 평가 절하일 뿐이다. 정확하게 미래가치를 예측하는 지혜를 갖는다면, 우리에게 또 다른 기회가 있는 것은 아닐까? 과연 30년 후에도 여전히 인천은 '싼 것은 다 이유가 있다'라는 평가를 받는 동네일까? 인천광역시 지역분석을 통해 이에 대해 반론하고 투자가치에 대해 생각해 보자.

인천광역시의 인구 및 지리적 현황

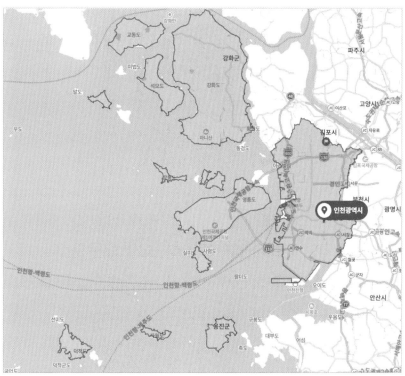

〈사진 3-15〉 인천광역시의 지리적 현황   (출처 : 네이버부동산)

　　인천광역시는 서울특별시, 김포시, 부천시, 시흥시와 인접하여 수도권 서쪽을 담당하는 대표 도시이다. 2024년 1월 중구, 동구, 미추홀구, 연수구, 남동구, 부평구, 계양구, 서구의 8구와 강화군과 옹진군 2군으로 이루어져 있으며, 인구는 약 300만에 이르는 대도시이다. 약 940만의 서울, 약 330만의 부산에 이은 최대 도시이다. 지난 10년간 꾸준히 인구가 늘고 있다.

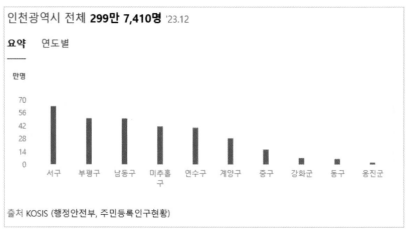

인천광역시 전체 **299만 7,410명** '23.12

요약 연도별

출처 KOSIS (행정안전부, 주민등록인구현황)

〈사진 3-16〉 인천광역시 구별 인구(2023년 12월 기준)　　　　　(출처 : 통계청)

　8구 중에서 지리적으로 가장 넓은 서구(추후 검단구와 분리 예정)가 인구가 가장 많으며, 대중교통을 이용한 서울 접근성이 좋은 부평구, 남동공단 및 IC를 통해 서울 접근성이 좋은 남동구가 2위와 3위를 두고 엎치락뒤치락하고 있다. 이외에 20년 전쯤에 잘나가던 구도심 미추홀구가 4위, 인천에서 가장 선호되는 송도가 있는 연수구가 5위이다. 6위를 차지한 계양구는 서울에 가장 인접한 곳이며, 영종도가 있는 중구가 7위, 동구가 8위이다.

🏠 인천광역시의 핵심 업무지구

　인구를 살펴봤으니, 인천 내 핵심 업무지구에 대해 중요한 사항만 나눠 알아보자.

1 대기업이 다수 포진한 중구와 동구

중구에는 인천항이 있다. 이곳은 평택항과 더불어 수출입물자 운반을 활발하게 하는 대표 항구이다. 따라서 GS칼텍스 정유기업과 동화기업, 선창산업과 같은 목재기업, 대한제분과 같은 제분소 등 굵직한 대기업 및 중견기업이 자리한 곳이기도 하다. 동구는 워낙 면적이 작기에 대부분이 대기업 현대제철, 두산인프라코어 등을 포함한 공업단지와 산업단지가 주를 이루고 있다.

〈사진 3-17〉 중구와 동구의 대표 기업 위치   (출처 : 네이버부동산)

중구와 동구를 업무지구로 먼저 소개한 이유는 다음과 같다. 첫 번째, 항구와 같은 거점 시설은 세월이 아무리 흘러도 바뀌거나 위치를 이전하기가 어렵다. 때문에 해당 지역이 새로운 주거지로 변화하거나 품질을 업그레이드하기에는 한계가 있음을 파악해야 한다. 두 번째, 위치한 대기업 및 중견기업들은 제조업 중심의 산업을 기반으로 하기에 이 또한 위치를 이전하기가 쉽지 않다. 대부분의 제조업은 상당한 일자리를 제공하지만,

근처 주거지에서의 심한 반발(매연, 소음, 화물차 이동 등)을 피할 수는 없다. 그런 만큼 시설과 규모의 축소는 있을 수 있으나 타 지역으로 이동하기는 항구와 마찬가지로 쉽지 않다.

따라서 영종도를 제외한 중구와 동구의 주거 품질은 가까운 미래에 개선되기 쉽지 않은 여건이다. 투자를 판단할 때는 이러한 사정을 각별하게 조심해야 할 것이다. 물론 중구와 동구의 양질의 일자리는 주변 지역의 경제를 활성화시키고 세수확보 등 다양한 혜택을 인천시에 제공하므로 인천시를 이해함에 있어서 꼭 필요한 지역이다.

② 중소 규모 제조업 중심의 서구와 남동구

서구 석남동, 가좌동 일대에는 SK 정유화학 대기업, 동화기업 제2공장, 핸즈코퍼레이션을 포함한 크고 작은 산업단지가 위치하고 있다. 그리고 인천 2호선 가재울역 인근의 주안국가산업단지의 대부분이 행정구역상 인천 서구에 속한다. 수도권 매립지 위에는 검단산업단지가 있어, 중소기업 규모의 일자리가 다수 있다.

〈사진 3-18〉 수도권 매립지 위치   (출처 : 네이버부동산)

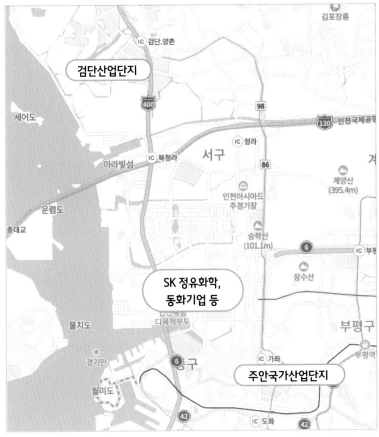

〈사진 3-19〉 서구 기업 현황 (출처 : 네이버부동산)

남동구도 서구와 일자리의 형태가 비슷하다. 인천 최남단 동쪽에 위치하며, 경기도 시흥시와 맞닿아 있다. 남동공단은 손에 꼽을 만큼 넓은 산업단지를 형성하고 있다. 대부분 기초 제조업을 영위하고 있으며, 굵직한 대기업보다는 중소기업들이 다수 모여 복합 공단을 이루고 있는 형태이다. 대로와 지하철 노선을 끼고 맞은편의 주거촌과 분리되어 있다.

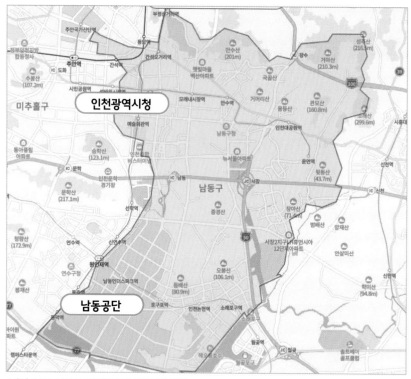

〈사진 3-20〉 남동구 산업단지 및 행정기관 현황　　　　　　　（출처 : 네이버부동산）

③ 전통적인 상업지역이자 국가산업단지 중심의 부평구와 미추홀구

현재 인천의 대표적 구도심은 부평구와 미추홀구이다. 우선 부평구는 청천동에 한국지엠 부평공장이 대표적 일자리로 자리하고 있다. 그리고 이 공장과 연계된 제조업을 담당하는 부평국가산업단지가 바로 북쪽에 위치해 있다. 대규모 일자리를 제공하고 있는 덕분에 이 일자리를 중심으로 주변 지역은 재건축과 재개발이 활발히 진행되고 있다.

부평구의 남쪽인 부평역 주변은 인천광역시에서 가장 큰 상권을 형성하고 있으며, 다양한 유통업과 요식업이 자리 잡은 지역이다. 대부분의 일자리는 중소 영세 형태에 가깝지만, 수십 년간 탄탄한 상권을 유지하고 있다는 점이 눈여겨볼 점이다.

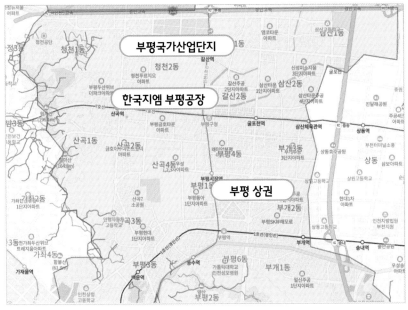

〈사진 3-21〉 부평구 산업단지 및 일자리 현황　　　　　(출처 : 네이버부동산)

미추홀구의 대표적 일자리로는 주안국가산업단지가 있으며, 인접한 구인 동구와 서구와 연계된 거대한 국가산업단지가 다양한 제조업 중심 일자리를 제공하고 있다. 주요 일자리 유형은 목재 제조업, 철강 정밀, 공작기계 제조업, 알루미늄 제조업, 화학공업, 자동차 산업 등 제조업 기반 산업들이다.

주안역 남쪽에는 부평보다는 작은 수준의 상권이 형성되어 있으며, 오랜 기간 동안 상권을 유지한 만큼 젊은 층의 임대 수요도 탄탄한 곳이다. 이 외에도 부평구와 비슷하게 오랜 구도심이기에 재개발이 활발하게 진행되고 있어서, 인천 시내에서 손꼽을 만큼 많은 신규 입주가 예정되었거나 진행 중인 상황이다.

또한 학익동, 용현동에는 인천을 대표하는 대학교인 인하대학교가 자리하고, 인천 지방법원과 검찰청이 존재하는 만큼 교수, 법관, 검찰, 변호사 등 전문직 일자리가 풍부하다고 할 수 있다. 이러한 수요에 맞추어 용현학익지구의 도시개발사업이 한창 진행 중이어서, 수천 세대의 새로운 아파트가 입주할 예정이다. 인천 내에서 부평구와 더불어 가장 활발하게 도시정비사업을 진행하는 곳인 만큼, 정비사업 투자의 기회가 많은 곳이라 할 수 있다.

〈사진 3-22〉 미추홀구 산업단지 및 일자리 현황   (출처 : 네이버부동산)

연수구는 인천의 대장 지역이다. 연수구 송도에는 한국 미래 먹거리 산업인 바이오 산업이 자리 잡고 있다. 송도는 삼성 바이오로직스, 삼성 바이오에피스, 셀트리온, 얀센백신 등 최상급 일자리가 존재하고 있으며, 이외에도 항공 및 첨단 산업 클러스터를 조성하여, 다양한 3, 4차 산업 지원 제조업 등도 포진하고 있는 곳이다. 이는 해마다 연수구의 소득 평균이 신기록을 갱신하는 주요 원인이다. 그리고 이 산업지들을 둘러싼 멋진 신도시 인프라가 송도를 인천 내 1위 선호지역으로 굳혔다. 인천 내 다른 신도시인 청라와 검단과는 다르게 송도는 최상급 일자리를 가지고 있다는 면에서 앞으로도 인천 내 1위 선호지역이 될 가능성이 높다.

이외에도 송도에는 국제학교(미국에서도 학위를 인정하는) 및 대학교 국제캠퍼스 등이 포진하고 있어, 교사 및 교수 등 전문직 일자리가 존재하고, 송도와 역사를 함께한 포스코건설 등이 있는 만큼 고소득자가 지속 배출될 수밖에 없는 구조를 가지고 있다. 신항 개발 등도 추진하고 있고, 추후 개발될 화성시의 송산산업단지, 지금 존재하는 남동공단, 시흥시에 존재하는 시화반월공단까지 이어지는 탄탄한 산업 연계도 기대해 볼 수 있어 앞으로도 성장 가능성이 높다. 이러한 점들이 송도의 입주 수요를 공고히 해 주리라 확신한다.

〈사진 3-23〉 연수구 산업단지 및 일자리 현황　　　　　　　　(출처 : 네이버부동산)

5　서울 접근성이 우수한 계양구

마지막으로 계양구이다. 계양구는 입지상 서울에 가장 가까이 위치해 있다. 계양구 북측의 경우 김포공항과 맞닿아 있고, 서울 강서구와 부천시에 바로 접해 있다. 또한 경인고속도로에도 바로 접해 있기 때문에 이 도로를 따라 이동하면 10~20분이면 서울에 도착한다. 이외에도 계양역에서 공항철도를 이용하여 20분만에 홍대까지 접근할 수 있으며, 서울 3대 업무지구 중 하나인 여의도에 30~40분 정도면 대중교통으로 접근이 가능하다. 마곡역의 경우에는 15분대면 도착하기 때문에 우수한 일자리로의 접근성이 좋다.

따라서 계양구의 일자리를 말할 때는 지역 일자리인 서운산업단지보다는 김포공항, 마곡 등 서울과 연계된 일자리 수요가 풍부하다고 말할 수 있다. 즉, 계양구는 지역 중심 일자리보다는 서울 업무지구와의 접근성을 중심으로 바라봐야 근본적 현실에 맞는 판단을 할 수 있는 것이다.

이외에도 3기 신도시 중 계양신도시에는 테크노밸리가 예정되어 있는 만큼, 서울 접근성 면에서 연계가 될 만한 추가 일자리가 조성될 여지가 크다. 따라서 인천에서 주가 되어 왔던 기존의 제조업 중심 산업보다는 좀 더 고부가가치를 가진 산업단지가 될 확률도 적지 않다는 생각이 든다. 그렇게 된다면 인천 계양구의 입지는 재평가될 것이라 기대한다.

〈사진 3-24〉 계양구 산업단지 및 일자리 현황　　　　　　　　(출처 : 네이버부동산)

이렇게 인천시의 구별 핵심 일자리와 지역 간 연계성에 대해 알아봤다. 최소한 투자를 한다면 구별 핵심 일자리 위치와 회사 정도는 외워 둘 필요가 있다. 또한 여유가 된다면 해당 사업장들을 방문해 보는 것도 필수이다. 이유는 제조업의 경우 소음과 매연, 화물차, 냄새 등 직접적으로 주거지에 영향을 미치는 요소가 있을 수 있고, 사업장의 규모 등을 확인함으로써 지역 일자리의 견고함을 직접 확인해 볼 수도 있기 때문이다.

특히 인천에는 이러한 제조업 산업단지와 대기업이 많기 때문에, 이들과 지역 간의 영향을 반드시 확인하는 것이 중요하다. 부평구나 계양구 등을 제외하면 대부분 지역의 자체 일자리만으로도 충분히 인천 내 자급자족이 가능할 정도로 양질의 일자리가 많기 때문에 이에 대한 이해가 곧 인천 부동산 지역분석의 핵심이다.

인천광역시에 투자하려면?

그럼 종합해 봤을 때, 어디에 투자를 하는 것이 가장 좋을까?

첫 번째, 인천에서 선호도가 가장 높은 **송도**이다. 송도는 2021년에는 전국에서 가장 높은 매매가 상승률을 보여 주었다. 물론 시세 조정기가 도래하여 급하게 가격이 조정되었으나, 1순위 인천 투자처가 되어야 할 것이다. 인천 지역 내에서 가장 우수한 고부가가치 일자리를 가지고 있으며, 국제학교 등 학군이 가장 뛰어난 곳이기 때문이다.

두 번째, **서구의 청라**와 **검단신도시**이다. 두 곳 모두 도시개발사업으로 추진되었기 때문에 주거지로서의 깨끗함은 나무랄 데가 없다. 청라는 남북으로 이동하는 대로가 있어 송도와 서울, 공항철도까지 모두 이동이 용이하다는 장점이 있고 추후에 연결될 7호선으로 서울 가산디지털단지 등에 환승 없이 갈 수 있다. 이러한 장점이 지속적인 수요와 선호도를 유지해 줄 것으로 판단된다.

검단신도시의 경우 1, 2, 3단계 도합 7만 5천 세대의 입주로 인해 인구압력을 무시할 수 없다. 이외에도 신규 법원과 검찰청 등이 들어설 예정인 만큼 인천 북측의 사법·행정 중심지가 될 것으로 기대하고 있다. 서울 마곡, 김포공항, 여의도와의 접근성이 괜찮다는 점도 장점이다.

다만 청라와 검단신도시는 지역 내에 자급자족형 핵심 일자리가 없기 때문에, 주변 지역의 영향을 크게 받을 수밖에 없는 태생적 한계가 있다. 따라서 청라 또는 검단신도시에 투자를 하기 위해서는 인근 지역과 끊임없이 가격을 비교하여 객관적으로 판단하여 매수하여야 할 것이다. 주변 지역의 영향을 많이 받을 수밖에 없는 곳은 그 시세도 상황에 따라 천차만별이기 때문이다.

세 번째로 인천에서 좋은 투자처를 뽑자면 **부평구**이다. 부평구는 서울 접근성이 좋기 때문에 여의도, 광화문 일자리에 출퇴근이 무리 없이 가능하다. 또 부평구의 부개동은 인천 내에서도 학군이 우수한 편이며, 해당 지역 고등학교 졸업자들의 우수 대학 진학률이 상당히 높은 편이다. 구도심이기 때문에 재건축과 재개발 등 도시정비사업도 활발하다. 재건축 재개발은 투자 수익률이 높기 때문에 매력적인 투자처가 될 수 있다. 여의도,

광화문에 출퇴근이 가능한데, 새롭게 대규모 주거타운이 형성될 뿐만 아니라 서울의 1/3 가격이다? 충분히 납득할 만한 투자 이유이다.

네번째로 **미추홀구**이다. 구 전체가 대대적으로 재개발 사업을 진행하고 있다. 이제 입주가 끝난 단지도 많고 앞으로 입주할 단지도 많으며 거기에 더해 도시개발사업도 진행하고 있다 보니 적정 수요 대비 입주량이 지나치게 많이 예정된 것은 사실이다. 다만, 이런 상황이 시장 심리를 꺾어 가치 대비 지나친 가격 하락이 나올 수 있다. 이러한 상황을 역으로 이용해 적은 금액으로 재개발 투자를 할 수 있다. 또한 미추홀구 전체가 낙후 도심 이미지를 아직 벗지 못해 가격이 저평가되는 경우가 많다. 따라서 대단지로 개발될 재개발 입주권에 소액으로 투자한다면, 수익률이 몇 배에서 몇 십 배에 달하는 성과를 거둘 수 있는 곳이다.

이렇게 인천광역시의 주요 지역과 투자 방침에 대해 알아봤다. **중요한 점은 인천은 대체로 소액투자 및 고수익률 달성이 가능한 곳이라는 점이다.** 그 점에서 확연히 경기도의 주요 시, 서울특별시와는 다른 특징을 가지고 있다. 누구나 정비사업 투자를 한다면 강남의 은마아파트, 압구정의 현대아파트, 목동의 주공아파트 등에 하고 싶어 한다. 그러나 투자금 대비 수익률을 따져 봤을 때, 누군가에게는 인천에 하는 투자가 더욱 현실성 있고 수익성이 높을 수 있다. 이 책을 읽는 독자들은 감정이 좌우하는 투자를 하지 말고, 냉정하게 현실을 분석하여 인천에서도 실익을 챙겨 가는 투자를 병행했으면 한다.

참고 인천광역시의 행정체제 개편

2026년 7월 1일자로 아래와 같이 행정체제가 개편될 예정이다. 그러므로 앞서 설명한 내용과 변경될 행정구역을 비교하여 입지분석을 하면 될 것이다.

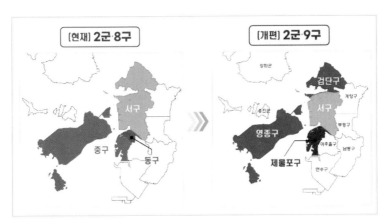

〈사진 3-25〉 인천광역시의 행정체제 개편 　　　　　　　　　　(출처 : 인천시)

4장

내 집 마련 이후
부동산 투자
로드맵

들어가며

　이번 장에서는 실제로 집을 마련할 때, 그리고 추가적인 투자를 고려할 때 반드시 알아야 하는 규제사항과 관련 법, 절차에 대해 이야기할 것이다. 또 시황에 따라 달라지는 나에게 가장 유리한 갈아타기 시점, 하지 말아야 할 투자와 그 이유, 좋은 선택을 위한 고려사항 등 실용적인 정보를 담았다.

　실용적인 정보인 만큼 조금 어려운 내용도 등장한다. 하지만 이미 내 집 마련을 이룬 사람들은 세법과 정부의 의중, 더 나은 절세 절차 등을 숙지하는 것이 꼭 필요하다. 첫 집은 가장 가치가 높은 곳을 최대한 저렴하게 사는 것만이 중요하다. 하지만 갈아타기를 하거나 다주택자가 되려는 사람은 부동산의 본질적 가치뿐만 아니라 효율적으로 자금을 운용하거나 특례 등을 이용하여 절세를 하는 것이 필수이기 때문이다. 따라서 이 단계서부터는 우리도 전략적인 투자자처럼 식견을 갖추고 생각하고 결정하는 방법을 알아보자.

부동산 규제 정책과 그 역사

2023년 1월, 정부는 강남구, 서초구, 송파구, 용산구를 제외한 모든 지역의 규제지역을 해제했다. 2024년 기준 규제지역에 대한 정보는 아래와 같다.

	투기지역	투기과열지구	조정대상지역
서울	용산구, 서초구, 강남구, 송파구	용산구, 서초구, 강남구, 송파구	용산구, 서초구, 강남구, 송파구

전국 대부분이 비조정지역으로 바뀌었다는 점은 주택을 매수하기가 수월해진 셈이다. 주택 규제는 시장의 과열과 침체와 함께 비슷한 패턴으로 반복된다. 시장이 과열되면 규제가 강해지고 시장이 침체되면 규제가 완화되는 식이다.

> 시장 과열 ▶ 규제 강화
> 시장 침체 ▶ 규제 완화

그리고 규제 정책 자체도 세부적인 사항만 조금씩 다를 뿐 비슷하게 반복된다. 따라서 규제의 역사를 살펴보면 시장 양상에 따라 어떠한 규제가 펼쳐질지 미리 짐작하여 대비할 수 있다. **과거 역사를 통해 미리 대비하는 사람들은 절세와 전략적 갈아타기, 보유할 것과 그렇지 않을 것 등을 면밀하게 검토하여 훨씬 더 높은 투자 성과를 거둘 수 있다.** 따라서 먼저 부동산 규제 정책의 역사를 살펴보고, 역대 정부별 설명을 통해 다주택자가 되기 전에 고려해야 할 것들에 대해 알아보자.

 ## 정부별 부동산 규제 방향 및 매매가격 변화

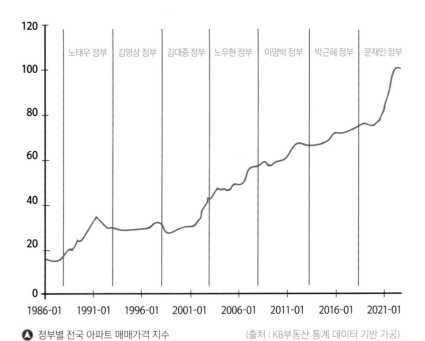

▲ 정부별 전국 아파트 매매가격 지수   (출처 : KB부동산 통계 데이터 기반 가공)

1 노태우 정부

노태우 정부는 저금리, 저달러, 저유가 상황과 88올림픽과 같은 국제적

이벤트로 인해 양적완화를 기반으로 한 국제수지 흑자에 힘썼다. 이런 때에는 자본 시장에 돈이 몰려든다. 임기 몇 년 만에 2배 이상 부동산 가격이 폭등하여 서민들의 주거난이 심화되었다. 이를 해결하기 위해 1기 신도시인 분당, 일산, 중동, 평촌, 산본신도시를 포함해 200만 호 건설 프로젝트에 돌입하였다.

그뿐만 아니라 토지공개념을 도입하고 토지 과다보유세, 공시지가제도, 분양가상한제 등을 도입하는 등 강력한 규제 정책을 도입한다. 또, 토지거래 전산망을 구축하여 과세의 투명성을 강화하고, 개인의 토지거래 규제 및 개발이익 등을 환수하였다. **우리에게 익숙한 규제 제도는 사실상 40년 전에 만들어진 셈이다.** 강력한 규제와 한국 역사상 최다 공급을 통해 시장 안정을 도모하였으나, 부동산 정책이 늘 그렇듯 시장의 열기를 잠재우는 데 꽤 오랜 시간이 걸렸다.

2 김영삼 정부

김영삼 정부는 **금융실명제, 부동산실명제 등을 실시하며 세수 확보 투명성을 제고하고자 노력**하였으며, 안정된 시장을 바탕으로 분양가 자율화 등을 통해 부동산 가격을 시장경제에 맡기고자 하였다. 부동산 규제 완화 정책에도 불구하고 임기 말인 1997년 말에 IMF 외환위기 사태가 터지면서 실물자산 가격이 일시적으로 가파르게 폭락하였다.

3 김대중 정부

김대중 정부는 외환위기 이후 파탄 수준의 경제를 빠르게 회복하기 위해 정권 초기에는 주택 경기 활성화 정책을 폈다. 건설경기가 내수경기에 미치는 영향이 매우 크기 때문이다. 이를 위해 **분양권 전매제한을 폐지하였고, 청약조건을 완화하는 등 침체된 분양시장에 숨통을 트고자 하였다.** 1998년 5월에서 1999년 6월 동안 취득한 신규주택에 대해서는 5년 내 매도 시 양도세를 면제해 주는 등 획기적인 완화책을 도입하였다.

반면 임기 후반에는 단기간 만에 IMF 관리 상태에서 벗어나며 실물 경제가 살아나자, 부동산 가격이 가파르게 상승하였다. 이에 2002년 9월 투기과열지구 지정, LTV 60% 적용 등 투기 수요 억제에 힘을 쓰게 된다.

④ 노무현 정부

노무현 정부는 김대중 정부 후반의 부동산 가격 폭등 상황을 이어받아 정권 초기부터 **투기와의 전쟁을 선포하며 강력한 수요 억제 정책**을 펴기 시작했다. 2003년 5월 분양권 전매 금지, 재건축 아파트 공정률 80% 이상 후 분양 등 강력한 규제를 시작했다. 이후 투기과열지구에는 재건축 조합원 자격 전매 금지 및 종합 부동산세를 도입하였고, 같은 해 10월에는 1세대 3주택자에게 양도세 60% 중과, 투기지역 LTV 40% 적용을 한다. 2006년에는 논란이 많은 재건축 초과이익 환수제를 도입한다.

그러나 임기 내내 강력한 수요억제 정책을 펼쳤음에도 부동산 가격은 폭등하였고, 정권 말기에 이르러서야 점차 안정세에 이르게 된다. 이외에도 **공급난을 해소하기 위해 2기 신도시 도입을 추진하였으며, 이때 판교, 광교, 동탄, 운정, 옥정, 위례, 검단신도시가 대상**이 되었다. 당시 판교와 같은 인기 지역의 청약 경쟁률은 무려 700:1이 넘었다. 이외에도 국토 균형 발전을 위해 행정수도 이전 및 혁신도시 개발 등을 추진하였다.

5 이명박 정부

이명박 정부는 정권 초기에 서브프라임 모기지 사태로 전 세계 경제가 휘청거렸다. 이에 **국내 경제를 살리기 위해 건설경기 부양에 힘을 기울였다.** 부동산 투기지역을 해제하였으나 전 세계 경제 불황으로 부동산 투자 심리는 빠르게 살아나지 않았다. 하우스푸어라는 말이 이때는 주택 매수자를 카푸어에 빗대어 놀림감으로 사용되곤 했다.

6 박근혜 정부

박근혜 정부는 이명박 정부와 비슷한 기조를 유지하였다. 직접 나서서 집을 사라고 하는 등 건설경기 부양을 위해 정권 내내 노력하였다. 2013년에 DTI 은행 자율 적용 및 LTV 70% 상향, DTI 60% 상향 등 **대출 규제를 완화하였고, 2015년에는 건축투자 활성화 대책 등을 내놓는다.** 하지만 침체된 경기 때문에 부동산 시장도 되살아나는 데 오랜 시간이 걸렸다. 이후 정권 말 점차 부동산 시장이 활기를 되찾기 시작했다.

7 문재인 정부

문재인 정부는 전 세계적 저금리 기조로 인한 투자 심리 확대로 인해 정권 초기 서울 부동산 가격이 상승을 시작하자 조정 대상 지역을 확대하고 LTV DTI 축소로 규제 정책을 추진한다. 이후 서울 전역의 분양권 전매 제한을 하였으며, 2017년 8.2 대책을 통해 서울 전 지역, 과천, 세종시를 투기과열지구로 지정하고 LTV, DTI를 40%로 조정하여 규제를 강화시킨다. 그뿐만 아니라 분양권 전매제한, 분양가상한제 지역에서의 의무 거주 기간 설정, 대출규제 확대, 취득세 중과, 법인의 주택 매수 보유 중과세 등 징벌적 과세를 적용하기에 이른다.

문재인 정부에서는 **무려 30번에 가까운 부동산 대책을 내놓는 등 시장에 적극 개입하는 모습을 보인다. 이외에도 3기 신도시 발표를 통해 남양주 왕숙, 하남 교산, 인천 계양, 고양 창릉, 부천 대장, 광명 시흥, 의왕, 군포, 안산, 화성 진안 등 공급 대책을 내놓았고,** 민간 사전청약제도를 실시하는 등 폭발적 수요를 잠재우기 위해 정권 내내 노력했다.

8 윤석열 정부(2024년 현재)

윤석열 정부는 부동산 경기가 침체되면서 시장 자율화를 위해 노력하고 있다. 노후 계획도시 정비 및 지원에 관한 특별법 등을 추진하나 아직 구체적인 움직임은 없다. 다만, 서울 일부 지역 외 대부분 지역을 규제지역에서 해제하는 등 거래활성화에 초점을 두고 있는 모습을 보이고 있다. 이를 위해 생애 최초 주택 구매자의 LTV를 80%로 완화하였고, 생애 최초 및 다주택자 취득세 감면을 추진 중에 있으며, 특례보금자리론을 도입하여 저금리 고한도 대출을 통해 구매력을 키워 주고 있다. 이외에도 공정가액비율을 하향 조정하여 종부세 감면도 논의하고 있다.

부동산 시장은 내수 경제에 엄청난 영향을 미쳐 국민의 삶을 좌우한다. 부동산은 공급에 필요한 시간이 몇 년씩 걸리고, 수요가 지나치게 폭발하면 부채가 기하급수적으로 증가하는 특성 때문에 정책을 통해 수요와 공급을 조절하기 위해 노력해야 한다. 그래서 **정부는 지나치게 시장이 과열되면 수요를 잠재우기 위해 온갖 규제를 퍼붓고, 시장이 지나치게 침체되면 내수 경기 침체를 우려해서 부동산 경기 부양을 위해 애쓰는 것이다.**

서두에 이야기한 것처럼 시장 상황에 따라 정부는 규제의 강화와 완화를 반복하며 수급을 조절하며, 그 규제의 내용도 비슷하게 반복된다. 따라서 구체적인 규제정책의 내용에 대해 알아보고, 큰 흐름을 이해한다면 미래에도 반복될 규제정책이 도입되기 전에 미리 대비할 수 있을 것이다.

 대표적인 부동산 규제 정책

부동산 규제 정책의 대상은 주로 주거용 부동산과 건축물이 없는 토지이다. 사람이 살 집과 건물도 없는 땅에다가 투기하지 말라는 뜻이다. 주택 관련 규제 정책은 크게 세 가지로 나뉜다.

> ❶ 규제지역을 설정하여 취득세, 보유세, 양도세와 같은 **세금중과**
> ❷ 지역별 대출 제한을 하는 **대출규제**
> ❸ 의무거주 기간, 전매 제한, 청약 재당첨 제한, 토지거래허가제 같은 **권리제한설정**

이러한 규제들은 지역과 주택 보유 수, 취득 주체에 따라 복잡하게 적용되고 있다. 지나치게 복잡하게 적용되고 계속해서 조금씩 변경되기 때문에 단순 암기로는 이해가 어렵다. 따라서 **규제 정책의 논리적 흐름을 이**

해하는 것이 효율적이다.

💲 취득세

취득세 중과제도란 주택을 보유한 자가 추가적으로 주택을 매수할 때 대상 주택의 지역이 비조정, 조정, 투기과열지구냐에 따라 취득세율을 달리 부과하는 제도이다. 아래는 윤석열 정부가 추진하고 있는 중과세율 완화안이다. 그대로 적용되든, 그렇지 않든, 일부만 조정되든지와는 별개로 논리적 구조를 이해하면 된다. 이를 통해 추후에 적용될 세율만 확인하면 되기 때문이다.

개인	비조정지역	조정지역	투기과열지구	법인
무주택→1주택	1~3%	1~3%	1~3%	
1주택→2주택	1~3%	1~3%	4%	6%
2주택→3주택	4%	6%	6%	
3주택→4주택	6%	6%	6%	

무주택자가 1주택을 취득하려는 경우 적용되는 세율은 취득가액이 6억 원 이하이면 1%, 6억 원 초과~9억 원 이하 구간은 누진세율 (과세대상 금액이 올라감에 따라 세율도 비율적으로 올라가는 것을 뜻한다) 적용, 9억 원 초과는 3%가 적용된다. 이는 취득가액에 따라 세율을 차등 적용해 줌으로써 취약층의 주택 구매에 특혜를 부여하는 차원이다.

이와 반대로 다주택자에게는 중과세율을 적용한다. 1주택에서 2주택이 될 때와 2주택에서 3주택이 될 때는 취득하려는 물건이 '비조정, 조정지역'인가 '투기과열지구'인가에 따라서 취득세율이 크게 차이 난다. 특히 기억해 둘 점은 투기과열지구에서 1채를 먼저 취득하고, 조정지역 혹은 비조정지역에서 1채를 취득한 경우 두 번째 주택의 취득세율이 1~3%이지만, 그 반대 순서로 취득하는 경우(조정, 비조정지역에서 1채를 취득한 후 투기과열지구에서 1채를 추가 취득) 두 번째 주택의 취득세율은 4%로, 4배가량 높은 세금을 내게 될 수 있다는 것이다(중과세율은 정부마다 다르게 정하지만 중과 기준의 방향성은 동일하다). 따라서 추후 투자를 고려한다면 투기과열지구를 먼저 취득하고 이후에 조정, 비조정지역을 취득해야 절세할 수 있다. 규제 정책은 다주택자에게는 중과세율을 적용하지만 대상과 순서에 따라서 절세할 수 있는 방안이 있다는 정도로 이해하면 충분하다.

💠 보유세

보유세의 중과 방안은 종합부동산세의 적용 여부이다. 종합부동산세는 매년 6월 1일을 기준으로 보유한 주택을 모두 합산한 공시가격이 9억 원을 초과할 시 부과된다(1세대 1주택자에 한해서는 공시가격이 12억 원을 초과할 시 부과한다). 일단 과세표준을 다음의 식대로 구한다. 그리고 과세표준에 그 아래의 금액별, 주택수별 세율을 곱해 산정한다. 우리는 다주택일 경우에 세율이 얼마나 늘어나는가 정도만 파악하도록 하자.

> [전국 합산 공시가격 × (1-감면율) - 공제금액(과세기준금액)] × 공정시장가액비율

🔺 종합부동산세 과세표준을 구하는 식

과세표준	세율(개인)		세율(법인)	
	2주택 이하 보유	3주택 이상 보유	2주택 이하 보유	3주택 이상 보유
3억 원 이하	0.5%	0.5%	2.7%	5.0%
6억 원 이하	0.7%	0.7%		
12억 원 이하	1.0%	1.0%		
25억 원 이하	1.3%	2.0%		
50억 원 이하	1.5%	3.0%		
94억 원 이하	2.0%	4.0%		
94억 원 초과	2.7%	5.0%		

🔺 종합부동산세 세율

위 표를 보면 종합부동산세는 규제 지역 여부와 상관없이 명의자 1인이 보유한 주택의 공시가격을 모두 합산하여 산출하며, 3주택 이상부터는 세율이 급격히 높아짐을 알 수 있다. 종합부동산세는 똘똘한 한 채라는 트렌드를 이끄는 장본인이다. 예를 들어, 50억 원짜리 1주택자는 세율이 1.5%가 적용되는 반면 10억 원짜리 5주택자는 2배인 3% 세율이 적용된다. 1주택자에 비해 5주택자는 억 단위의 세금을 더 부담하여야 한다.

결론적으로 보유세의 중과제도인 '**종합부동산세는 개인이 1~2채**

를 가진 경우 중과하지 않고, 3채 이상의 다주택자부터는 불리하되, 과세표준액이 12억 원 이하인 경우까지는 중과가 없다' 정도로 이해하면 간단하다.

🏵 양도세

한국은 부동산 시세차익에 **양도소득세를 부과해 징벌적 과세를 한다. 양도세 중과세는 주택을 매도할 때, 그 주택의 보유 기간이 짧거나, 실제로 거주하지 않았거나, 한 명이 너무 많은 주택을 보유했을 경우에 대한 과세 정책이다.** 양도세 중과세 적용 요건은 단순하지만, 양도세 비과세 혜택 특례의 적용 조건은 지나치게 복잡하다. 때문에 주택 양도 전에 반드시 부동산 전문 세무사에게 비용을 지불해서라도 확인해야 한다. 단 한 번의 착오로 수억 원의 비용을 치러야 하기 때문이다. 다만, 기본적으로 알아야 할 과세 구조와 핵심 절세 방안은 알아 두자.

> 양도차익(양도가액-취득가액-필요 경비)-장기보유 특별공제-기본공제(250만 원)

🔺 양도세 과세표준을 구하는 식

양도차익을 먼저 살펴보면, 양도가액은 매도가격이고 취득가액은 취득 당시 매수가격이다. 필요 경비로 산입되는 항목은 다양하나 주로 내용연수 연장비, 현실적 가치를 높이기 위한 수선비(시스템 에어컨, 보일러, 워터펌프 교체 등), 계약서비, 공증비, 인지대, 중개보수, 명도비, 소송 및 화해비용까지 인정해 준다.

그다음, 장기보유 특별공제는 보유 기간에 따른 혜택을 말한다(장기보유 특별공제액은 양도차익금액과 해당하는 공제율을 곱해 산출한다). 공제율은 두 가지 유형에 따라 아래와 같다.

장기보유 특별공제율(2021.1.1.~)

• 토지·건물, 조합원입주권(승계취득한 경우는 제외)일 경우

보유 기간	3년 이상 4년 미만	4년 이상 5년 미만	5년 이상 6년 미만	6년 이상 7년 미만	7년 이상 8년 미만	8년 이상 9년 미만	9년 이상 10년 미만	10년 이상 11년 미만	11년 이상 12년 미만	12년 이상 13년 미만	13년 이상 14년 미만	14년 이상 15년 미만	15년 이상
공제율	6%	8%	10%	12%	14%	16%	18%	20%	22%	24%	26%	28%	30%

• 3년 이상 보유한 1세대 1주택일 경우

보유 기간		2년 이상 3년 미만	3년 이상 4년 미만	4년 이상 5년 미만	5년 이상 6년 미만	6년 이상 7년 미만	7년 이상 8년 미만	8년 이상 9년 미만	9년 이상 10년 미만	10년 이상
공제율	보유 기간	-	12%	16%	20%	24%	28%	32%	36%	40%
	거주 기간	8%	12%	16%	20%	24%	28%	32%	36%	40%

🔺 거주 기간이 2년 이상 3년 미만인 경우 최대 보유 기간 공제율은 12%　　　(출처 : 국세청)

양도차익에서 장기보유 특별공제와 기본공제 250만 원을 제외하면 과세표준이 된다. 이렇게 계산된 과세표준에, 다음 페이지에 따른 '주택 수와 보유 기간에 따른 세율'을 곱해 양도세액을 계산한다.

양도세의 기본세율 적용(2년 이상 보유한 주택)

✅ 기본세율(소득세법 §104①1, §55①)

'14년 이후			'17년 이후			'18년 이후			'21년 이후			'23년 이후		
과표	세율	누진공제	과표	세율	누진공제	과표	세율	누진공제	과표	세율	누진공제	과표	세율	누진공제
1,200만원 이하	6%	-	1,200만원 이하	6%	-	1,200만원 이하	6%	-	1,200만원 이하	6%	-	1,400만원 이하	6%	-
4,600만원 이하	15%	108만원	4,600만원 이하	15%	108만원	4,600만원 이하	15%	108만원	4,600만원 이하	15%	108만원	5,000만원 이하	15%	126만원
8,800만원 이하	24%	522만원	8,800만원 이하	24%	522만원	8,800만원 이하	24%	522만원	8,800만원 이하	24%	522만원	8,800만원 이하	24%	576만원
1.5억원 이하	35%	1,490만원	1.5억원 이하	35%	1,490만원	1.5억원 이하	35%	1,490만원	1.5억원 이하	35%	1,490만원	1.5억원 이하	35%	1,544만원
1.5억원 초과	38%	1,940만원	5억원 이하	38%	1,940만원	3억원 이하	38%	1,940만원	3억원 이하	38%	1,940만원	3억원 이하	38%	1,994만원
			5억원 초과	40%	2,940만원	5억원 이하	40%	2,540만원	5억원 이하	40%	2,540만원	5억원 이하	40%	2,594만원
						5억원 초과	42%	3,540만원	10억원 이하	42%	3,540만원	10억원 이하	42%	3,594만원
									10억원 초과	45%	6,540만원	10억원 초과	45%	6,594만원

<사진 4-1>   (출처 : 국세청)

위 기본세율 표는 양도소득세율 적용 방법이 지금까지 변경된 연혁이다(현재는 위 표에서 모든 기본세율 적용대상 주택이 2023년 이후 분으로 적용된다). 한편 과거와 마찬가지로 양도소득세는 차익에 따라 계산된 과세표준의 금액에 따라서 세율이 차등 적용(이를 초과누진세율 적용이라 한다)되는 구조임은 현재에도 동일하다. 우리는 단순히 세율을 암기하는 것보다는 이러한 구조로 과세액이 결정된다는 논리만 이해하고, 실제로 매수 매도 당시에 해당 논리를 적용하여 과세율이 어떻게 달라질지 해석하는 능력만 갖추어도 충분하다.

📍 양도세의 중과세율 적용
(2년 미만 보유 주택, 분양권, 입주권, 다주택자 등)

❤ 부동산, 부동산에 관한 권리, 기타자산(소득세법§104①1,2,3,4,8,9,10,④3,4,⑤,⑦)

자산	구분		'09.3.16.~'13.12.31.	'14.1.1.~'17.12.31	'18.1.1.~3.31	'18.4.1.~'21.5.31.	'21.6.1.~'22.5.9.	'22.5.10.~'24.5.9.
토지·건물, 부동산에 관한 권리	보유기간	1년 미만	50%		50%¹⁾ (40%²⁾)		50%¹⁾ (70%²⁾)	
		2년 미만	40%		40%¹⁾ (기본세율²⁾)		40%¹⁾ (60%²⁾)	
		2년 이상	기본세율					
	분양권		기본세율		기본세율 (조정대상지역 내 50%)		60% (70%³⁾)	
	1세대 2주택 이상 (1주택과 1조합원 입주권·분양권 포함)인 경우의 주택		기본세율	기본세율 (2년 미만 단기 양도시 해당 단기양도세율 적용)	보유기간별 세율 (조정대상 지역 기본세율 + 10%p)	보유기간별 세율 (조정대상 지역 기본세율+ 20%p)	기본세율⁵⁾	
	1세대 3주택 이상 (주택+조합원 입주권+분양권 합이 3이상 포함)인 경우의 주택		보유기간별 세율 (조정대상지역 기본세율+10%p)²⁾⁶⁾		보유기간별 세율 (조정 대상지역 기본세율+ 20%p)	보유기간별 세율 (조정 대상지역 기본세율+ 30%p)		

<사진 4-2>   (출처 : 국세청)

2년 미만 동안 보유했거나, 분양권 및 입주권, 다주택자의 세율 적용은 기본세율과 다르게 적용된다. 분양권의 경우 주택 보유 수와 관계 없이 보유 기간이 1년 미만이면 70%, 1년 이상이면 60%의 세율이 적용된다. 이외에도 양도하는 주택은 보유 기간에 따라 1년 미만은 70%, 2년 미만은 60%, 2년 이상은 기본세율이 적용된다. 정리하면 아래와 같다.

> ❶ 2년 이상 보유한 다주택자 : 2024년 5월 9일까지는 기본세율(과세표준에 따라 6~45%)
>
> ❷ 분양권 : 주택 보유 수와 관계 없이 최고세율(보유 기간에 따라 60~70%)
>
> ❸ 그 외의 경우 일반 주택 : 보유 기간에 따른 세율(보유 기간에 따라 6~70%)

📍 양도세의 비과세 특례

1세대 1주택자의 경우에는 몇 가지 특례를 이용하여 절세 효과를 누릴 수 있다. 일단 양도세 비과세 혜택을 받을 수 있는데 양도일 당시 비규제지역은 2년 이상 보유, 규제지역(조정, 투기과열)은 2년 이상 거주 요건을 충족하면 양도세가 비과세된다. 단, 양도가액이 12억 원을 초과할 경우 고가주택 양도에 한해 매도가격의 12억 원 초과 분에 대해서는 고가주택 양도차익을 적용하여 과세표준을 산정해 양도세가 과세된다. 아무리 1세대 1주택이어도 시세차익이 큰 사람은 세금을 내라는 의미이다.

이외에도 다주택을 일정 기간 보유하면서도 큰 절세 효과를 누릴 수 있는 특례로 일시적 2주택과 상속, 혼인합가, 동거봉양을 위한 일시적 2주택이 있다.

특히 혼인합가로 인한 일시적 2주택은 30, 40대 시점에서 엄청난 투자 수익 잠재력을 가지고 있다. 부부가 결혼 전 각각 부동산 투자를 하여 결혼 후(혼인신고 기준) 5년 내에 한 채를 비과세 매도하고 그 자금을 저축한 뒤, 남은 주택을 다시 비과세 요건을 채워 매도하고, 바로 더 좋은 아파트로 매수하면서, 일시적 2주택으로 갈아타기를 한다면 최단 기간에 아파트 2채를 비과세 매도하면서도 바로 내 집을 마련할 수 있다. 부동산 상승장을 잘 만난다면 엄청난 시세차익을 누리고도 과세 대상이 되지 않는 것이다. 이렇게 시작한 신혼부부와 전세로 시작한 신혼부부 간의 10년 후 자산 격차는 최소 10억 원 이상이다.

혼인합가 비과세 특례를 예로 들어 양도세 절세와 갈아타기 및 다주택투자 혼합 전략을 살펴봤다. 이 외에도 몇 가지 양도세 비과세 특례가 있으니 해당되는 경우 적극 활용하여 갈아타기 전략과 혼합하면 그 효과가 극대화될 것이다.

이제 부동산 세금에 대해 기본적인 내용은 모두 배웠다. 세목별 과세 및 특례의 이유와 과세구조만 이해하면 충분하다. 이 정도만 이해해도 앞으로 발표될 정책 변화를 이해하고 절세 전략의 방향성을 잡는 정도에는 무리가 없을 것이다.

2 대출규제

대출규제는 부채 한도 조절 및 수요 억제를 목적으로 한다. 다른 규제와는 다르게 법이 바뀌거나 제정되어야 적용되는 것이 아닌, 정부의 권고만으로도 이루어지는 규제이다. 대출규제를 이해하려면 LTV, DTI, DSR, 담보가치, 가계소득, 부채비율 등 용어의 정확한 의미와 계산 방법을 아는 것이 중요하다.

🏵 LTV

Loan To Value ratio의 약자로 담보가치 대비 대출 비율을 의미한다. 대상 물건의 담보가치의 몇 퍼센트 정도를 대출해 줄 것인가라고 받아들이면 쉽다. 1억 원짜리 아파트에 LTV 70%를 적용하면 7천만 원이 대출한도이고, 10억 원짜리 아파트에 LTV 70%를 적용하면 7억 원이 대출한도라는 것이다. **LTV는 가계의 소득이나 개인의 신용 상황과는 관계없이 담보가치가 있는 물건에 대한 감정평가액 대비 대출 가능 한도이다.** 그런 만큼 담보가치가 높은 물건일수록 대출금액이 높아진다. 대출 외의 잔액에 대해서는 대출하려는 자가 직접 자금을 조달해야 한다. 한국의 경우 적용하는 LTV는 낮은 편이다.

% DTI

Debt To Income ratio의 약자로 소득 대비 부채 비율을 의미한다. D가 들어가는 대출용어는 대체로 소득과 빚과 관련된 용어로 이해하면 쉽다. DTI는 (주택대출원리금 상환액 + 기타대출 이자 상환액) / 연간소득으로 계산한다. 우리가 집을 사기 전에 DTI를 적용한 대출한도를 구하기 위해서는 역으로 계산해야 한다. 예를 들어 DTI가 50%로 적용되는 규제 지역이라면 내 연봉이 1억 원일 경우 그 50%인 5천만 원까지만 '주택대출원리금 상환액과 기타대출이자 상환액'을 연간 갚는 데 쓸 수 있다. 그 이상으로 돈을 빌려 주지는 않는다는 것이다.

DTI로 인한 문제가 생기지 않기 위해서는 DTI 규제비율을 파악하여 내 연봉과 DTI%를 곱해서 연간 갚을 수 있는 금액을 계산해 낸 다음, '주택대출원리금 상환액+기타대출 이자 상환액'보다 낮은 대출 금액을 추산하여 대출 가능 여부를 파악해야 한다.

% DSR

Debt Service Ratio의 약자로 소득 대비 총부채 비율을 의미한다. DSR은 (주택대출 원리금 상환액 + 기타 대출 원리금 상환액) / 연간소득으로 계산한다. DTI와 다른 점은 DTI는 주택과 관련 없는 대출의 경우 이자만 상환액으로 계산했다면, **DSR은 주택과 관련 없는 기타 대출(신용 대출 등)의 원리금 상환액까지 다 포함해서 갚는 한도를 제한하겠다는 의미이다. 따라서 DTI보다 DSR이 더 강력한 규제 형태이다. 만약 DTI와 DSR 규제를 동시에 받는 상황이라면 DSR**

만 계산하면 대출한도를 파악할 수 있다. 계산 방법은 DTI와 같다.

DTI, DSR 등 D가 들어가면 소득과 관련된 대출규제이기 때문에, 대출 상품 중에 상환 기간(만기)이 짧은 경우 매달 갚아야 하는 금액이 높을수록 대출한도가 줄어든다. 예를 들어 40년 만기 주택대출 1억 원과 10년 만기 신용대출 1억 원의 DSR을 계산하면 신용대출 쪽이 4배나 많이 갚아야 하므로 신용대출을 한 쪽이 대출 가능한도가 훨씬 줄어든다. 따라서 만기가 짧은 대출이 많으면 주택대출을 추가로 하기 힘들어지므로 유의해야 할 것이다.

LTV, DTI, DSR 세 가지 대표적 대출제한 용어에 대해 파악하였다. 이제 규제지역별로 어떻게 이 대출제한이 적용되는지 파악해 보자.

보유 기간		비규제지역			조정대상지역			투기지역, 투기과열지구		
		LTV	DTI	DSR	LTV	DTI	DSR	LTV	DTI	DSR
우대 대상	서민 실수요자	70%	적용 안함	적용	70%	60%	적용	70%	50%	적용
	무주택자				50%	50%		50%	50%	
9억 원 이하 주택	1주택자				대출불가					
	기존 주택 6개월 내 처분 및 전입조건 1주택자				50%	50%	적용	50%	40%	적용
	다주택자				대출불가					
9억 ~15억 원 이하 주택	무주택자				50%	50%	적용	50%	40%	적용
15억 원 초과 주택	무주택자				50%	50%	적용	50%	40%	적용

여기서 서민 실수요자란 무주택 세대주이면서 부부 합산소득이 연 9천만 원 이하, 취득하려는 주택이 9억 원 이하인 경우를 의미한다. 서민 실수요자는 LTV 비율을 높게 해 준다.

DSR은 규제지역 여부에 상관없이 대출하려는 차주(돈을 빌리는 사람)에게 적용된다. 2023년 7월 이후 DSR 규제가 3단계가 적용되어 총대출액(신용대출+주택담보대출 등 모두 포함)이 1억 원만 초과되면 주택 대출에 대해 40%가 적용된다. 따라서 주택 취득 예정자라면 DSR을 많이 차지하는 신용대출은 우선적으로 상환하여야 할 것이다.

대출규제는 앞서 말한 것처럼 정부가 즉각적으로 조치할 수 있는 강력한 수요억제 수단이다. 따라서 대출규제가 어떠한가에 따라 정부가 주택 취득에 대해 어떠한 의지를 가지고 있는지 알 수 있다. 또, 대출은 금리, 경제 상황, 가계부채와도 높은 연관이 있다. 주택을 취득하려는 우리의 입장에서는 원리금 상환과 같은 채무가 생기므로, 생존이 걸린 문제이니 주의 깊게 살펴보길 바란다.

③ 권리 양도 제한설정

권리 양도 제한은 **의무거주 기간, 전매제한, 청약 재당첨 제한, 토지거래허가제** 등을 말한다. 이를 통해 부동산 거래를 제한하여 수요를 억제하고, 실거주 목적의 수요에 한해 거래할 수 있도록 우선 기회를 부여한다. 일정 자격요건을 갖추어야만 부동산을 취득할 수 있기 때문에 강력한 시장 통제 수단이다. 대표적으로 아파트 청약에 많이 사용하는 규제이다.

🏵 의무거주 기간

의무거주 기간이란, 해당되는 자가 의무적으로 해당 아파트에 일정 기간 거주하도록 하게 하는 제도이다. 의무거주 기간은 크게 분양가상한제 적용 주택을 청약할 때와 토지거래 허가구역의 아파트를 취득할 때 적용된다. 토지거래 허가구역을 취득한 경우는 이후에 따로 알아보고, 먼저 청약 관련 의무거주 기간에 대해 알아보자. 적용하는 기준은 분양가가 인근 지역의 기존 주택매매가격에 비해 얼마 정도 저렴한가이다. 이 비율과 규제지역 여부에 따라 의무거주 기간이 달라지는 식이다. 전매제한과의 차이는, 의무거주는 반드시 입주하여 해당 기간까지 거주를 하여야 한다. 반면 전매제한은 사고 팔지는 못하지만 임대, 즉 전세로 내놓을 수는 있다.

구분	분양가격	의무 거주 기간
공공택지	인근 매매가격 100% 이상	없음
	인근 매매가격 80~100%	3년
	인근 매매가격 80% 미만	5년
민간택지	인근 매매가격 100% 이상	없음
	인근 매매가격 80~100%	2년
	인근 매매가격 80% 미만	3년

🏵 전매제한

전매제한이란 앞서 언급한 것처럼 매매나 증여처럼 권리변동(소유자 변경)을 하지 못하도록 제한하는 제도이다. 윤석열 정부의 부동산 완화 정책으로 인해 2024년 1월 현재 전매제한 기간은 다음과 같이 간단하게 개선되었다. 실거주 의무는 폐지를 추진 중이나 국회에서 법안 개정을 놓고 아직 갑론을박 중이다.

지역	공공택지 또는 규제지역	과밀억제권역	기타
수도권	3년	1년	6개월
비수도권	1년	6개월	없음

⑳ 청약 재당첨 제한

당첨된 주택의 구분	적용 기간(당첨일로부터)		
투기과열지구에서 공급되는 주택	10년		
분양가상한제 적용 주택			
청약과열지역에서 공급되는 주택	7년		
토지임대주택	5년		
투기과열지구 내 정비조합(제3조 제2항 제7호 가목)			
이전기관종사자 특별공급 주택 분양전환공공임대주택 기타 당첨자(제3조 제2항 제1·2·4·6·8호)	수도권 내 과밀억제권역 (수도권정비계획법 제6조 제1항)	85㎡ 이하	5년
		85㎡ 초과	3년
	그 외	85㎡ 이하	3년
		85㎡ 초과	1년

청약 재당첨제한이란, 청약을 통해 신규 아파트를 분양받은 세대의 이력을 기준으로, 일정 기간 청약을 통해 다시 분양받지 못하게 하는 제도이다. **주의해야 할 점은 청약 재당첨 제한의 경우, 배우자와 본인을 한 몸으로 본다는 점이다.** 때문에 같이 살든 따로 살든 여부와 관계없이, 배우자가 재당첨 세한에 걸리면 상대 배우자 또한 재

당첨이 제한된다. 그리고 제한 사항이 중복 적용될 경우 그중 가장 긴 제한 기간을 적용한다.

🏵 토지거래 허가제

토지거래 허가제는 구역을 설정하여, 해당 구역의 주택을 구매할 때 요건을 충족하여야만 권리이전을 허가해 주는 강력한 규제수단 이다. 토지거래 허가구역의 주택을 구매할 경우 그 주택에서 2년간 실제 거주해야 한다. 다만, 토지거래 허가구역으로 규제되는 지역은 서울 중에서도 가장 선호되는 한정된 지역(공공재개발 재건축 등 투기수요가 높은 일부 지역)이고, 수시로 변경되므로 외우고 있을 필요 는 없다. 특별히 이해하기 어려운 사항이 없으므로 허가구역으로 설 정된 지역이 궁금하다면 서울시부동산 정보광장 홈페이지(https://land.seoul.go.kr)에서 확인할 수 있다.

이렇게 우리는 부동산 주택 규제의 역사부터 크게 세 가지 규제 사항을 나눠 확인하였다. 모두 외우고 있을 필요까지는 없겠지만, 기본적인 정책 및 규제 논리를 알고 이해하는 것은 필수이다. 시장 상황에 따라 규제는 몇 가지 변수만 바뀌며 완화와 강화를 반복한다. 규제의 원리에 대해 한 번만 이해하고 나면, 어떤 상황에서도 앞선 정보를 적용하기에 충분할 것이니, 규제 이유와 적용 원리 이해를 중점으로 이해하기를 바란다.

02 결국 언젠가는 내 집을 사야 한다

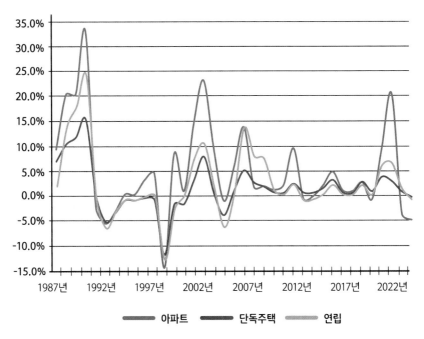

🔺 주거용 부동산 매매가 변동률(%)　　　　　　　　(출처 : KB부동산 통계 데이터 기반 가공)

　　위 차트는 1987년부터 2023년까지 주거용 부동산의 매매가격 변동률에 대한 차트이다. 위 매매가격은 전년도 대비 변동률의 평균값을 나타낸 것이다. 이 차트를 보면 몇 가지 통찰을 얻을 수 있다.

첫 번째로 단독주택, 연립보다 아파트의 매매가 상승률이 높다는 점이다. 이러한 현상은 부동산 가격 상승기에 더욱 두드러지게 나타난다. 한편 부동산 가격 하락기에는 단독주택, 연립에 비해 상승기 대비 하락률이 크지 않다. **아파트는 가격이 상승하는 시기에는 수요가 집중되는 경향이 있으며, 하락기에는 가격 방어가 상대적으로 탄탄함을 암시한다.**

두 번째로 흥미로운 점은, 총 37년간 29년은 상승하였고, 8년은 하락하였다는 점이다. 매년 아파트는 29 대 8의 확률(약 70%)로 상승을 한다고 볼 수 있는 것이다. 그러면서도 나와 내 가족의 거주 안정까지 누릴 수 있다. **합리적인 내 집 마련은 장기적 관점에서 대체로 유리하다는 점을 다시 확인할 수 있다.** 현명한 전략만 지켜서 집을 마련한다면, 약 70% 이상의 확률로 매년 내 아파트의 가격은 상승할 것이기 때문이다.

위와 같은 객관적인 데이터가 아파트를 사는 것이 꽤 괜찮은 선택이라고 말해 주고 있다. 지금 당장은 집이 필요하지 않다고 생각할지라도, 전략적 선택을 하여 시간이 흐르면 나에게 유리하게 작용하도록 만들어 놓자.

이런 전략적 선택 중 가장 효율적인 방법은 **거주와 투자를 분리하는 것**이다. 거주와 투자의 분리란 내 몸은 소득 활동을 위해 필요한 위치에 저렴한 월세를 얻어 거주하고, 내 집은 투자가치가 높은 곳에 미리 마련해서 타인에게 임대를 주는 방법을 의미한다. 이렇게 하면 비교적 적은 자본과 소득으로 최대한 가치가 높은 아파트를 매수하는 것이 가능하다. 그렇다면 '거주와 투자의 분리' 전략을 시도하면 좋을 시점은 언제일까? 언제든지 누구나 이 전략을 사용할 수 있는 것은 아니다. 적합한 시점을 개인 입장과 시장 상황에서 알아보자.

첫 번째로, 전세가격과 매매가격의 차이만큼 자금은 모았으나, 실거주하여 원리금을 상환할 만큼에 비해 매월 소득이 충분하지 않은 상태일 때이다. 혹은 당장 비싼 아파트에 거주할 이유가 없는 상태일 때이다. 이런 경우 전세금을 활용하여 최소한의 자금만으로 투자가 가능하고, 주택담보대출을 일으키지 않으니 매월 큰 비용을 부담하지 않아서 좋다. 이후에 소득이 증가한다면 주택담보대출을 일으켜 전세금은 갚고, 원리금을 상환하면서 실제 거주를 할 수 있으니 내 집을 미리 사 두는 것과 같다.

두 번째로, 저렴한 월세에 거주하면서 추가 투자를 고려하고 있는 경우이다. 가처분 소득을 높이기 위해, 현 거주환경의 품질을 포기하고 적극적으로 돈을 저축하는 형태이다. 이 저축액을 통해 아파트를 투자처로 적극 활용하는 것이다. 리스크 관리와 투자 지식이 높은 사람이면 큰 수익을 거둘 수 있다.

두 경우 모두 거주와 투자를 분리하는 공통점이 있다. 단지 내 집을 마련하기 위함이냐 전문적으로 연쇄적 투자를 하느냐의 차이일 뿐이다.

② 시장 상황

거주와 투자를 분리하면 가장 좋은 시장 상황은 부동산 침체장 이후의 시점이다. 부동산 침체장을 겪고 나면, 매매수요보다 임대수요가 더 높기 때문에 전월세 구분 없이 임대료는 오르고 매매가격은 하락한다. 매매가격과 전세가격의 차이가 점점 줄어들기 때문에, 전세금을 활용한 투자 시

필요 자금도 점점 줄어든다. 시간이 지나 아파트 가격이 바닥을 다지고 상승세로 바뀌면 최소의 자금으로 최대의 효과를 볼 수 있다.

서울 기준 전세가격이 매매가격 대비 70% 이상, 그 외 수도권 및 광역시 등은 80%까지, 지방의 경우 90%까지 된다면 가장 이상적인 시점이다. 다만 각자의 경제상황과 투자지식 등에 따라 최적의 타이밍이 다를 수는 있다. 또, 침체장 이후에 반드시 위에 언급한 전세가율까지 올라온다는 보장은 없으므로 참고로 활용하기를 권한다.

③ '거주와 투자의 분리' 전략의 장단점

거주와 투자를 분리하면 좋은 점이 있다. 우선 나의 생활권과 관계없이 어떠한 지역에라도 투자가 가능하다는 점이다. 나는 월세로 직장 근처에 살면 되기 때문이다. 이 점 덕분에 단순히 실거주하려는 사람과는 다르게 전국의 아파트를 비교하며 최적화된 의사결정을 할 수 있다. 예를 들어 판교에 출퇴근하는 직장인이 월세로 용인의 빌라에 살면서 서울 양천구 목동에 미리 내 집을 소유할 수 있는 것이다. 선택의 폭이 훨씬 넓기 때문에 같은 1억 원을 쓰더라도 훨씬 더 높은 수익률을 가져올 수 있다.

그렇다면 단점은 무엇일까? 리스크 관리를 철저하게 해야 한다는 점이다. 매수하여 임대를 준 아파트의 전세가격이 떨어져 세입자의 보증금을 추가적으로 반환해야 할 경우, 단기적으로 자금 압박이 심해질 수 있다. **거주와 투자를 분리한 경우에는 내가 매수한 아파트의 전세가격이 떨어지면 반환해야 할 보증금까지 저축해 두어야 하는 문제가 생긴다.** 따라서 이 방법을 채택한 사람은 반드시 매수 이후 목돈 저축에 수년간 신경을 써야 할 것이다. 역전세가 발생할 것을 대비하기 위해 저렴한 월세에 거주해야 하며, 지출을 극단적으로 줄여서 돈을 저축해 두어야 한다. 전세 계약기간은 통상 최소 2년이니 그 기간 동안 혹시 모를 전세가격 하락에 대비한 저축을 계획하면 된다.

03 현명한 갈아타기 전략

한국에서 아파트 갈아타기만큼 쉽고 효율적인 자산 증식 방법도 드물다. 취득세, 보유세, 양도세 등 세금에 대한 특혜를 받을 수 있고, 실물자산을 보유하면서 거주 안정도 이룰 수 있기 때문이다. 이때 전략적 갈아타기를 하면 그렇지 못한 사람보다 훨씬 더 많은 자산을 확보할 수 있다.

예를 들어 A는 핵심지에 신축 아파트를 마련하느라 소득의 70% 이상을 주거비로 사용하고, B는 비핵심지에 구축 아파트를 마련하고 소득의 30%만 주거 비용으로 사용한다고 가정해 보자. B는 여윳돈이 많아 당장의 실생활은 더 풍족할 것이고 A는 매월 쪼들린 생활을 해야만 한다. 그러나 같은 기간 동안 B가 비핵심지의 구축 아파트에만 머무르고, A는 계속해서 새 아파트로 갈아타면서 20년간 소득의 70%를 아파트를 유지하느라 사용한다면 그 결과는 확연히 다르다. 2023년 기준 A의 아파트는 22억 원이고 B의 아파트는 4억 원이다. 이는 내가 직접 목격한 실제 사례이다.

위 예에서 어떠한 삶을 선택하는가에 정답은 없다. 이는 개인의 삶을 선택하는 문제이기 때문이다. A와 B 아파트 자산가치의 차액만 놓고 보면

18억 원이지만, 이를 위해 A가 20년을 아끼며 생활한 것도 고려해야 한다. **자산을 쌓아 간다는 것이 단순히 운과 시간만 지나면 저절로 이루어지는 것은 아니다.** 다만 자산을 확보하려는 투자자의 관점에서, A의 삶을 선택하려는 사람을 위해 현명한 전략과 염두할 점, 그리고 이를 실행하면 효과적인 시장 상황을 알아보자.

 ## 준비한 사다리보다 높으면 원숭이도 올라가지 못한다

갈아타기는 새로 거주할 집이 현재 거주하는 집보다 더 높은 가치를 지녀야 의미가 있다. 가치 상승은 재건축, 재개발과 같은 건물가치의 상승일 수도 있고, 더 좋은 곳으로 이동하는 입지가치의 상승이 될 수도 있다. 어떠한 형태로 이동을 하든 이전 아파트보다 다음 아파트의 미래가치가 더 높아야 한다. 그리고 그에 따른 대가를 돈으로 지불할 수 있어야 한다. 높은 곳으로 갈아타기를 하려면 계속해서 지출이 증가하기 때문이다.

그렇기 때문에 미래에 상급지로 갈아타기를 감안하고 중간 사다리 역할을 하는 아파트를 매수할 때는 사다리를 갈아타며 이동할 여력이 있는지를 잘 살펴야 한다. 쉽게 말하면 **미래의 시점에서, 내가 산 중간 사다리 역할을 하는 아파트와 목표로 하는 아파트 사이의 가격 차이가 적어야 한다.** 내가 목표하는 아파트가 미래의 어느 시점에서 너무 비싸지면 중간 사다리 역할을 하는 아파트를 팔고 목표한 아파트로 갈아타기가 불가능해지기 때문이다. 사다리의 길이가 짧으면 제아무리 튼튼한 사다리라도 더 올라가지 못하는 법이다.

두 아파트 간의 가격 차이가 줄어드는 것은 시장 상황이 갈아타기에 유리해서일 수도 있고, 지금의 내 아파트가 개발 이슈 등으로 인해 가격이 급격하게 상승하기 때문일 수도 있다. 어떠한 요인이 되었든 **하급지가 상급지의 가격으로 최대한 따라붙기 위한 상황과 근거가 필요하고, 이외에도 그 가격 차이를 메워 줄 수 있을 만한 자금이 필요하다.** 따라서 중간 사다리 역할의 아파트를 매수하려는 시점에서 미래의 시장 상황 변화와 두 아파트 간 가격의 차이가 어떻게 변할 것인가에 대해 면밀히 따져 봐야 한다. 그런 다음 내 자금을 최소화할 수 있는 선택을 해야 한다. 다음에 이어질 내용의 구체적인 사례를 통해, 위와 같은 전략을 취하는 방법에 대해 알아보자. 시간이 지날수록 더 높은 가격 상승을 할 수 있을 만한 개별적인 가치의 차이를 고려하고, 시장 상황에 따른 가격 변화가 초래하는 적절한 매수 시점에 대해 고려해 보자. 이를 통해 우리는 과거의 매수시점에서 미래를 위해 가장 효율적인 선택을 하는 방법에 대해 고찰할 수 있다.

1 개별 물건의 미래가치를 감안한 선택

사진 4-3에 두 아파트가 있다. 'ㄱ'과 'ㄴ' 아파트이다. 2018년 8월, A 씨는 인천에 있는 30평대의 'ㄱ'과 'ㄴ' 아파트 중에서 첫 집을 마련하고자 했다. 이때 A 씨는 이번 집 마련 이후의 갈아타기 상황까지 감안하고 있었다. 'ㄱ'과 'ㄴ'은 비슷한 입지의 아파트이나 약간의 연식 차이 및 가격 차이가 있었다. 'ㄱ'과 'ㄴ' 아파트의 상세 정보를 확인해 보고 어떤 것이 추후 갈아타기를 감안했을 때 더 나은 선택일지 고민하고 있었다. 이때 A 씨가 고려해야 할 것은 무엇일까?

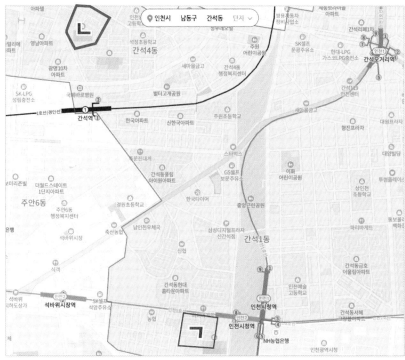

<사진 4-3> 'ㄱ', 'ㄴ' 아파트의 위치

(출처 : 네이버부동산)

2018년 8월 기준에는 'ㄱ' 아파트가 'ㄴ' 아파트보다 2천만 원 정도만 비쌌다. 하지만 2024년 1월 기준 매물의 호가는 'ㄱ' 아파트가 'ㄴ' 아파트보다 2억 원가량 비싸며, 실거래 최고 가격은 2억 1천만 원 정도 차이 난다. 보수적으로 보아도 두 아파트가 5년 만에 2억 원가량의 가격 차이가 나게 된 것이다.

만약 A 씨가 추후 갈아타기로 인천 송도를 고려하고 있었다면, 'ㄱ'을 선택한 경우에는 그간 저축한 자금과 'ㄱ' 아파트의 매도로 현재 충분히 갈아타기가 가능할 것이다. 하지만 'ㄴ'을 선택한 경우엔 쉽지 않다. 비슷한 가격의 두 아파트 중에서 'ㄱ' 아파트를 선택할 수 있는 안목이 이후의 주거지 자체를 뒤바꿔 버릴 수 있는 셈이다.

그럼 다시 질문으로 돌아가서 2018년 8월 당시 A 씨가 고려했어야 할 사항들에 대해 생각해 보자. 당시 상황은 인천 전 지역의 아파트가 오랜 기간 동안 가격 상승이 없었던 때이다. 이전 실거래가 정보를 조회했더라도, 어디가 어떻게 오를지 파악할 수 없었다. 당시에는 '인천 아파트는 오르지 않는다'라는 이야기를 흔히 들을 수 있었다. 많은 인천 아파트가 전세가격이 매매가격의 80%를 넘어섰으며, 심지어는 95%(지나치게 높은 전세가율은 오히려 매수를 원하는 수요가 적음을 뜻한다)에 달하는 아파트도 있었다. 역세권 대단지여도 그러한 사정은 비슷했다. 이런 상황에서 A 씨가 미래의 상황을 감안해 현명한 선택을 해야 했다. A 씨를 포함하여 우리는 이 상황에서 어떤 정보를 바탕으로 아파트를 선택해야 했을까?

<사진 4-4> 'ㄴ'의 주거지 환경   (출처 : 네이버부동산)

사진 4-4는 2018년 당시 'ㄴ'의 주거지 환경이다. 주거 환경이 깔끔할 뿐 아니라 초등학교, 중학교, 고등학교가 붙어 있어 자녀 교육도 편리하다. 도보로 3분 거리에는 여의도로 1시간 이내 도착 가능한 지하철 역도 있다. 당시 2억 8천만 원에 34평 아파트가 거래되었는데 가격에 비해 팬

찮은 주거 환경을 갖춘 셈이다.

<사진 4-5, 6> 두 아파트의 입지 비교 (출처 : 네이버부동산)

반면 'ㄱ'의 경우 초등학교도 상당히 멀리 떨어져 있으며, 임장을 한 결과 근처 주거환경도 'ㄴ'에 비해 깔끔하지 못한 것을 확인할 수 있다.

<사진 4-7> 'ㄱ'의 주거지 환경 (출처 : 네이버부동산)

물론 'ㄱ' 아파트 주변에 인천시청이 있고, 근처에 공원이 있다는 점도

좋지만 산 위에 지은 곳이라 주변 도로 경사가 매우 심하며 무엇보다 초등학교가 멀어 자녀가 있는 부모라면 부담되었을 것이다. 지하철 정거장이 가깝기는 하지만 인천 2호선으로, 서울로 직통하지도 않는다. 이러한 사정을 감안하면 2018년 이전에 'ㄴ' 아파트를 선택한 사람들의 입장도 십분 이해가 간다. 실거주 관점에서는 'ㄱ' 아파트에 비해 뒤처지는 점이 없기 때문이다. 따라서 투자 관점을 철저히 배제한다면 2천만 원 가격 차이는 합리적이었던 셈이다.

그러나 애초부터 갈아타기를 감안한 내 집 마련을 하는 사람이라면 어떨까? 갖은 고생을 해서라도 'ㄱ' 아파트를 선택하는 것이 'ㄴ' 아파트를 선택하는 것보다 현명한 선택이 됐을 것이다. 그 이유는 대체 무엇일까?

가장 큰 이유는 'ㄱ' 아파트가 'ㄴ' 아파트에 비해 주변 지역 개발과 아파트 자체의 정비사업 개발가치가 더 높기 때문이다. 앞서 이야기했던 것처럼 투자 관점을 철저히 배제하면 두 아파트 간의 가격 차이는 2018년에 그랬던 것처럼 2천만 원이 맞을 수 있다. 이때는 실거주가치만 가격에 반영되었을 때이다. 그러나 만약 투자 수요가 급증하는 시기가 도래한다면 두 아파트의 가격은 확연히 달라진다. 즉, 외지 투자자의 시선에서 봤을 때 'ㄱ' 아파트에 훨씬 더 투자 요소가 많은 것이다.

이렇게 투자가치까지 가격에 반영되면 두 아파트의 가격차는 급격하게 벌어진다. 그렇다면 왜 'ㄴ' 아파트보다 'ㄱ' 아파트가 투자가치가 더 높다고 평가받게 된 것일까?

첫 번째, 교통과 관련하여 'ㄱ'의 바로 앞에 GTX-B 노선이 2019년 12월 기본계획 수립을 위한 용역을 발주하면서 교통 개발에 대한 기대감이 확대되었다. 이러한 계획이 발표되기 전이었더라도, 교통 면에서 'ㄱ'을 고를 만한 이유가 있다. 해당 지역은 바로 옆에 인천시청과 같은 큰 관공서가 자리하고, 기존의 지하철 노선이 인천의 핵심지인 송도와 서울 방향에 걸쳐 있다. 'ㄱ'의 입지가 'ㄴ'의 입지에 비해 교통개발에 대한 가능성이 더 높을 것이라고 짐작할 수 있다. 우리가 앞서 배운 지역분석을 잘하면 이러한 점이 눈에 들어온다.

두 번째로 아파트별 상세 정보를 확인하여 'ㄱ'과 'ㄴ'의 대지 모양과 크기, 용적률을 비교하면 'ㄴ' 아파트에 비해 'ㄱ' 아파트가 정비사업(재건축)에 대한 논의가 나오기에 훨씬 유리하다는 점을 알 수 있다.

<사진 4-8, 9> 두 아파트의 대지 모양 비교   (출처 : 네이버부동산)

'ㄱ' 아파트는 대지의 모양이 직사각형에 가까워 아파트를 새로 짓기 좋은 조건에 속하지만 'ㄴ' 아파트는 오각형 모양인데다가 바로 옆에 아파

---

* 'ㄱ' 아파트 단지에서 오른쪽에 위치한 두 동은 정비사업 시 도로 등으로 공공에 기부하고 건축물 용적률을 높일 수 있으므로 아파트 건설 대지 부분만 직사각형으로 표시했다.

트 단지와 붙어 있어, 공사를 하기가 까다롭다. 또, 'ㄱ' 아파트는 재건축이 가능한 수준인 192%의 용적률이지만, 'ㄴ' 아파트는 재건축이 거의 불가능한 226%의 용적률인 점도 크다.

'ㄱ' 아파트 단지 정보

세대 수	760세대(총 8개 동)	저/최고층	12층/13층
사용승인일	1989년 05월 31일	총주차대수	-
용적률	192%	건폐율	17%

'ㄴ' 아파트 단지 정보

세대 수	390세대(총 6개 동)	저/최고층	15층/15층
사용승인일	1991년 08월 28일	총주차대수	390대(세대당 1대)
용적률	226%	건폐율	12%

🔺 두 아파트의 용적률 비교   (출처 : 네이버부동산)

정리하면 A 씨가 2018년 8월 당시 고려했어야 하는 사항은 다음과 같다.

- **투자 요소를 고려하라** : 실거주가치뿐 아니라 미래의 투자 가수요를 고려하면 두 아파트 간의 가격 차이가 어떻게 변할 수 있을까? 실거주 환경 자체는 'ㄴ' 아파트가 더 좋다고도 볼 수 있으니 말이다.
- **개발가치를 고려하라** : 교통망, 도시를 개발하려는 계획자들의 입장에서 'ㄱ'과 'ㄴ' 중 어떤 위치가 더 높은 사업성을 가지는가? 혹은 정책적, 정치적인 입장에서 유리한가?
- **토지가치를 고려하라** : 아파트가 가진 토지의 모양과 크기, 건축물의 용적률 등을 추후 정비사업과 연관 지어 고려하면 어느 쪽이 더 유리한가?

갈아타기를 감안한 매수는 시장이 바라보는 투자가치와 시장 참여자의 변화, 도시 및 교통 개발, 장기적 관점에서의 토지가치를 고려해서 미래의 모습을 그려 보고 결정해야 한다. 시작부터 잘해야 하는 것이다. 첫 선택을 얼마나 논리적이고 합리적으로 하느냐에 따라 서두에서 이야기한 것처럼 누군가는 22억 원의 집에서 살고, 누군가는 4억 원의 집에서 산다.

2 시장 상황을 감안한 선택

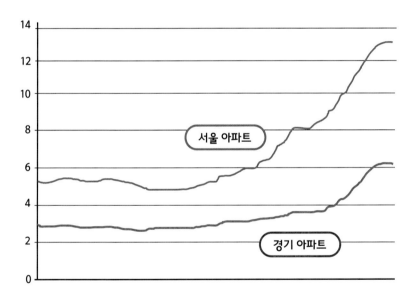

🔺 2008~2022년 서울, 경기 아파트 평균값(단위 : 억 원) (출처 : KB부동산 통계 데이터 기반 가공)

위 차트는 2008년에서 2022년까지의 서울과 경기 아파트 평균 가격을 나타낸다. 상승장에서는 서울과 경기 아파트 가격의 격차가 벌어지고, 침체장에서는 줄어드는 것을 확인할 수 있다.

갈아타기의 본질은 상급지로 이동하여 자산가치 상승을 노리는 것이다. 이를 위해서는 상급지와 내 집 간의 가격 차이가 내 자금으로 감당할 수 있는 정도여야 한다. 그러기 위해서는 앞선 사례와 같이 개별 물건의 미래가치를 고려하여 선택해야 함은 물론이고, 시장 상황에 따른 가장 좋은 타이밍을 미리 알고 있는 것도 중요하다. 과연 어떤 시장 상황이 상급지로 갈아타기가 가장 좋을까?

많은 사람들이 부동산 상승기에 갈아타기를 하려고 한다. 상급지의 가격이 먼저 오르는 데다가 절대금액도 훨씬 더 많이 올라가기 때문에 마음이 급해지는 것이다. 반면 부동산 침체기에는 갈아타기 수요가 많지 않다. 내 집을 급매가격에 매도하고 상급지의 아파트를 돈을 더 주고 매수하기에는 심리적 부담이 크기 때문이다. 이 외에 중개보수나 이사비용 등 거래비용에 대한 부담, 부동산 침체에 대한 비관적 전망도 망설이게 하는 요인이다. 그러나 갈아타기를 하기에 가장 현명한 시장 타이밍은 부동산 침체기이다.

부동산 침체기에는 투자가치보다는 실거주가치에 대한 평가가 우선한다. 상승기에 있던 투자 수요가 줄어들기 때문이다. 때문에 투자가치는 저평가받는 시기이고 이는 기대감이 많았던 상급지에 더 큰 가격 하락을 촉발한다. **하급지는 투자가치에 대한 기대감이 상급지에 비해 적기 때문에 절대적인 가격(가격하락률이 아닌 고점 대비 하락한 총금액)도 비교적 적게 빠진다.** 하락률(%)로 따지면 상급지가 적게 빠지는 것처럼 보일 수도 있으나 절대금액으로 비교하면 상황이 달라진다.

예를 들어 부동산 침체장에서 A 아파트가 6억, B 아파트가 2억이라고 하자. 이후 호황장이 와서 동일한 상승률(100%)을 기록하면 A 아파트는 12억, B 아파트는 4억이 된다. 절대가격의 격차가 8억 원으로 벌어진다. 이후 다시 침체장이 돌아와 동일한 하락률(-33%)을 기록하면 A 아파트는 8억, B 아파트는 3억 정도로 절대가격의 격차가 5억 원으로 줄어든다. 이러한 일이 계속 반복되는 식이다.

이런 일이 반복되는 이유는 아파트가 투자가치뿐 아니라 실거주에 대한 가치도 가지고 있기 때문이다. 시장 경제가 비관적인 상황에서도 적당한 가격이 되면 실거주하기 위해 매수를 원하는 수요가 생긴다. 실거주가치가 투자가치에 비해 가격 평가 요인으로 비중이 높아질수록 투자가치에 대한 가격은 줄어든다. 이때가 바로 침체장이다. 따라서 침체장이야말로 상급지로 갈아타기에 좋은 조건이 된다.

고수는 결국
재건축과 재개발로

재건축과 재개발은 도시 및 주거환경정비법(이하 도정법)이 적용된다. 주택법과 크게 다른 점은 **행정부의 지정과 인허가가 사업 진행에서 중대한 역할을 차지한다**는 점이다. 도정법은 건축법과 더불어 상당히 권위적인 법이다. 쉽게 말하면 나라에 허락받을 부분이 많거나, 나라가 운을 떼 주어야 시작이라도 해 볼 수 있다.

법 자체가 상대적으로 권위적인 만큼 도정법에서는 **허가권자, 요청자, 허가절차, 효력상실기간 등 주체와 기간, 절차 등이 중요**하다. 따라서 아무 생각 없이 투자를 할 수 있는 분야가 아니다. 재개발 투자를 생각 없이 하면 낙후지역에 반지하 빌라를 사서 십수 년째 개발 진전 없이 자금이 묶여 있는 경우가 발생한다. 이렇게 되면 유주택자가 되어 청약, 세금 등에 있어서 여러모로 불리하고, 투자가치가 없어 잘 팔리지도 않는다.

흔히들 재개발은 20년, 재건축은 10년을 봐야 한다고 이야기한다. 크게 틀린 말도 아니다. 다만 재개발·재건축 투자가 꼭 빌라일 때부터 사서 아파트 완공 시까지 모든 사이클을 겪어야 하는 것도 아니다. 오히려 시장을 잘 읽으면 몇 개월 만에 높은 수익을 거두는 것도 가능하다.

도정법을 배울 때는 재개발·재건축 가능성, 지정구역 현황, 구역별 단계, 사업성 등 다양한 공부가 필요하다. 그중에서 가장 중요한 것은 정비사업 절차이다. 정비사업 절차를 이해하면 투자 통찰력을 얻을 수 있고, 수익과 리스크도 저울질해 볼 수 있다.

재건축과 재개발의 절차

1 재건축

재건축은 주거환경은 양호하나 주거 기능에 회복이 필요한 경우 시행된다. 연한이 오래된 저층형 아파트나 연립주택 등 소유자들의 합의를 통해 이루어지며, 지가가 상당히 높은 곳은 1:1 재건축(세대 수가 거의 늘어나지 않는 재건축)을 시행하기도 한다. 재건축의 절차는 다음과 같다.

단계	사업준비단계			사업시행단계		관리처분단계			사업완료
내용	기본계획수립	★안전진단	추진위승인	조합설립인가	사업시행인가	분양공고및 신청	관리처분인가	철거 및 착공	준공 및 입주
리스크	매우 높음			높음		낮음			없음
수익성	매우 높음			높음		낮음			낮음
기간	약 10년 남음			약 5년 남음		약 3년 남음			완료
주의사항	기간의 경우 사업이 문제 없을 경우에 걸리는 기간이며, 재건축 사업지마다 큰 차이가 있다.								

아파트 재건축 절차 중 인허가와 크게 연관되는 것은 안전진단이다. 안전진단 실시 결과, 2/3 이상의 주택이나 주택단지가 재건축 판단을 받은 지역이어야 다음 단계로 넘어갈 수 있기 때문이다. 안전진단은 A~E등급으로 나뉘며, A~C등급은 재건축을 할 수 없고, E등급은 곧바로 재건축을 진행할 수 있다. D등급을 받을 경우 조건부 재건축이므로 국토안전관리원, 한국건설기술연구원 등 정부가 지정한 기관에서 2차 안전진단을 받아야 한다. 윤석열 정부 들어 2차 안전진단의 비중이 하향 조정되어 2023년 1월 이후 완화 수순을 밟고 있지만 매수하려는 아파트의 안전진단 실시 여부를 반드시 조합측에 확인하는 것은 필수이다.

2 재개발

재개발은 주거환경이 열악하며 주거, 상업, 공업, 녹지 기능 전반적으로 회복이 필요한 경우 시행된다. 통상 연한이 오래된 빌라, 단독주택촌을 정부가 구역으로 지정하여 개발이 시작된다. 인프라를 포함한 해당 지역 일대가 전체적으로 새롭게 개발되기 때문에, 어떤 부동산 투자보다도 수익률이 높은 편이다. 그만큼 리스크도 높고, 규제사항이 까다로우며 개발 기간이 길다. 조금 과장하면 재개발은 20년, 30년이 걸리기도 한다.

단계	사업준비단계			사업시행단계		관리처분단계			사업완료
내용	기본계획 수립	★정비구역 지정	추진위 승인	조합설립 인가	사업시행 인가	분양공고 및 신청	관리처분 인가	철거 및 착공	준공 및 입주
리스크	매우 높음			높음		낮음			없음
수익성	매우 높음			높음		낮음			낮음
기간	약 20년 남음			약 10년 남음		약 5년 남음			완료
주의사항	기간의 경우 사업이 문제 없을 경우에 걸리는 기간이며, 재개발 사업지마다 큰 차이가 있다.								

재건축과 재개발 절차는 거의 비슷하다. 안전진단과 정비구역지정에 대해 표기한 이유는 재건축은 안전진단의 통과 여부, **재개발은 정비구역 지정이 사업 시작의 핵심요소이기 때문이다.** 정비구역이 지정되려면 아래와 같은 요건이 충족되어야 한다.

정비구역지정 요건

노후·불량건축물이 **해당 지역 안에 있는 건축물 수의 3분의 2 이상**이고, **면적이 1만 제곱미터**(도시계획위원회가 심의하여 인정하는 경우에는 5천 제곱미터) **이상**으로서 다음 각 호의 어느 하나에 해당하는 지역

- 구역의 전체필지 중 과소필지가 40% 이상인 지역
- 주택접도율이 40% 이하인 지역(단, 법 제3조 제6항에 따라 이 조례 시행 전에 고시된 2010 도시·주거환경정비기본계획상 주택재개발예정구역인 경우에는 50% 이하인 지역으로 한다)
- 호수밀도가 60 이상인 지역

 재건축 · 재개발의 조합원 지위 양도

정비사업이 진행되고 있는 현장에서 기존의 조합원으로부터 조합원 지위를 매수하는 것을 입주권 매수라고 한다. 입주권이란 말 그대로 현장의 공사가 완료되면 그 새로운 아파트에 입주할 수 있는 권리를 뜻한다. 즉, 정비사업을 통해 지어질 아파트를 사는 것과 마찬가지이다. **다만, 일반 아파트를 유형의 재산 상태로 매수하는 것과는 다르게, 정비사업 현장의 토**

지를 매수하여 새 아파트에 입주 가능한 권리를 부여받는 것이므로(기존 건물은 철거되고 현재 공사 중인 토지의 상태이기 때문에), 이 권리가 완전하게 본인에게 이전되어 새 아파트를 받을 수 있는 지위가 충족되었는가를 반드시 확인하여야 한다. 그리고 이러한 정비사업 현장이 투기판이 되는 것을 방지하고자 정부는 일부 해당 지역에 조합원 지위 양도를 금지하는 규제를 시행하고 있다. 따라서 잘 모른 채 투자를 하면 큰 돈만 들이고 새 아파트를 받지 못한 채 현금청산(조합에서 해당자에게 새 아파트 입주를 거부하고 권리가액만큼만 현금으로 돌려주는 것)당할 수 있으므로 권리 양도상의 문제가 없는지 스스로 판단할 줄 알아야 한다.

아래의 지위 양도 불가인 상태의 입주권을 매수하면 현금청산당하므로 주의하자.

투기과열지구 내 재건축 : 조합설립인가 이후 입주권 매수 시, 조합원 지위 (양도 불가)

투기과열지구 내 재개발 : 관리처분계획인가 이후 입주권 매수 시, 조합원 지위 (양도 불가)

* 앞서 공부했던 정비사업 절차를 확인하며, 재건축 및 재개발을 각각 언제 매수하면 되는지 확인하면 좋다.

예외(무조건 권리 양도가 가능한 경우)

◆ 매도하려는 조합원이 상속, 이혼, 생업, 질병, 해외 이주 사유로 매도하는 경우

◆ 매도하려는 조합원이 1세대 1주택자이며 소유 기간 10년 이상이면서 거주를 5년 이상 한 경우

여기서는 투기과열지구 내에 재건축과 재개발별로 조합원 지위의 양도 가능 시기가 다르다는 점을 기억하면 된다. 또한 매도자가 1세대 1주택자

이면서 10년 이상 소유, 그리고 5년 이상 거주했다면 어떠한 경우에도 권리 양도가 가능하므로 이를 파악하여 입주권을 매수하면 된다. 이를 알아보기 위해서는 공인중개사의 도움을 받아, 매도인의 주민등록초본과 등기사항증명서를 발부받으면 된다.

조정대상지역이나 비규제지역은 권리 양도제한이 없으니 해당 지역에서 원하는 입주권이 있다면 사업 시기와 관계없이 조합원 지위를 양도받을 수 있다.

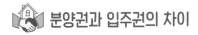 **분양권과 입주권의 차이**

구분	분양권	입주권
권리 발생	청약 당첨 후 계약 시	관리처분계획 인가 이후
청약통장	필요	불필요
취득세	없음	토지에 대한 취득세 4.6%
재산세	없음	토지에 대한 재산세
양도세	70%	경우에 따라 다름

정비사업에 투자하려면 입주권과 분양권의 차이를 명확하게 이해하는 것이 중요하다. 청약은 누구나 관심이 있고 접하거나 이해하기가 쉬운 반면, 이와 비슷한 입주권에 대한 관심과 경험은 적다. **입주권이란 이 권리를 근본으로 하는 토지(대지권)를 거래한다는 개념이다.** 대지권에 대한 매매의 개념이기에 입주권을 거래할 때는 토지 취득세를 낸다. 분양권 매수는 취득세가 없지만 입주권 매수는 취득세를 납부해야 하는 이유이다. 그

외에도 매해 토지에 대한 재산세를 납부해야 하므로 사업기간이 길어질수록 재산세를 지속 납부해야 한다는 단점이 있다. 다만, 입주권으로 유효한 대지권의 크기는 10평 정도이기 때문에 재산세가 부담스러운 정도는 아니다.

입주권에 대한 이해가 필수적인 이유는, 입주권은 분양권과 다르게 당첨이라는 운이 필요하지 않기 때문이다. **입주권은 기존 조합원으로부터 권리를 이전받기 때문에 계약하여 돈을 지불하고, 적절한 절차만 거치면 무조건 새 아파트는 내 것이 된다.** 반면 분양권은 청약자 중 일부만 당첨되어 아파트를 분양받기 때문에, 나의 의지와 상관없는 결과가 나오는 경우가 많다.

입주권과 분양권이 또 다른 점은, **입주권은 정비사업 전반에 걸쳐 형성되는 권리인 반면, 분양권은 분양 공고 이후 청약 절차를 완료하여야만 형성되는 권리라는 점이다.** 즉, 입주권은 분양 이전부터 매수가 가능하고 분양권은 사업 막바지의 아파트 공사기간에 걸쳐 생성되므로 시기적으로도 차이가 난다. 그뿐만 아니라 기존 조합의 입주에 대한 권리가 보통 분양권의 권리보다 우선시되므로, **입주권을 통해 입주한 호실이 일반 분양을 통해 입주한 호실에 비해 기존 옵션이 좋은 경우가 많다.** 예를 들면 확장비 무료, 중문 무료 설치, 에어컨 무료 설치 등 기존 조합에 대해 메리트를 부여하는 경우이다.

재건축·재개발 정비구역 지정 현황

2024년 기준 서울과 경기도의 정비 사업장은 1,000개가 넘는 것으로 확인된다. 하나하나 다 알아보려면 하루에 세 곳을 방문하여도 1년가량이 걸릴 만큼 많다. 따라서 재건축·재개발 구역을 각각 소개하는 것보다는 정비구역 지정 현황과 사업 현황을 직접 확인할 수 있도록 가이드를 소개하려 한다.

〈사진 4-10〉 서울시클린업에서 정비사업 검색하기 　　　　　　　　 (출처 : 서울시클린업)

재건축 재개발의 핵심지인 서울의 경우 클린업시스템(https://cleanup.seoul.go.kr)에서 확인할 수 있다. 재건축, 재개발 등 항목을 클릭하고 검색을 클릭하면 다음과 같은 리스트가 나온다.

번호	자치구	사업구분	사업장명	대표지번	진행단계	공개자료수 (최근자료)	공개적시성 (전체자료)	자료충실도	이동
629	강남구	재건축	개포주공3단지아파트 재건축정비 사업 조합	개포동 138	조합해산	1711건	0.0%	99.75%	사업장 지도
628	강남구	재건축	개포주공6,7단지아파트 재건축정 비사업조합	개포동 185	조합설립인가	2061건	100.0%	100.0%	사업장 지도
627	강남구	재건축	개포주공5단지아파트 재건축정비 사업 조합	개포동 187	조합설립인가	586건	100.0%	100.0%	사업장 지도
626	강남구	재건축	개포주공4단지아파트 재건축정비 사업 조합	개포동 189	관리처분인가	1721건	100.0%	100.0%	사업장 지도
625	강남구	재건축	개포현대1차아파트 재건축정비사 업 조합설립추진위원회 구성 전	개포동 653	정비구역지정	7건	-	-	사업장 지도
624	강남구	재건축	개포시영(아) 주택재건축정비사업 조합	개포동 656	조합해산	2649건	0.0%	99.89%	사업장
623	강남구	재건축	개포시영아파트 쿵심상가 재건축정 비사업조합	개포동 656-3	착공	668건	33.33%	99.8%	사업장 지도
622	강남구	재건축	개포우성6차아파트 재건축사업	개포동 658-1	추진위원회승 인	2건	0.0%	2.2%	사업장

〈사진 4-11〉 서울시 정비사업 리스트   (출처 : 서울시클린업)

여기서 각각의 '사업장'을 클릭하면 해당 정비사업의 홈페이지로 이동하여 상세한 사업 현황을 확인할 수 있다. 이러한 확인 작업이 중요한 이유는 다음과 같다. 재건축 재개발과 같은 정비사업 투자는 현재는 낡은 주택, 정돈되지 못한 환경을 갖춘 곳에서 시작하기 때문에 미래를 보고 투자하는 것이다. 그런 만큼 현재 진행 사항에 대한 '팩트 체크'가 그 어떤 투자보다 중요하다. 따라서 제3자가 홍보를 위해 좋은 말만 적어 놓은 홍보글이나 객관적 증거가 없는 루머 따위를 믿고 투자하는 행위는 금물이다. 반드시 위와 같이 신뢰할 만한 정부 부처에서 제공하는 데이터를 직접 확인하여, 미래에 발생할 수 있는 리스크를 최소화하도록 하자.

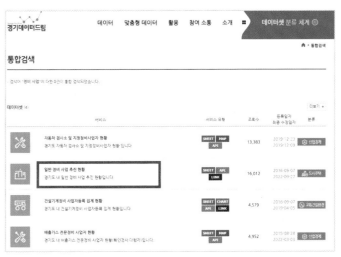

〈사진 4-12〉 경기도 정비사업 확인하기 (출처 : 경기데이터드림)

경기도의 경우 경기데이터드림(https://data.gg.go.kr) 사이트에서 '정비 사업'을 검색하면 위와 같은 리스트가 나온다. 해당 리스트에서 '일반 정비 사업 추진 현황'을 클릭하면, 아래와 같은 리스트가 나온다. XLS를 클릭하면 엑셀 파일로 다운로드받아 자료를 확인할 수 있다.

- 항목명을 클릭하면 데이터 정렬이 가능합니다.(▲ 오름차순, ▼ 내림차순) 파일변환저장 XLS ▸ CSV ▸ JSON ▸ XML ▸ TXT ▸

번호	시군명	사업단계	사업유형	정비구역명	위치	구역면적(㎡)	(기존주택)준공…	(기존주택)동수	(기존주
1	고양시	조합설립	재건축	행신 II-1구역	경기도 고양시 행신동 173-1	13,062	1980~2003	13	
2	고양시	준공	도시환경	관산1차	경기도 고양시 관산동 178-52	6,986	1987	21	
3	고양시	준공	재건축	일산 II-1구역(탄	경기도 고양시 탄현동 28	23,728	1989	13	
4	고양시	준공	재건축	원당주공2단지	경기도 고양시 성사동 715	77,755	1986	37	
5	고양시	착공	재건축	능곡 2-1(능곡연합	경기도 고양시 덕양구 토당동 251-1	33,263.1	1985	45	
6	고양시	예정구역	재개발	행신 I-1구역	경기도 고양시 행신동3동 222	29,320	1980~2012	84	
7	고양시	조합설립	재개발	고양 I-1구역	경기도 고양시 덕양구 고양동 22-2	24,500	1970~2004	45	
8	고양시	조합설립	재개발	일산 I-2구역	경기도 고양시 일산동 960-16	17,738	1940~2001	9	
9	고양시	예정구역	재건축	관산 II-1구역	경기도 고양시 관산동 178-57대	16,404	1980~1992	8	
10	고양시	준공	재건축	주교성사1단지	경기도 고양시 덕양구 성사동 869	66,998	1986	35	
11	고양시	사업시행	재개발	고양 I-2구역	경기도 고양시 덕양구 고양동 92-1	16,154	1980~1995	14	
12	과천시	준공	재건축	주공7-2단지	경기도 과천시 별양동 3	31,967	1982	11	

12 / 427

〈사진 4-13〉 경기도 검색사업 리스트 (출처 : 경기데이터드림)

 데이터 활용을 통한 투자 인사이트

구분	기존 준공연도	기존 세대 수	조합원 분양 수	일반 분양 수	신축 세대 수	(기존) 용적률	(신축) 용적률	사업완료 예정기간
평균값	1988년	904 세대	773 세대	417 세대	1,191 세대	179%	277%	12년

이는 재건축 중인 133개 사업장의 통계를 통해 직접 정리한 데이터이다. 이를 확인하면, 재건축에 대한 여러 가지 투자 인사이트를 얻을 수 있다.

우선 현재 재건축 중인 133개 사업장의 기존 주택 준공 연도 평균값은 1988년으로, 대략 35년 된 아파트들이 많다는 것이다. 기존 세대 수 904세대에 비해 신축 세대 수는 1,191세대로 재건축을 통해 세대 수가 30% 이상 증가하는 것을 확인할 수 있다. 또, 재건축을 하는 기존 아파트의 용적률은 179%로, 용적률 180% 미만이 확실히 사업성에서 유리하다는 것을 알 수 있다. 사업기간은 평균 12년 정도가 소요되었다. 통상 '재건축은 10년이다'라는 말이 완전히 틀린 말은 아니라는 것을 통계가 증명하고 있다.

저 표를 외우기만 해도 재건축 투자에서 큰 효과를 얻을 수 있을 것이다. 재건축이 실제로 진행되는 아파트의 조건과 현재 진행 상황을 통해 남은 사업 기간을 가늠하고 있을 테니 말이다. 그뿐만 아니라 내가 투자하려는 물건과 비교하면서 어떠한 조건에서 장점과 단점이 있는지 쉽게 비교해 볼 수 있다. 더하여 305p에서 소개한 '재건축·재개발 정비구역 지정 현황'을 자세히 확인하면서 투자를 결정한다면 더욱 안전하게 투자할 수 있을 것이다.

5장

실전 경험에서 배운
부동산 투자
핵심 정보

들어가며

우리는 지금까지 아파트의 본질적인 가치를 탐구하는 방법에 대해 알아봤다. 운동선수로 비유하자면 어떠한 운동이든 가능하도록 기초 체력과 신경계를 발달시킨 셈이다. 이제 이러한 능력을 바탕으로 구체적인 기술까지 습득한다면 기초부터 기술까지 갖춘 훌륭한 선수가 될 수 있을 것이다. 마지막 장을 통해 기술적인 능력까지 갖추어 실전에서 강한 투자자로 거듭나는 훈련을 해보자.

이 장에서는 직접 부동산 투자를 하면서 경험한 실전 정보를 담았다. 처음에는 아파트를 경매하는 방법에 대해 알아볼 것이다. 아파트 법원경매는 절차만 알면 어려운 것이 없어 누구나 도전할 수 있는 분야이다. 그 이후 민간시장에서 존재하는 사경매에 대한 내용도 다룰 것이다. 사경매는 아는 사람이 극소수라서 경쟁률이 낮다. 이를 통해 나도 보석과 같은 기회를 잡을 수 있었다. 이후 대규모 신도시 혹은 도시개발사업 투자에 유용한 개발 정보를 파악하여 투자에 활용하는 방법을 담았다. 그다음으로 전략적인 청약 방법을 함께 사용한다면, 신도시의 청약 경쟁률을 높여 분양권 투자를 하는 데 보탬이 될 것이다. 마지막으로 초보자가 투자하면 망하는 부동산 TOP10 유형에 대해 다루었다.

이번 장에서 내가 직접 경험한 것을 토대로 한, 자산을 효과적으로 축적하고 지키는 방법을 터득해 더욱 풍요로운 삶을 누리길 기원한다.

아파트 법원경매, 기본은 알고 가자

법원경매(이하 경매)는 부동산 침체기에서 빛을 발하는 방법이다. 부동산 침체기에는 유찰(경매에서 누구도 입찰하지 않는 경우)로 인해 입찰가가 하락할 뿐만 아니라 경쟁자도 적기 때문이다. 부동산 투자를 전문적으로 하는 고수들은 이런 때를 노린다.

경매라는 단어를 처음 들으면 일반인이 하기에 어려운 것 아닌가? 하는 의구심을 가진다. 경매는 결코 어려운 것이 아니다. 실제로 어려운 것은 부동산 자체의 본질적 가치를 파악하는 활동이다. 하지만 **아파트는 주변 시세와 본질적 가치에 대한 파악이 비교적 쉽기 때문에, 약간의 권리분석과 입찰 절차 정도만 숙지하여도 충분히 아파트 경매에 참여할 수 있다.** 아파트 경매는 학원 강의를 들어야 할 정도로 어려운 점이 크게 없다. 권리분석을 잘한다면 당연히 더 높은 수익을 올릴 가능성이 증가하겠지만, 전문가 수준만큼 잘해야만 수익을 올리는 것은 아니기 때문이다. 아파트 경매 입찰은 이 책에서 다루는 내용만으로도 충분히 배울 수 있을 정도이다.

경매는 방법과 절차만 알면 누구든 도전해 볼 수 있는 분야이다. 대단히 복잡하고 기술적인 전문가들의 투자 영역이 절대 아니다. 경매가 반드시 더 나은 수익을 보장하는 것은 아니지만, 비교적 높은 진입장벽과 유찰 제도 덕분에 물건을 감가에 취득할 기회를 얻을 수 있으니 아파트 경매 정도는 반드시 배워 두기를 권한다. 아파트의 본질적 가치를 볼 줄만 알면 절차는 너무나 쉽다. 이 장에서 경매에 접근하기 위해 꼭 알아야 할 경매 절차와 약간의 팁 정도를 전달하겠다.

🏠 경매 절차

경매 절차는 크게 다음과 같다.

> ❶ 집행권원 혹은 담보권에 의한 경매 신청 → ❷ 경매 개시 결정 및 매각 준비 →
> ❸ 매각 기일(입찰) 공고 → ❹ 입찰 실시 → ❺ 매각 허가/불허가 결정 →
> ❻ 항고 기간 → ❼ 대금 납부, 인도명령신청 → ❽ 배당 및 소유권 이전등기 →
> ❾ 인도명령 → ❿ 명도소송

1 집행권원 혹은 담보권에 의한 경매 신청

집행권원에 의해 경매가 시작되면 강제경매라 말하고, 담보권 실행으로 인한 경매는 임의경매라고 한다. **집행권원은 판결, 지급명령, 조서, 강제집행이 허락된 공증문서 등에 의한 권리회수의 원인을 뜻한다.** 쉽게 설명하면 약속을 지키지 못한 집주인의 집을 정당한 권한을 받아 법원이 매각할 수 있도록 정당성을 부여하는 것이다. 담보권이란 은행, 채권자가 설정한 저당권 등 채권과 관련해 담보로 한 권리를 뜻한다. 이런 채권자의 채권만족이 이루어지지 않을 때, 담보 물건을 매각하고 매각 대금으로 채권을 회수하기 위해 강제경매/임의경매를 신청하게 된다.

2 경매 개시 결정 및 매각 준비

집행권원 또는 담보권을 확인한 법원은 해당 물건에 대한 경매 개시를 결정하고 경매개시결정 기입 등기를 촉탁(등기소에 경매가 개시된다는 등기를 등기부에 기록하도록 부탁하는 것)한다. 이후 현행조사관을 파견하여 경매 대상이 되는 물건에 대한 현황조사, 감정평가, 매각물건 명세서 등을 작성하여 매각을 준비한다. 이 과정은 최소 6개월이 소요된다.

3 매각 기일(입찰) 공고

법원의 매각 준비가 완료되면 매각 기일, 즉 입찰일을 공고한다. 공고는 법원의 홈페이지 또는 민간에서 만든 경매정보사이트 등에서 확인할 수 있다.

4 입찰 실시

매각 기일이 공고된 후 14일이 되는 날에 입찰을 실시한다. 주로 오전 10시 정각에 입찰을 실시한다. **해당 법원에 당일 오전 9시 정도에 도착해 여유롭게 서류를 점검하고 마지막 등기부등본을 열람해 보는 것은 필수이다.** 당일 마지막 등기부등본을 열람하는 이유는 입찰 기일이 다가오는 14일 동안 권리상 변동사항이 없는지 재점검하기 위해서이다.

법원	지원	입찰시간	입찰마감시간
서울	중앙/동부/서부/북부법원	10:00	11:10
	남부지방법원	10:00	11:20
인천	인천지방법원	10:00	11:20
	부천지원		
수원	수원지방법원	10:30	11:40
	안산/평택/안양지원		
	성남/여주지원	10:00	11:10
의정부	의정부지방법원	10:30	11:50
	고양지원	10:00	11:20
강원	춘천지방법원	10:00	11:00
	강릉/속초/영월지원	10:00	11:10
	원주지원	10:00	11:20
청주	청주지방법원	10:00	11:30
	충주/제천지원		
	영동지원	10:30	11:20
대전	대전지방법원	10:00	11:30
	홍성/논산/공주/서산지원		
	천안지원	10:00	11:10
전주	전주지방법원	10:00	11:30
	정읍/남원지원		
	군산지원	10:00	11:40
광주	광주지방법원	10:00	12:00
	목포지원		
	순천/해남지원	10:30	11:30
	장흥지원	10:00	11:30

	대구지방법원	10:00	11:10
대구	안동/경주/의성/포항/서부지원		
	김천지원	10:30	11:40
	상주지원	10:00	12:00
	영덕지원	10:00	11:00
창원	창원지방법원	10:00	11:10
	진주/거창지원	10:00	11:30
	통영지원	10:00	11:20
	밀양지원	10:00	11:40
울산	울산지방법원	10:00	11:30
부산	부산지방법원	10:00	11:20
	동부/서부 각 지원		
제주	제주지방법원	10:00	11:30

🔺 법원별 입찰시간 및 마감시간

입찰 보증금은 최저 매각가격(첫 입찰 시에는 법원에서 감정평가를 통한 가격, 이후 입찰 시에는 감가된 가격)의 10%이며 수표 한 장으로 준비한다. 보통 법원 내부에 신한은행이 있으므로 일찍 도착해 당일 오전에 수표를 준비하여 매수신청 보증금 봉투에 담아 제출하면 된다. 해당 봉투는 법원에 모두 비치되어 있다. 다만, 입찰 서류는 집에서 양식을 프린트하여 가져가도 유효하므로 입찰표를 미리 작성한 뒤 신중하게 검토한 다음에 같이 챙겨 가도록 하자.

입찰자 중 최고가격으로 입찰한 자가 낙찰받으며, 아무도 입찰하지 않을 경우에는 유찰된다. 아무도 입찰하지 않아 유찰된 경우, 경매 물건의 소재지에 따라 20~30% 저감된 가격으로 새매각을 진행한다.

5 매각 허가/불허가 결정

낙찰이 결정되면 법원은 경매 과정과 물건에 대한 문제가 없었는지 확인하기 위해, 낙찰 후 7일 정도 시간을 두고 매각 허가/불허가 여부를 결정한다. 만약 법원에서 고지하지 않았던 물건의 하자가 발견되면 낙찰자는 법원에 불허가 신청을 할 수 있으며, 불허가될 경우 새매각을 진행한다. 불허가로 새매각을 진행할 경우에는 최저 매각가격이 저감되지 않는다. 바로 이전에 진행된 최저 매각가격으로 다시 입찰이 진행된다.

> **TIP**
>
> 새매각: 유찰, 불허가, 허가취소 등으로 새롭게 매각이 진행되는 것
> 재매각: 낙찰이 되었다가 대금 미납에 의해 다시 매각이 진행되는 것

6 항고 기간

매각 허가가 결정되면 다시 7일간 항고를 할 수 있는 기간을 준다. 이유는 법원이 타인 소유의 물건을 강제로 매각시켜 채권을 만족시키는 것이기 때문이다. 억울한 사람이 생기면 안 되므로 신중을 기하는 것이다. 매각 허가에 대해 항고하려면 매각 대금의 10%를 보증금으로 걸고 해야 하므로 통상 불허가가 나지 않는 이상 항고를 하는 경우는 드물다.

7 대급 납부, 인도명령신청

항고 기간이 끝나면 약 14일간 대금을 납부하는 기간을 준다. 대급 납부 기한 중에는 언제든 잔금을 지급해도 상관 없다. 다만 낙찰자는 대금 납부 이전까지는 소유권이 없으므로, 낙찰이 되었다 해도 아직까지 진정

한 주인은 아니다. 이 기한 내에 잔금을 납부하지 않을 경우 낙찰자의 권리와 입찰보증금은 사라지며, 법원은 재매각에 들어간다.

실무상 잔금 납부 및 등기를 진행하면서 법무사에게 인도명령신청까지 함께 해 달라고 하는 것이 좋다.

8 배당 및 소유권 이전등기

대금이 완납되면 법원은 채권자들에게 배당을 한다. 이제 낙찰자는 소유권 이전등기를 한다.

9 인도명령

점유자와 협의가 안 될 경우 법원의 인도명령을 근거로 하여 협의를 이끌어 낼 수 있으므로 어떤 경우라도 인도명령신청(법원이 채권자로부터 낙찰자에게 경매 목적물(부동산, 자동차 등)을 인도하라고 명령하는 제도)은 하는 것이 좋다. **인도명령신청 기한은 대금 납부 후 6개월 이내이다.** 그러나 실무상으로는 대금 납부 이후 바로 신청을 한다. 경매의 인도명령 신청 제도야말로 낙찰자에게 가장 좋은 제도이며 추후 있을 분쟁을 방지하기 위해 반드시 활용하기를 권한다. 단, 경매가 아닌 공매의 경우 인도명령제도가 없다.

10 명도소송

인도명령신청을 하지 않았다면 명도소송이 필요한데, 소송인 만큼 시간과 비용이 많이 들어간다. 아파트 경매에서 명도소송까지 가는 경우는 거의 본 적이 없으며, 인도명령 단계에서 대부분 협의가 완료되어 마무리

된다. 아파트 명도에 대한 걱정은 공매가 아닌 이상 크게 걱정하지 않아도 된다.

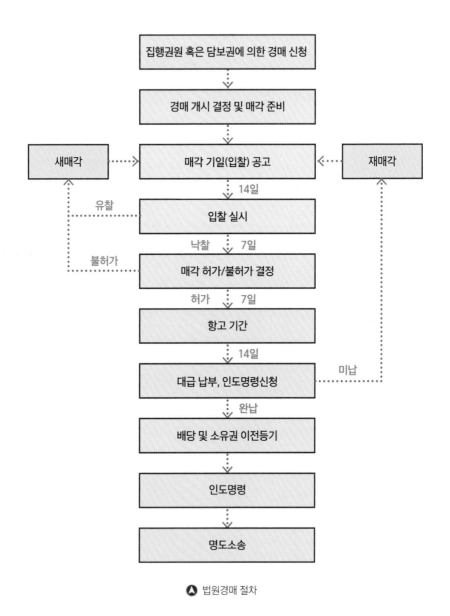

🔺 법원경매 절차

🏠 배당 순서

배당 순서는 선순위 채권자(입찰자보다 순위가 앞선 권리가 있는 채권자)의 채권이 낙찰자의 입찰금액으로 모두 만족되는가 여부를 판단하기 위해 알아야 한다. **선순위 채권자의 채권 만족이 낙찰자의 입찰금액으로 100% 이루어지지 않을 경우, 낙찰자가 그 채무를 인수해야 하기 때문이다.** 낙찰자의 낙찰대금은 다음과 같은 순서대로 배당이 된다.

0순위 : 경매비용, 필요유익비(법원의 비용)

1순위 : 최우선변제권, 3개월 임금채권(약자 보호용)

2순위 : 당해세(보통 종합부동산세나 재산세)

3순위 : 물권(저당권, 전세권, 유치권 등 물권자의 채권)

4순위 : 일반 임금 채권

5순위 : 공과금

6순위 : 일반 채권

통상 3순위에서 낙찰 대금은 모두 배분되고 4~6순위는 채권을 보전받지 못한다. 각각의 순위별 배당금액을 파악하려면 좀 더 수준 높은 이론 공부와 현장 탐문 방법 등을 배워야 하는데, 단순히 대항력 없는 임차인이 거주하는 아파트 일반 경매 물건의 경우에는 배당순서와 낙찰자 간의 권리 인수 관계가 없으므로 어려워할 것이 없다. 다만, 대항력 있는 임차인이 존재하는 아파트 경매 물건일 경우, 해당 임차인은 3순위 중 가장 우선하여 배당을 받으므로 입찰하려는 금액이 대항력 있는 임차인의 보증금을 반환할 수 있는가를 파악하여 입찰할 것을 권한다.

 ## 말소기준권리

말소기준권리란 이 권리의 등기 이전에 기입된 등기사항은 낙찰자가 인수하며(책임지며), 말소기준권리 등기 이후에 기입된 등기사항은 소멸되어 낙찰자가 신경 쓰지 않아도 되는 권리를 말한다. 말소기준권리는 법으로 제정된 용어는 아니다. 그러나 경매정보지나 실무에서 흔히 사용되는 단어로, 권리분석의 시작이 되는 권리이므로 경매를 배우려면 반드시 알아야 한다. 초보자라면 특별히 왜 그러한가 원리를 이해할 필요까지는 없고 단순 암기면 충분하며 암기한 내용으로 등기부등본에서 유효한 권리의 선후 관계만 파악하면 된다.

> ### 말소기준권리 7개
>
> 근저당, 저당, 가압류, 압류,
> 배당을 요구한 전세권, 경매개시결정등기, 담보가등기

만약 위 7개 등기 중 하나라도 등기부등본에 설정되어 있으면, 말소기준권리의 등기 이후에 기입된 등기권리사항은 낙찰 시 전부 소멸되어 낙찰자에게 인수되지 않으므로 특별히 볼 필요는 없다. 경매를 통해 아파트 한 채를 마련하려는 사람은 이 정도의 내용만 알면 된다. 물론 더욱 공부하다 보면 말소기준권리 이후의 일부 후순위 권리(철거소송 가처분 등)도

낙찰자에게 인수되는 경우가 있으며, 기입된 등기사항을 봐야 하는 경우도 있지만 흔한 경우가 아니므로 지금은 7개의 말소기준권리를 중점으로 외운다.

🏠 임차인의 대항력

아파트 경매에서 주로 신경 써야 할 권리는 임차인의 대항력뿐이다. 대항력이 있는 임차인은 보증금에 대한 채권이 만족되어야 점유를 이전할 수 있기 때문이다. 임차인의 보증금은 임대인에 대한 채권이지만 채권의 한계가 임차인에게 피해를 유발할 수 있어 주택임대차보호법을 통해 보증금 채권을 물권화하였다. 때문에 **임차인의 대항력은 등기하지 않아도 점유와 전입만으로 성립한다.**

점유는 사람이 살면서 직접 점유하는 경우뿐 아니라, 짐만 놓거나 자물쇠를 채워 놓는 행위 등으로도 인정된다. 전입신고를 하면 신고한 다음날 0시를 기준으로 대항력이 성립한다(확정일자는 경매에서 배당 신청을 했을 때 배당을 받는 순서를 정할 뿐 대항력과는 아무런 연관이 없다).

아파트와 같은 공동주택은 동호수 전체가 입력되어야 대항력이 발생하며, 다가구는 지번(소재지)만 입력되어도 대항력이 발생한다. **대항력을 가지려면 말소기준권리 등기일자보다 전입신고일자가 빠르고 점유를 유지하고 있으면 되는 것이다.** 만약 말소기준권리 등기일자보다 전입신고가 느리거나 점유되어 있지 않을 경우 대항력이 없으므로 낙찰자는 임차인의 보증금 채권을 인수하지 않게 된다.

임차인이 낙찰자에 대한 대항력을 가진 경우, 이 임차인이 경매과정에서 배당요구를 했는가 아닌가가 중요하다. 배당요구 종기일 이내에 배당요구를 했다면, 낙찰자의 입찰금액에서 배당받아 채권을 만족하므로 큰 문제가 없다(물론 낙찰금액이 임차인의 보증금액보다 낮다면 남은 잔액은 낙찰자가 임차인에게 돌려줘야 한다). 다만, 배당요구 종기일 이내 배당요구를 하지 않은 대항력 있는 임차인이 있는 경우가 문제이다. 이 경우, 임차인이 경매 절차에서의 배당을 받지 않고 낙찰자에게 모두 받겠다는 의미이므로 낙찰자는 낙찰금액뿐만 아니라 임차인의 보증금 전부를 책임져야 한다. 이를 간과하고 입찰한 경우 사고가 터진다.

초보의 경우 대항력 없는 임차인(하자 없는 물건)을 선호한다. 하지만 사실은 대항력 있는 임차인, 최우선변제를 받는 임차인 등이 있는 경매 물건이 의외로 매력이 있다. 배당금액을 잘 계산해 보면 보증금 전액을 배당받는 경우가 있기 때문에 내 돈이 들어갈 일이 없다. 이러한 임차인들은 얼른 배당받고 다른 곳에 이사 가는 것을 원한다. 자기 집을 잘 보라며 문을 활짝 열어 주고 장단점을 가감 없이 설명해 줄 뿐만 아니라, 자신의 보증금을 회수하기 위해 높은 가격에 낙찰되기를 바라기 때문에 집을 잘 관리한 경우가 많다. 통상 이사비를 요구하지도 않고 명도에도 협조하므로 대항력 있는 임차인에 대한 물건을 잘 분석하는 것이 오히려 편한 것이다. 이를 위해서 배당요구를 배당요구 종기일 이내에 했는지 여부와 배당 이후 인수해야 할 보증금이 있는지 여부, 있다면 얼마 정도인지 파악만 할 수 있으면 된다.

🏠 입찰해 보기

이제 법원에 비치된 기일 입찰표를 작성하여 실제 입찰하는 방법에 대해 알아보자. 특별히 어려운 것은 없다. 다만 종종 입찰금액에 0을 하나 더 기입하는 바람에 입찰 보증금이 몰수되는 경우가 있다. 그래서 **기일 입찰표를 미리 자택에서 인쇄해서 작성하는 것을 권한다.** 입찰 봉투나 보증금 봉투는 법원에서 비치된 것을 사용하되, 기일 입찰표는 당일 오전에 정신 없이 작성하는 것은 권하지 않는다.

우선 기일 입찰표는 다음과 같이 생겼다. 입찰 날짜를 쓰고 사건번호(경매 정보지에 써 있음), 물건번호(있을 경우 경매 정보지에 써 있음), 인적사항과 입찰금액, 보증금을 적고 도장을 찍으면 된다. 사건번호는 하나의 경매사건을 말하며, 경매 정보지에 써 있다. 물건번호는 하나의 경매 사건에서 여러 개로 물건이 나눠져 경매로 나올 경우 물건별로 입찰을 해야 하기 때문에 부여된 번호이다. 반드시 기재해야 하는 사항으로, 물건번호가 있는 경우 (1), (2)와 같이 정보지에 기재된 것을 확인할 수 있다. 있는 경우에만 해당하는 숫자를 쓰면 된다.

기 일 입 찰 표

인천지방법원 집행관 귀하 — 입찰기일 : 2024 년 XX 월 XX 일

사건번호	20XX 타경 XXXXX 호		물건번호	XX(있는 경우만 씀) ※ 물건번호가 여러개 있는 경우에는 꼭 기재	
입찰자 본인	성 명	김 X X (인)		전화번호	010-XXXX-XXXX
	주민(사업자) 등록번호	주민번호 기재	법인등록 번호		
	주 소	주소 기재			
입찰자 대리인	성 명	(인)		본인과의 관계	
	주민등록번호			전화번호	–
	주 소				
입찰가격	6 0 0 0 0 0 0 0 0 원		보증금액	6 0 0 0 0 0 0 0 원	
보증의 제공방법	☑ 현금·자기앞수표 ☐ 보증서		보증을 반환 받았습니다. 입찰자 김 X X (인)		

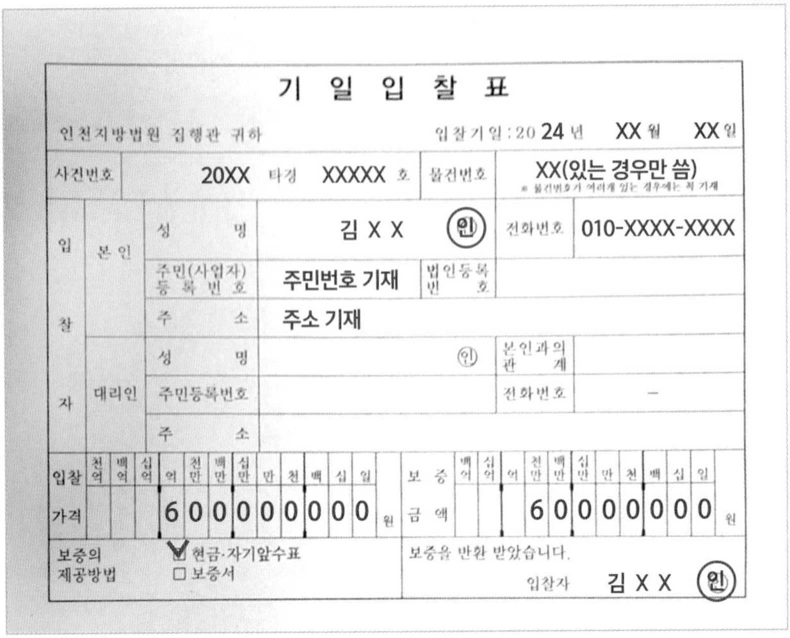

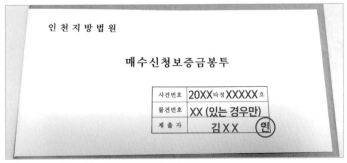

<사진 5-1> 기일입찰표 작성 예시

기일입찰표의 입찰금액과 보증금액은 절대 수정이 불가하므로, 잘못 작성했을 경우 새롭게 재작성해야 한다. 수정테이프 등으로 수정한 흔적이 있을 경우 낙찰이 무효가 되니 조심해야 한다. 이후 매수 신청 보증금 봉투 앞면을 작성한다.

인 천 지 방 법 원

매수신청보증금봉투

사건번호	20XX 타경 XXXXX 호
물건번호	XX (있는 경우만)
제 출 자	김XX (인)

<사진 5-2> 매수 신청 보증금 봉투 앞면 작성 예시

매수 신청 보증금 봉투 뒷면에는 도장을 찍고 입찰 보증금을 넣는다.

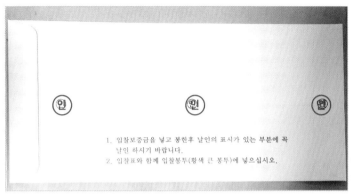

1. 입찰보증금을 넣고 봉한후 날인의 표시가 있는 부분에 꼭
   날인 하시기 바랍니다.
2. 입찰표와 함께 입찰봉투(황색 큰 봉투)에 넣으십시오.

<사진 5-3> 매수 신청 보증금 봉투 뒷면 도장 날인

이후 입찰 봉투에 앞뒤로 서명과 인장을 찍고 사건번호와 물건번호를 기재한 뒤 기일 입찰표와 매수 신청 보증금 봉투를 모두 입찰 봉투에 넣는다. 입찰 봉투는 윗부분을 접은 다음 스테이플러로 봉해서 사건번호가 보이지 않게 봉인 마감하면 된다. 이후 입찰 봉투를 신분증과 함께 제출하면 집행관이 입찰자용 수취증을 절취하여 주고, 입찰 봉투를 입찰함에 투입하면 된다. 낙찰이 되면 입찰 보증금 영수증을 받게 된다.

입찰 봉투의 입찰자용 수취증은 절대 잃어버리면 안 된다. 패찰 시 보증금을 돌려받는 것이 불편해지기 때문이다.

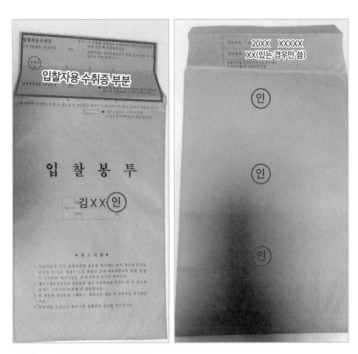

〈사진 5-4, 5〉 입찰 봉투 작성 예시

이렇게 법원경매의 기본적인 것들에 대해 알아보았다. 알고 보면 아파트 경매는 정말 쉽다. 이 책에서 다룬 것만으로도 충분히 입찰에 도전해 경매를 할 수 있다. 시중에 많은 책과 학원 강의 등이 있지만, 아파트 경매는 별로 어려울 것이 없다. 심지어 부동산 침체장에서는 기회도 많고 추후 높은 수익을 거둘 수 있다. 이미 우리는 아파트의 가치와 가격을 평가하는 방법에 대해 자세히 배워 왔기 때문이다. 그것이 본질이며 경매는 취득의 한 방법일 뿐이다.

02 아파트에도 사경매가 있다, 보류지 낙찰의 핵심

보류지경매라고도 부르는 사경매란 민간에서 사적으로 진행하는 경매를 말한다. 법원경매의 반대라고 이해하면 쉽다. 정비사업 조합의 경우 사업을 진행하면서, 일반분양 세대 외에도 사업 충당금으로 몇몇 세대를 보류지로 보유한 채 추후에 사경매로 매각하는 경우가 있다. 보류지를 조합이 매각하는 방법은 크게 두 가지가 있다.

❶ 청약홈에서 청약으로 분양 모집을 하여 매각
❷ 조합에서 직접 공고한 후 경매를 진행하여 매각(사경매)

청약홈을 통한 잔여세대 분양은 대부분 한 자릿수의 극소수 세대만을 대상으로 진행하기에 경쟁률이 100:1을 넘어가는 경우가 흔하다. 이미 아파트는 완공되어 시세가 형성되어 있는데, 그 시세에 비해 저렴한 분양가로 청약이 나오니 이러한 사정을 아는 사람들에게 인기가 치솟는 것이다.

이에 반해 조합에서 직접 경매로 매각을 하는 경우에는 이러한 정보를 아는 사람이 극소수이다. 조합이 신문 등에 매각에 대한 입찰 공고를 하지만, 대부분은 이러한 경매가 있다는 사실조차 모르는 경우가 흔하다. 혹시 이러한 경매에 대해 안다고 하더라도 몇 달 내로 자금을 준비하여 아파트 대금을 완납해야 하기 때문에 입찰에 참여하기에 부담이 크다. 그 때문에 경쟁자가 거의 없다. 직접 낙찰을 받아 본 경험에 의하면, 좋은 조건임에도 단 한 명도 입찰이 들어오지 않는 경우도 많았다.

사경매는 법원경매보다도 훨씬 쉽다. 완공된 아파트이며 공실인 채 경매를 진행하므로 명도에 대한 부담이 없고, 설정된 권리도 없기 때문에 권리분석을 할 것도 없다. 그저 조합 사무실에 찾아가서 입찰지침서를 받아 입찰가를 써내고, 하루 이틀 기다리면 바로 낙찰자가 되는 것이다. 낙찰이 되면 즉시 전세 계약을 체결하거나, 잔금 대출을 알아본 뒤 기한 내에 대금을 납부하면 된다.

이렇게 쉬운 사경매가 알려지지 않은 이유는 사람들이 그냥 모르기 때문이다. 이러한 경매에 참여하려면 전화 한 통이면 충분하다. 완공이 1년 정도 남은 재건축 조합 사무실의 전화번호를 알아낸 뒤, 조합 사무실에 전화하여 조합에 보류지 보유분이 있는지 확인하고 매각 방법과 일정은 정해진 것이 있는지 지속적으로 확인하면 되는 것이다. 꾸준하게 확인하려는 자세만 갖추면 된다.

재미있는 사실은 계속 전화를 하다 보면 조합 사무실 직원도 사람인지라 사경매가 나올 경우 따로 연락을 주는 일도 생긴다는 점이다. 조합 입장에서는 경매에 입찰하는 사람이 많을수록 비싸게 팔 확률이 높아지기 때문에, 관심이 있어 보이는 사람을 기억하고 있는 것이다. 그렇게 되면 극소수만 아는 사경매에 손쉽게 참여할 수 있다. 평소 관심이 있는 재건축 조합이 있다면 리스트를 뽑아 준공 예정일 기준으로 정리하여 종종 조합 사무실에 전화해 보자. 금과 같은 기회를 잡을 수도 있다.

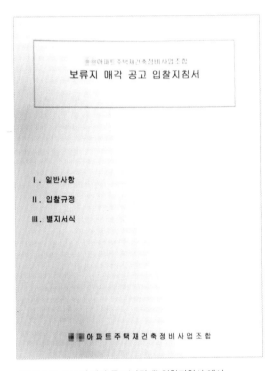

〈사진 5-6〉 보류지 매각 공고(사경매) 입찰지침서 예시

위 입찰지침서만 입수할 수 있으면 입수한 순간 그 아파트는 내 것이 될 확률이 상당히 높다. **법원경매와 다른 점은 입찰 보증금을 조합에서 정한 대로 따르기 때문에 입찰 보증금이 높은 경우가 있다는 점이다. 잔금 납부 기한도 조합이 정하기 때문에 지침서의 규약을 반드시 따라야 한다.** 이 기한은 특별히 정해진 것이 있는 게 아니라 조합 마음이다. 이런 사항은

입찰지침서에서 미리 확인할 수 있으니, 예측 불가능한 리스크는 아니다.

법원경매의 경우 법원은 매각을 진행만 할 뿐 낙찰자를 도와주거나 편의를 봐주는 것이 없지만, 사경매는 조합이 장사를 하는 입장이기 때문에 입찰 전에 집을 보여 주기도 하며, 낙찰 후 잔금 지급 전에도 인테리어 공사를 할 수 있게 해 주는 등 협의만 잘하면 내 뜻대로 일하기가 수월하다.

다만 입찰지침서를 제대로 확인하지 않고 입찰에 참여해서 금전적 손실을 입지 않도록 입찰 전에 지침서의 내용을 완벽하게 숙지해야 한다. 애매하거나 이해하기가 어려운 사항은 조합 사무실의 책임자급 관계자와 직접 대화하고 문자나 전화 녹음 등의 증거를 남겨 놓는 것을 권한다. 여러모로 편의를 봐주는 만큼 절차상 허술한 점도 있기 때문이다.

개발 정보 파악하여 투자 여부 판단하기

부동산 투자는 개발 이후 미래의 모습을 그려 나가는 과정 속에서 시간과 함께 투자를 하는 것이다. 개발에는 여러 가지 종류가 있지만, 그중에서도 **정부가 직접 도시개발에 관여하는 경우에는 잠재적 미래가치가 아주 높다고 할 수 있다.** 아파트에 투자하는 사람들이라면 해당 지역의 개발과정을 천천히 지켜보면서 일반 분양을 받아도 꽤 괜찮은 성과를 거둘 수 있다.

우리에게 중요한 것은 이러한 개발계획 내용에 대해 정확하게 숙지하고 적정한 시점에 과감하게 투자 결정을 할 수 있는가 여부이다. 이를 위해서는 공표된 개발 정보를 입수하고 해당 시기에 적절하게 자금을 융통할 수 있는 여건이 필요하다. 요약하면 정보와 관심, 자금준비 정도면 충분하다.

내가 개인적으로 추가적인 아파트 투자처로 눈여겨보는 지역은 경기도 화성시의 가장 좌측에 위치한 송산그린시티이다. 이곳을 예시로 개발 정보를 손쉽게 파악하는 방법부터 적정 분양가를 추정하여 미래 투자 여부를 판단하는 연습까지 해 보자.

 **관심 지역의 개발 정보 알아보기**

송산그린시티는 경기도 화성시 송산면 북측 일대에 자리하고 있다. 먼저, 네이버부동산에서 우측 상단의 개발 탭을 누르면 교통계획망과 도시계획 등이 반영된 개발 지도로 변경할 수 있다.

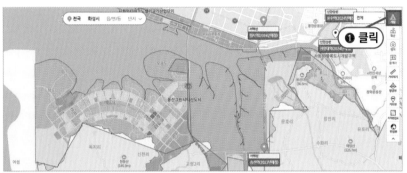

〈사진 5-7〉 관심 지역 개발 탭 클릭하기　　　　　　　　　　　(출처 : 네이버부동산)

개발계획이 반영된 지도에서 좀 더 화면을 확대한다. 그럼 **사진 5-8**과 같이 빨간 사각형 안에 '송산그린시티신도시'라고 탭이 뜨며 상세 정보를 확인할 수 있도록 클릭할 수 있게 된다. 클릭하면 간단한 개발 정보를 볼 수 있다.

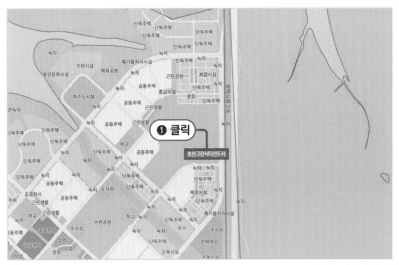

〈사진 5-8〉 (출처 : 네이버부동산)

〈사진 5-9〉 관심 지역의 개발 정보 확인하기 (출처 : 네이버부동산)

해당 탭에서 아래로 내려가면 개발 정보와 개발 경과, 관련 자료 항목을 확인할 수 있다. 물론 모든 개발계획과 정보가 네이버부동산에 나오는 것은 아니기에, 타 개발계획 등이 궁금하다면 **토지이음**(https://www.

eum.go.kr)에 방문하여 행정기관이 공시한 도시계획 등을 열람하는 것이 좋다. 토지이음에서 개발 사업 정보를 자세히 확인하기 위하여 '관련 자료' 항목에서 변경 고시문 자세히 보기를 클릭해 보자.

〈사진 5-10〉 관심 지역의 고시문 확인   (출처 : 네이버부동산)

클릭하면 아래와 같은 고시 정보를 제공한다.

고시정보		
	반월특수지역개발구역 중 시화2단계(송산그린시티) 개발사업 지형도면 변경	
고시번호	국토교통부 서울지방국토관리청 고시 제2020-137호	
담당기관	국토교통부 서울지방국토관리청	
고시일	2020-05-07	문의처
열람장소		
사업명	송산그린시티 개발사업 / 시화2단계(송산그린시티)개발사업	
첨부파일	서울지방국토관리청고시제2020-137호.pdf (3,800 KByte)	❶ 클릭

〈사진 5-11〉   (출처 : 토지이음)

이는 신도시를 개발하는 국토교통부의 서울지방 국토관리청에서 직접 게시한 공문으로, 그 어떤 정보 채널보다 확실하고 신뢰할 수 있는 정보이다. 고시된 공문을 확인하면 아래와 같이 사업의 명칭, 시행자, 목적 및 개요를 확인할 수 있다. 나라가 보증하는 사업 계획서라고 보면 된다. 공문을 보면 사업 시행을 수자원공사가 담당하고 있다는 걸 알 수 있는데 사업의 신뢰성은 매우 높다고 할 수 있다.

◉서울지방국토관리청고시제2020-137호

서울지방국토관리청 제2011-271호, 제2019-433호 및 제2020-61호로 실시계획 (변경)승인 고시한 반월특수지역개발구역 중 시화2단계(송산그린시티) 개발사업에 대하여 「토지이용규제기본법」 제8조, 같은 법 시행령 제7조에 의거하여 지형도면을 고시합니다.

관계도서는 토지이용규제정보시스템(http://luris.molit.go.kr)에서 열람가능하며, 경기도청, 화성시청, 한국수자원공사 송산사업단에 비치하여 일반인에게 보이고 있습니다.

2020년 5월 7일

서울지방국토관리청장

반월특수지역개발구역 중 시화2단계(송산그린시티) 개발사업 지형도면 변경

1. 사업의 명칭(변경)
   ○ 당초 : 반월특수지역개발구역 중 시화2단계(송산그린시티) 개발사업 1차지역
      반월특수지역개발구역 중 시화2단계(송산그린시티) 개발사업 2차지역
   ○ 변경 : 반월특수지역개발구역 중 시화2단계(송산그린시티) 개발사업

2. 사업시행자의 성명(변경)
   ○ 한국수자원공사 사장 박 재 현

3. 사업의 목적 및 개요(변경없음)
   가. 목 적
      시화지역 자연환경의 적극적 보전과 국토의 효율적인 활용방안 마련으로 관광과 레저, 주거가 어우러지는 새로운 도시공간 제공 및 서해안 벨트의 거점으로 육성
   나. 개 요
      ○ 계획수용 호수 : 60,000호   ○ 계획수용 인구 : 150,000명

---

5. 사업시행기간(변경)
   ○ 기정 : 2007년~2030년(1차지역 : 2007년~2018년, 2차지역 : 2007년~2030년)
   ○ 변경 : 2007년~2030년(1차지역 : 2007년~2018년, 2차지역 : 2007년~2020년,
      3차지역 : 2007년~2030년)

〈사진 5-12, 13〉 고시문 예시   (출처 : 서울지방 국토관리청)

송산그린시티의 개발 사업은 2030년까지 1, 2, 3단계로 나누어 진행

될 예정이다.

나. 시화2단계(송산그린시티) 개발사업 용도지역 결정조서(변경)

구 분				면적(㎡) / 구성비(%)							비고
				당초			변경				
				계	1차지역	2차지역	계	1차지역	2차지역	3차지역	
합 계				55,643,803.0 100.0	1,443,890.4 100.0	54,199,912.6 100.0	55,643,802.9 100.0	1,443,880.4 100.0	537,273.4 100.0	53,662,610.1 100.0	
주거지역	계			10,542,449.0 18.9	785,216.8 54.3	9,757,232.2 18.0	10,542,449.0 18.9	785,216.8 54.3	283,815.7 52.8	9,473,306.5 17.6	
	전용주거지역	소계		2,890,742.0 5.2	25,205.7 1.7	2,865,536.3 5.3	2,890,742.0 5.2	25,205.7 1.7	166,139.4 30.9	2,699,396.9 5.0	
		1종		2,890,742.0 5.2	25,205.7 1.7	2,865,536.3 5.3	2,890,742.0 5.2	25,205.7 1.7	166,139.4 30.9	2,699,396.9 5.0	
		2종									
	일반주거지역	소계		6,605,166.0 11.9	744,890.2 51.6	5,860,275.8 10.8	6,605,166.0 11.8	744,890.2 51.6	108,460.8 20.2	5,751,815.0 10.7	
		1종		1,028,168.0 1.8	6,769.5 0.5	1,021,398.5 1.9	1,028,168.0 1.8	6,769.5 0.5	53,242.8 9.9	968,155.7 1.8	
		2종		4,090,000.0 7.4	422,273.5 29.2	3,667,726.5 6.8	4,090,000.0 7.3	422,273.5 29.2	55,218.0 10.3	3,612,508.5 6.7	
		3종		1,486,998.0 2.7	315,847.2 21.9	1,171,150.8 2.2	1,486,998.0 2.7	315,847.2 21.9	–	1,171,150.8 2.2	
	준주거지역			1,046,541.0 1.9	15,120.9 1.0	1,031,420.1 1.9	1,046,541.0 1.9	15,120.9 1.0	9,295.5 1.7	1,022,124.6 1.9	
상업지역	계			1,995,150.0 3.6	13,183.2 0.9	1,981,966.8 3.7	1,995,149.9 3.6	13,183.2 0.9	76,665.6 14.3	1,905,311.1 3.6	시화2단계(송산그린시티) 개발사업의 부분준공에 따른 변경
	중심상업지역			154,450.0 0.3	–	154,450.0 0.3	154,450.0 0.3	–	–	154,450.0 0.3	
	일반상업지역			1,840,700.0 3.3	13,183.2 0.9	1,827,516.8 3.4	1,840,699.9 3.3	13,183.2 0.9	76,665.6 14.3	1,750,861.1 3.3	
	근린상업지역			–	–	–	–	–	–	–	
	유통상업지역			–	–	–	–	–	–	–	
공업지역	계			1,990,356.0 3.6	–	1,990,356.0 3.7	1,990,356.0 3.6	–	–	1,990,356.0 3.7	
	전용공업지역			–	–	–	–	–	–	–	
	일반공업지역			–	–	–	–	**72%** –	–		
	준공업지역			1,990,356.0 3.6	–	1,990,356.0 3.7	1,990,356.0 3.6	–	–	1,990,356.0 3.7	
녹지지역	계			40,074,300.0 72.0	645,490.4 44.7	39,428,809.6 72.7	40,074,300.0 72.0	645,490.4 44.7	4,947.3 0.9	39,423,862.3 73.5	
	보전녹지지역			–	–	–	–	–	–	–	
	생산녹지지역			–	–	–	–	–	–	–	
	자연녹지지역			40,074,300.0 72.0	645,490.4 44.7	39,428,809.6 72.7	40,074,300.0 72.0	645,490.4 44.7	4,947.3 0.9	39,423,862.3 73.5	
도시지역(미세분)				552,247.0 1.0	–	552,247.0 1.0	552,247.0 1.0	–	101,945.2 19.0	450,301.8 0.8	
관리지역	계										시화2단계(송산그린시티) 개발사업 유보지
	관리지역(미세분)			–	–	–	–	–	–	–	
	보전관리지역			83,970.0 0.2	–	83,970.0 0.2	83,970.0 0.2	–	–	83,970.0 0.2	
	생산관리지역			221,876.0 0.4	–	221,876.0 0.4	221,876.0 0.4	–	79,748.7 14.8	142,127.3 0.3	
	계획관리지역			246,401.0 0.5	–	246,401.0 0.5	246,401.0 0.4	–	22,196.5 4.1	224,204.5 0.4	
농 림 지 역				489,301.0 0.9	–	489,301.0 0.9	489,301.0 0.9	–	69,859.6 13.0	419,441.4 0.8	
자연환경보전지역				–	–	–	–	–	–	–	

27

〈사진 5-14〉 용도지역의 구성 계획　　　　　　　　　　(출처 : 서울지방 국토관리청)

고시공고문 중 용도지역의 구성 계획을 보면 각 토지의 용도지역별로 나누어 1차, 2차, 3차 개발 단계별 면적을 계획하였음을 확인할 수 있다. 이 표만 봐도 녹지가 72%나 되니 괜히 이름이 그린시티가 아니라는 것을 알 수 있다. 역대 신도시 중 가장 쾌적한 수준의 녹지를 확보한 신도시를 개발할 것임을 짐작할 수 있다. 위치상 북측은 바다이기 때문에 바다와 녹지가 한데 이루어진 친환경 신도시가 조성될 것임이 분명하다.

네이버부동산 개발 탭을 통해 신뢰성 있는 자료를 손쉽게 확인하는 방법을 소개하였으니, 이제 송산그린시티의 입지와 미래가치 등을 분석하여 추후 투자처로서 어떠한 매력이 있을지 파악해 보자.

투자가치 판단은 결국 사는 시점의 가격 대비 미래가치의 상승 여력이 어느 정도인가 확인을 하는 과정이다. 송산그린시티는 아직 현장이 흙바닥이고 토목 공사만 일부 진행 중인지라 분양 시점의 가격을 지금 알 수는 없다. 투자 채택 여부 역시 지금 판단할 수는 없을 것이다. 따라서, 분양 시점이 되어 갈 때 주변 지역과의 가격 비교를 통해 투자 채택 여부를 판단해야 할 것이다.

🏠 관심 지역 해부하기

1 입지

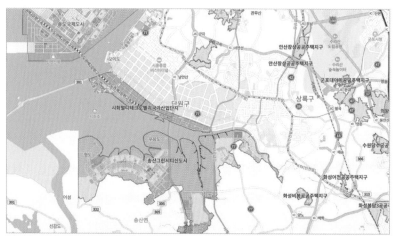

〈사진 5-15〉 관심 지역의 입지 확인　　　　　　　　　　　　(출처 : 네이버부동산)

　　송산그린시티는 경기도 화성시에 속하며 인천 송도 및 시흥 시화, 반월 국가산업단지 남측에 위치한 송산면 북측 일대이다. 좌측으로는 대부도가 있고 화성시청에서 직선거리로 10km 정도에 위치하였다.

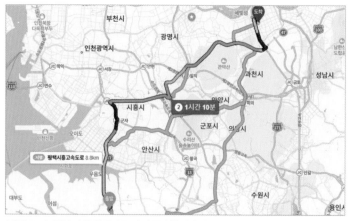

〈사진 5-16〉 관심 지역-업무지구 간 접근성 확인하기 1　　　(출처 : 네이버부동산)

지도 길찾기를 통해 업무지구와의 접근성을 확인해 보면 다음과 같다. 송산휴게소에서 수서IC, 즉 강남까지 금요일 오후 7시 퇴근길 기준으로 조회하니, 1시간~1시간 10분 정도 소요되는 것으로 나온다. 막히지 않을 경우 1시간가량에 도착 가능하다. 거리는 55km 정도이다.

<사진 5-17> 관심 지역-업무지구 간 접근성 확인하기 2　　　(출처 : 네이버부동산)

다른 업무지구인 여의도까지는 대략 45km로 막히지 않을 경우 45분, 막힐 경우 1시간 20분 정도를 예상할 수 있다. 경기도 외곽치고는 업무지구 두 곳에 꽤나 가까운 편에 속한다. 또한 항이 가깝기 때문에 수로를 활용한 물류 이동도 가능하여 산업지로서의 입지가치도 가지고 있다.

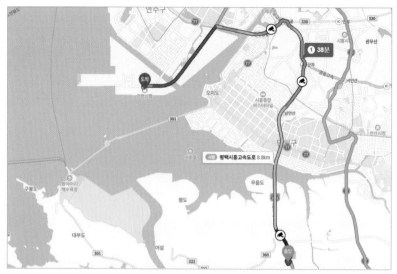

〈사진 5-18〉 관심 지역의 업무 연계성 확인하기(거리)　　　　　(출처 : 네이버부동산)

인천신항과의 거리는 30km 정도이며, 막히지 않을 경우 40분밖에 소요되지 않는다. 이외에도 시화대교만 건너면 시화공단이다. 제조업과 수출이 잘 연동될 수 있음을 짐작할 수 있다. **입지를 종합해 보면 전략 산업을 구축하기 위한 완벽한 입지라고 볼 수 있다.**

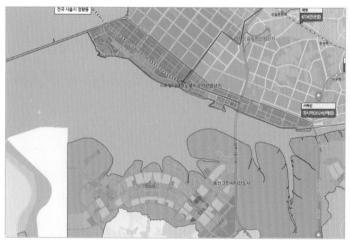

〈사진 5-19〉 관심 지역의 업무 연계성 확인하기(지적편집도)　　　(출처 : 네이버부동산)

② 직주근접 여부

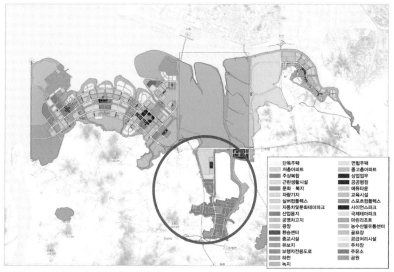

〈사진 5-20〉 자족 도시 기능 여부 확인하기 　　　　　　　　　(출처 : 네이버부동산)

고시공고문을 보면 **사진 5-20**에 표시한 송산그린시티 남측 지구에 180만 평의 산업단지가 들어설 예정이다. 평택의 삼성 반도체산업단지가 118만 평이니 이곳에 얼마나 큰 산업단지가 예정되었는지 가늠할 수 있다. 첨단산업단지와 K시티(자동차 자율주행 기술 육성용 모델링 도시)가 자리하고 자동차 테마파크까지 예정되어 있어, 4차 산업 중 자동차 기술의 중심지가 될 것이다. 따라서 송산그린시티는 한국의 주요 미래 먹거리 산업을 집중적으로 육성하는 도시가 될 확률이 크다.

이러한 고차원 산업은 부가가치가 크기 때문에, 관련 종사자들의 소득이 높을 것임을 짐작할 수 있다. 그리고 유망한 일자리에서 높은 소득을 창출하는 대부분의 사람들은 질 좋은 주거 형태를 원할 확률이 높다. 따라서, 이러한 조건을 충족하는 송산그린시티 신축 아파트의 분양은 지속적인 가격 상승을 기대해 볼 만하다.

③ 교통망 현황 및 계획

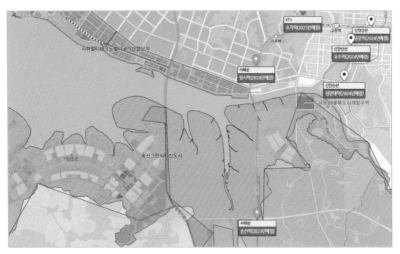

〈사진 5-21〉 교통망 현황 및 계획 확인하기　　　　　　　(출처 : 네이버부동산)

　　사진 5-21 중심의 녹지(공룡알 화석지) 우측 하단에는 송산역이 서해선과 연결되는 공사 중에 있다. 서해선은 신안산선과 연결될 예정이기에 송산에서 여의도까지의 접근성이 크게 개선될 것이다. **두 노선 모두 이미 공사를 하고 있기 때문에 소문만 무성한 개발계획과 달리 곧 현실화되는 진짜 개발이다.** 신안산선까지 개통된다면 여의도까지 전철로 약 40~50분 대에 접근 가능하니, 경기도 서남부 중에는 꽤나 좋은 노선을 확보한다고 볼 수 있다. 평택·시흥고속도로와 수도권 제2순환고속도로가 접해 있어, 동북으로 뻗어 나가기에도 좋다.

한 가지 문제점은 메인 주거입지로 형성된 좌측 주거타운에는 아직 어떤 철도 교통망도 계획되어 있지 않다는 점이다. 특별한 계획이 없다면 버스에 의존하여 송산역으로 이동한 뒤 신안산선을 타야 하는 불편함을 겪어야 한다는 점이 아직까지 아쉬움으로 남는다.

국토해양부장관

신안산선 복선전철 건설사업 기본계획

1. 사업의 명칭 : 신안산선 복선전철 건설사업
2. 사업의 목적 : 수도권 서남부와 동북부를 연결하는 광역 철도망의 한 축을 구축함으로서 수도권 서남부 지역의 교통문제 해소와 광명역과의 연계체계 구축서비스 제공
3. 사업시행자의 명칭 및 주소
　　○ 명　칭 : 한국철도시설공단이사장
　　○ 주　소 : 대전광역시 동구 신안동 264번지
4. 공사의 내용
　　○ 노선 : 중앙(USKR)～광명～여의도～서울역(연장 46.956km)
　　　　　　　(소사～원시선 10.323km공용)
　　○ 노반, 건축(정거장 17개소), 궤도, 전기, 신호, 통신, 차량기지(1개소) 및 기타 부대시설공사
　　　※ "철도건설선 고속화 추진계획"(간선철도과-810, '09.8.28)을 감안하여　추후 기본 및 실시설계
　　　　용역시 설계속도 향상방안에 대해 검토 예정
5. 공사비 : 4조 981억원(국고 출연 75%)
6. 공사기간 : 2006～2022년
7. 공사노선의 기점과 종점
　　○ 기점(서울역) : 서울시 중구 봉래동 일원
　　○ 종점(안산 중앙역, 화성 USKR역) : 경기도 안산시, 화성시 일원
8. 주요 경유지, 역 및 철도차량기지의 위치

주요경유지, 역 및 철도차량기지	행정구역	비고
USKR역	경기도 화성시 송산면 일원	지상역사
시흥시청	경기도 시흥시 장현동 일원	지하역사
중앙역	경기도 안산시 단원구 일원	지하역사
광명역	경기도 광명시 일직동 일원	지하역사
여의도	서울시 영등포구 여의도동 일원	지하역사
서울역	서울시 중구 봉래동 일원	지하역사
송산차량기지	경기도 화성시 송산면 일원	서해선, 소사～원시 공유

〈사진 5-22〉 교통망 계획 고시문 예시　　　　　　　　　(출처 : 서울지방 국토관리청)

송산그린시티의 국제 테마파크 주거단지 지역에는 신세계 그룹이 스타필드, 프리미엄 아울렛, 놀이동산, 골프장, 호텔 등을 건설할 계획이다. 2023년에 착공하여 2026년 1차 개장을 목표로 하고 있다. 도시 전체가 서해안 관광 테마로 조성될 예정일 뿐만 아니라, 앞서 제시된 자료 중 자연 녹지가 70%에 달할 정도로 녹지의 비중이 높은 신도시이므로, 높은 수준의 삶의 질을 누릴 수 있는 신도시가 될 것이다. 공유 수면을 매립한 땅이기에 대부분의 땅이 평지인 점도 좋고, 바다와 섬이 붙어 있기 때문에 레저 및 휴양을 즐기기에도 매우 훌륭한 입지이다. 수도권에서 이 정도 자연 친화적 조건을 보유한 신도시는 비교할 곳이 없다.

5 종합-투자 여부 판단

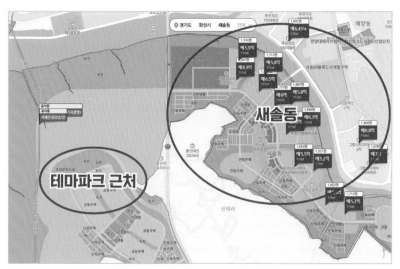

〈사진 5-23〉 주변 아파트 가격 바교하기   (출처 : 네이버부동산)

앞선 정보를 종합하여 투자 여부를 판단해 보자. 2024년 1월 기준 송산그린시티의 북동쪽에 있는 새솔동의 호가는 평당 1,700만 원 정도, 34평 기준 5억 원 중반이다. 이곳은 2015~2016년에 분양가가 4억 원대였으며, 완공되어 입주한 지는 4~5년 정도가 되었다. 따라서 현재 기준으로 입지가 더 좋은 테마파크 근처나, 서쪽 메인 주거단지를 평당 1,700만 원 이하로 분양한다면 투자 채택은 합리적 선택이 될 것이다. 대규모 택지지구이므로 분양가 상한제가 적용될 것으로 보이기에, 당장 분양한다면 34평 기준 최저 5억 원 선이 투자할 만한 적정 분양가가 아닐까 짐작한다. 새솔동보다 입지가 더 좋고, 더 새 아파트이며 더 대규모 신도시 주거타운이므로 새솔동 가격보다는 높은 가격을 형성할 것으로 기대되기 때문이다. 새솔동의 가격 변화 추이와 송산그린시티의 미래가치 및 새 아파트 프리미엄을 각자의 기준에 맞게 계산하여 추산한 가격으로 투자 여부를 결정하면 될 것이다.

〈사진 5-24〉 기존 주거지와 입지 비교하기 (출처 : 네이버부동산)

이런 식으로 오염되지 않은 양질의 정보를 구해서 미래의 투자 계획을 설정할 수 있다. 이 내용은 단순히 송산그린시티의 투자 추천 안내문이 아니다. **이와 같은 방법으로 정보를 구하고 그 정보를 적극적으로 해석해서 미래의 모습을 그려 보는 습관을 들이자는 것이다.** 그 후 미래에 그려진 모습이 기대되어 투자할 만한 가치가 있다고 판단되면, 인근의 경쟁 도심과 가격을 비교하여 상대적으로 가격이 적정한지를 따져 투자에 임할지를 결정한다.

전략적 청약 당첨 노리기

04

아파트를 취득하는 방법은 다양하지만 그중 절차상으로만 보면 청약보다 쉬운 것은 없다. 공인인증서로 로그인해서 개인 정보를 입력하고 신청만 하면 되기 때문이다. 그러나 지원자격별 고려해야 할 사항은 상당히 복잡하다. 민간분양, 공공분양 지원자격이 다르고, 각 특별공급별 가점 계산도 다르고 준비해야 할 서류도 달라지기 때문이다. 신혼특별공급의 경우 결혼 시기와 자녀의 수에 따라 가점이 달라지며 생애 최초의 경우 소득세 납부기간이 5년 증명되어야 하는 등 조건이 까다롭다. 그리고 이러한 정책도 지속해서 바뀌니 단순 암기만으로는 부족하다.

이 장에서 다루고자 하는 것은 **일반공급이든 특별공급이든 경쟁률이 낮을 만한 물건에 주목하여 당첨 확률을 높이는 전략이다.** 그 외에도 남들보다 먼저 잔여세대 분양에 대한 정보를 입수하는 방법 등 청약에 여러 번 당첨되었던 나의 경험을 공유하고자 한다. 남들보다 조금 더 노력하는 것만으로도 청약 당첨 확률은 배로 올라간다.

🏠 공고문을 정확하게 숙지하라

황당하겠지만, 당첨 확률을 높이는 기본 전제는 청약 공고문을 완벽하게 숙지하는 것이다. 청약의 전략을 세우는 기본이 되기 때문이다. **청약이 복잡하고 어려운 이유는 청약별로 규제지역 여부, 거주의무, 중도금 대출 여부, LTV, 전매제한, 지원자격 사항, 일반공급 비율, 청약제한사항 적용 여부가 달라지기 때문이다.** 그렇다고 각각의 청약 내용을 일일이 외울 필요는 없다. 이유는 청약 정책 또한 계속해서 바뀌기 때문이다. 따라서 관심 있는 분양이 나올 때마다 해당 청약 공고문을 꼼꼼하게 읽어 보는 것이 더 효율적이다.

그렇다면 공고문에서 청약 당첨 확률을 높이기 위해 주지해야 할 포인트들은 무엇일까? 첫 번째는 분양가이다. 분양가만 봐도 작게는 타입별 청약 경쟁률을, 크게는 해당 단지 자체의 청약 경쟁률을 가늠할 수 있다.

두 번째로 주목해야 할 것은 타입별 공급 물량이다. 의외로 공급 세대 수가 적은 타입이 당첨 확률이 더 높다는 것을 알고 있는가? 심리적으로 많은 사람들이 공급 세대 수가 많을수록 본인의 당첨 확률이 높다고 생각하고 지원한다. 그래서 막상 결과를 보면 공급 세대 수가 적은 쪽이 오히려 당첨 확률이 높아진다.

주택형	공급 세대수	순위		접수 건수	순위내 경쟁률 (미달 세대수)	청약결과	당첨가점			
							지역	최저	최고	평균
059.9314A	29	1순위	해당지역	183	6.31	1순위 마감(청약 접수 종료)	해당지역	44	59	49.17
			기타지역	24	-					
		2순위	해당지역	0	-		기타지역	0	0	0
			기타지역	0	-					
059.7799B	9	1순위	해당지역	23	2.56	1순위 마감(청약 접수 종료)	해당지역	40	46	43
			기타지역	4	-					
		2순위	해당지역	0	-		기타지역	0	0	0
			기타지역	0	-					
074.9472A	94	1순위	해당지역	429	4.56	1순위 마감(청약 접수 종료)	해당지역	35	66	45.74
			기타지역	52	-					
		2순위	해당지역	0	-		기타지역	0	0	0
			기타지역	0	-					
074.9101B	38	1순위	해당지역	53	1.39	청약 접수 종료	해당지역	23	52	34.06
			기타지역	14	-					
		2순위	해당지역	52	-		기타지역	0	0	0
			기타지역	24	-					
084.9365A	370	1순위	해당지역	1,037	2.80	1순위 마감(청약 접수 종료)	해당지역	33	65	42.41
			기타지역	158	-					
		2순위	해당지역	0	-		기타지역	0	0	0
			기타지역	0	-					
084.7994B	216	1순위	해당지역	180	(△36)	청약 접수 종료	해당지역	-	-	-
			기타지역	38	1.06					
		2순위	해당지역	75	-		기타지역	-	-	-
			기타지역	30	-					
총합계	756			2,376						

〈사진 5-25〉 공급 수가 적은 쪽이 의외로 경쟁률이 낮다 (출처 : 청약홈)

　사진 5-25와 같이 각각의 모든 평형에서 공급 세대 수가 적은 쪽이 오히려 경쟁률이 낮다는 것을 확인할 수 있다. 심지어 84A로 신청한 경우 공급 세대 수가 84B에 비해 많음에도 당첨 확률이 35%이지만 공급 세대 수가 더 적은 84B로 신청한 경우 해당 지역 지원자는 전부 당첨이었다. 나는 이 전략을 항상 사용하고 그렇게 당첨된 경우가 많았다. 이러한 심리는 특히 인기 청약지일수록 더욱 뚜렷하게 나타난다.

🏠 행동심리적 관점에서 바라본 인지 능력에 따른 경쟁률

앞서서 이야기한 84A와 84B를 좀 더 자세히 말해 보겠다. 오랜 경험으로 통계를 내 본 결과 재미있는 점을 발견할 수 있있는데 조건(분양가, 구조 등)이 비슷한데도 84A가 84B보다 경쟁률이 높은 경우가 많다는 점이다. 타입별 방의 구조가 같음에도 보통 A타입이 B타입보다 경쟁률이 높다. 경쟁률과 마찬가지로 당첨자 최저 가점도 A가 B보다 높다.

청약 대상지별로 A타입과 B타입이 구조가 다른 경우도 있으나, 구조의 선호도가 결과값에 영향을 미치는 것을 배제하기 위하여 **사진 5-26~28**은 평형과 구조, 가격이 동일한 분양에 대한 A타입과 B타입의 경쟁률 결과값을 모아 본 것이다. 역시나 A타입의 경쟁률이 B타입보다 치열하다. 해당 3개의 청약 대상지에서 A타입과 B타입의 다른 점은 공급 세대 수뿐이었는데, A타입이 B타입에 비해 세대 수가 많을 뿐 자세한 안내문을 확인한 결과 그 외의 다른 점은 없었다. 즉, 행동심리학적 관점으로 볼 때, 다수의 사람들은 단순히 세대 수가 더 많은 A타입이 당첨될 확률이 높다고 여기는 것이다. 하지만 그 결과는 반대이다.

청약이야말로 불특정 다수가 유의미한 통계적 결론을 낼 수 있는 실험이나 마찬가지이다. **이를 고려하여 행동심리학적 관점에서 볼 때, B라는 글자에 비해 A라는 글자가 사람들에게 인지 스트레스(사람이 자극을 받아들이고 이를 해석할 때 소모되는 에너지 소모량)를 적게 준다.** 즉 다른 조건이 같다면 사람은 A라는 글자를 B보다 선호하는 경향을 가질 것이다.

이러한 심리적 요인을 활용해서, 더욱 어려운 알파벳이 붙은 타입에 청약한다면 의외로 당첨 확률을 높일 수 있을 것이다. 경제의 흐름은 의외로 객관적인 수치보다도 사람의 심리에 의해 좌지우지되는 경우가 많다. 이러한 심리를 잘 파악하는 것 역시 일종의 전략이라고 볼 수 있겠다.

주택형	공급세대수	순위		접수건수	순위내 경쟁률 (미달 세대수)	청약결과	당첨가점 지역	최저	최고	평균
084.9459A	173	1순위	해당지역	1,648	18.94	1순위 마감(청약 접수 종료)	해당지역	51	69	56.9
			기타지역	3,207	55.44		기타지역	61	74	64.66
		2순위	해당지역	0						
			기타지역	0						
084.9792B	78	1순위	해당지역	514	13.18	1순위 마감(청약 접수 종료)	해당지역	41	60	45.95
			기타지역	1,117	40.82		기타지역	55	71	57.97
		2순위	해당지역	0						
			기타지역	0						

주택형	공급세대수	순위		접수건수	순위내 경쟁률(미달 세대수)	청약결과	당첨가점 지역	최저	최고	평균
084.9056A	24	1순위	해당지역	188	7.83	1순위 해당지역 마감(청약 접수 종료)	해당지역	29	61	34.79
			기타지역	0	-		기타지역	0	0	0
		2순위	해당지역	0	-					
			기타지역	0	-					
084.9563B	13	1순위	해당지역	25	1.92	1순위 마감(청약 접수 종료)	해당지역	14	51	24
			기타지역	170	-		기타지역	0	0	0
		2순위	해당지역	0	-					
			기타지역	0	-					

주택형	공급세대수	순위		접수건수	순위내 경쟁률 (미달 세대수)	청약결과	당첨가점 지역	최저	최고	평균
059.9314A	29	1순위	해당지역	183	6.31	1순위 마감(청약 접수 종료)	해당지역	44	59	49.17
			기타지역	24	-		기타지역	0	0	0
		2순위	해당지역	0	-					
			기타지역	0	-					
059.7799B	9	1순위	해당지역	23	2.56	1순위 마감(청약 접수 종료)	해당지역	40	46	43
			기타지역	4	-		기타지역	0	0	0
		2순위	해당지역	0	-					
			기타지역	0	-					

〈사진 5-26, 27, 28〉 A와 B 타입의 경쟁률 비교

(출처 : 청약홈)

🏠 타워형도 나쁘지 않다

　최대한 당첨 확률을 높이려면 타워형 평면에 청약하는 것을 추천한다. 물론 판상형이 인기가 많고 더 높은 시세(분양가도 판상형이 더 높은 편)를 형성하지만, 당첨이 되느냐 아니냐가 더 중요할 경우 반드시 타워형으로 지원하기를 추천한다.

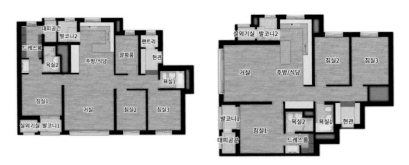

〈사진 5-29, 30〉 판상형(왼쪽)과 타워형(오른쪽)　　(출처 : 청약홈)

　사진 5-29~30은 가장 인기가 높은 4베이 판상형 맞통풍 구조와, 가장 인기가 낮은 타워형 구조의 평면도이다. 4베이 판상형은 방 전체와 거실이 해가 드는 방향에 위치하여 일조량이 모든 실내에 일정하게 유지되는 장점이 있다. 모든 방과 거실에서 해가 같이 뜨고 같이 지는 것이다. 반면 타워형은 통상 침실1에서 거실로, 거실에서 침실2와 침실3으로 해가 돌아가면서 들기 때문에, 침실1과 거실은 해가 일찍 뜨고 일찍 지며, 침실2와 침실3은 해가 늦게 뜨고 늦게 지게 된다.

　하지만 그 외에 불편한 점은 생각보다 없다. 타워형에도 거주해 본 결과 생각보다 통풍도 잘 되고 일조량 때문에 크게 불편함도 느끼지 못하는 수준이었다.

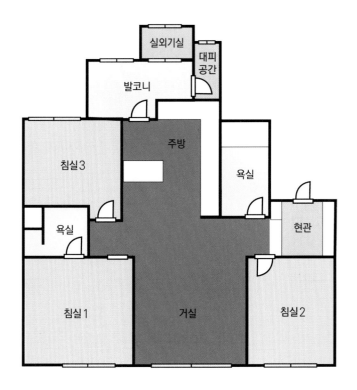

〈사진 5-31〉 3베이 판상형 구조

　개인적으로는 3베이 판상형보다는 타워형이 훨씬 낫다고 생각한다. 3베이 판상형은 안방 맞은편 맨 구석의 방에 하루 종일 해가 들지 않기 때문이다. 그럼에도 대부분의 사람들은 판상형에 청약 지원을 하는데, 당첨 확률을 낮춰 가면서까지 판상형을 고집해야 할 이유는 찾지 못했다. 특히 청약 경쟁률이 높을 것으로 예상되는 인기 청약지라면 어차피 판상형 당첨 확률은 극히 낮으니 의도적으로 타워형에 지원하는 것도 좋은 전략이라고 생각한다.

🏠 애매한 평형을 노려 봐라

평형은 통상 84타입과 59타입이 대표적인 평형이다. 방이 3개 이상이라면 상관없다. 오히려 애매한 평형일수록 당첨 확률이 높아진다. 종종 64, 67, 75, 110과 같은 타입들을 분양하는데, 당첨 확률을 높이고 싶다면 이런 애매한 유형의 타입을 노려 보는 것이 좋다.

다만 **59 미만의 타입에 청약하는 것에 대해서는 추천하지 않는다.** 아파트로서의 본질적 가치가 부족하고(가족 세대를 구성하기에는 공간이 좁음) 평당 가격은 오히려 비싼 축에 속하기 때문이다.

타입	수	순위	지역	접수	경쟁률	비고
072.3725A	139	1순위	해당지역	6,649	47.83	1순위 마감(청약 접수 종료)
			기타지역	271	-	
		2순위	해당지역	0	-	
			기타지역	0	-	
072.3858B	122	1순위	해당지역	2,660	21.80	1순위 마감(청약 접수 종료)
			기타지역	147	-	
		2순위	해당지역	0	-	
			기타지역	0	-	
072.2791C	45	1순위	해당지역	1,211	26.91	1순위 마감(청약 접수 종료)
			기타지역	59	-	
		2순위	해당지역	0	-	
			기타지역	0	-	
084.9296A	77	1순위	해당지역	12,322	160.03	1순위 마감(청약 접수 종료)
			기타지역	552	-	
		2순위	해당지역	0	-	
			기타지역	0	-	
084.8960B	40	1순위	해당지역	2,834	70.85	1순위 마감(청약 접수 종료)
			기타지역	111	-	
		2순위	해당지역	0	-	
			기타지역	0	-	
084.9268C	7	1순위	해당지역	1,098	156.86	1순위 마감(청약 접수 종료)
			기타지역	54	-	
		2순위	해당지역	0	-	
			기타지역	0	-	
총합계	540			31,793		

타입	수	순위	지역	접수	경쟁률	비고
059.9131C	5	1순위	해당지역	71	14.20	1순위 해당지역 마감(청약 접수 종료)
			기타지역	0	-	
		2순위	해당지역	0	-	
			기타지역	0	-	
075.9277A	3	1순위	해당지역	33	11.00	1순위 해당지역 마감(청약 접수 종료)
			기타지역	0	-	
		2순위	해당지역	0	-	
			기타지역	0	-	
075.6745B	3	1순위	해당지역	14	4.67	1순위 해당지역 마감(청약 접수 종료)
			기타지역	726	-	
		2순위	해당지역	0	-	
			기타지역	0	-	
075.8529C	1	1순위	해당지역	15	15.00	1순위 해당지역 마감(청약 접수 종료)
			기타지역	0	-	
		2순위	해당지역	0	-	
			기타지역	0	-	
084.8878A	4	1순위	해당지역	111	27.75	1순위 해당지역 마감(청약 접수 종료)
			기타지역	0	-	
		2순위	해당지역	0	-	
			기타지역	0	-	
084.7320B	7	1순위	해당지역	109	15.57	1순위 해당지역 마감(청약 접수 종료)
			기타지역	0	-	
		2순위	해당지역	0	-	
			기타지역	0	-	
084.9085C	9	1순위	해당지역	244	27.11	1순위 해당지역 마감(청약 접수 종료)
			기타지역	0	-	
총합계	43			1,586		

〈사진 5-32, 33〉 평형별 청약 경쟁률 비교　　　　　　　　(출처 : 청약홈)

사진 5-32, 33을 확인해 보면 박스를 친 애매한 평형의 경쟁률이 현저하게 낮다는 것을 확인할 수 있다. 그렇다고 72, 75타입이 별로인가? 아니다. 59타입보다 훨씬 넓고 좋다. 그럼에도 59타입은 경쟁률이 높고 72,

75타입은 경쟁률이 현저히 낮은 이유는 무엇일까? 결국 사람들은 자신에게 익숙한 것을 반복해서 선택하는 경향이 있기 때문이 아닐까? 단순히 분양가의 차이 때문이라고 설명하려면 84의 경쟁률이 59보다 높은 것은 어떻게 설명할 수 있겠는가?

모델하우스(견본주택)에 전화하라

모델하우스에서 일하는 사람들의 최종 목적이 무엇인가? 그들은 돈을 받고 분양 세대의 완판을 목적으로 고용된 사람들이다. 인기 청약지는 모델하우스 전화 연결 자체도 쉽지 않은 경우가 있는데, 그렇다고 포기하면 안 된다. 전화가 연결되면 나는 이렇게 이야기한다.

> "이 분양이 완판될 것은 나도 알고 있다. 그러나 계약자가 개인적 사유로 중도금 대출이 실행 안 되거나, 계약일에 나타나지 않는 경우가 있을 수 있다. 그러니 그러한 물량을 수의계약으로 처리해야 할 경우 나에게 우선권을 달라. 반드시 입금부터 하고 방문하겠다."

이 방법으로 실제로 분양받은 아파트가 있기 때문에 말할 수 있는 것이다. 청약홈에서 정상적으로 청약이 진행되어 완판이 되었음에도 완판 이후 3개월 후에 나에게 전화가 왔다. 이전에 저렇게 말해 둔 통화로 인해 내가 기억에 남아 연락처를 기록해 두었고, 당첨자의 개인 사유로 중도금 대출이 불가능하여, 20층 물건이 1개 나왔다는 것이다. 오늘 내로 계약한다면 우선권은 나에게 있다는 연락이었다.

전화 한 통으로 완판된 인기 청약에 당첨된다니, 의외로 세상일은 이렇게 돌아가곤 한다. 보류지 낙찰도, 청약도, 전화 몇 통과 적절한 어필이 기회로 돌아올 수 있다. 이렇게 한다고 해서 항상 모든 것을 가질 수는 없겠지만, 여러분이 그 기회를 절대 가질 수 없다고 이야기할 수 있을까? 구하는 자에게는 돌아오는 것이 있다고 믿는다.

초보가 투자하면 망하는
부동산 유형 TOP 10

투자의 세계에서는 연전연승을 하다가도 단 한 번의 실수로 망하곤 한다. 그래서 **수익률보다 중요한 것은 안전성이다.** 주식과 마찬가지로 부동산에도 다양한 투자 상품들이 있는데 각각 적용되는 법이 다른 경우도 있고, 대출 비율과 투자 목적이 다르기도 하다. 어떤 투자를 하더라도 위험성과 수익성 사이의 균형을 스스로 잡고 의사결정을 한 경우는 문제가 되지 않는다. 하지만 투자라는 명목으로 포장된 수많은 상품들을 초보자가 다 알고 결정하지는 않는다.

다양한 상담을 하다 보니 여러 실패 사례들도 듣게 되었다. 처음부터 잘못 끼워진 단추를 되돌리기에는 이미 늦은 경우가 많았다. 특히 부동산은 한 번의 의사결정만으로도 수천에서 수억 단위의 자금이 오가기 때문에 더욱 그렇다. 주식이나 파생상품 등 금융상품은 호가창에 주문들이 존재하는 한 언제든 손해를 보고라도 팔 수 있다. 그러나 부동산은 잘못된 계약을 하는 그 순간부터 손해를 보더라도 팔기가 쉬운 일이 아니다. 심지어 몇몇 부동산 상품은 실재하지도 않았고 앞으로도 그럴 일이 없으며, 돈만 잃는 경우도 있다.

마지막으로는 수익성과 관련 없이 조보자라면 절대 하지 말아야 할 부동산 투자 가이드 라인을 안내한다. 이 조건은 관련법, 취득 운용 처분의 계획 및 형태, 관련 세금을 모른다는 가정하이며, 해당 상품을 다년간 투자해 온 사람이라면 예외로 해도 무방하다. 다만, 앞으로 열거할 부동산 상품들에 대해서는 일단 투자하지 말고 경고를 귀담아들었으면 한다. 만약 그럼에도 투자하고자 한다면, 해당 상품과 동종 상품의 계약서, 피해 사례, 관련법, 수익구조 등 다양한 자료를 구해서 직접 약관, 법, 방법 등을 확인하고 진행하길 바란다.

1 원투룸 오피스텔

아파트는 투룸이 종종 가격이 오르는 경우도 있다. 재건축 대상이 되는 경우이다. 빌라도 투룸부터는 종종 재개발 대상이 되어 돈을 벌게 되는 경우가 있다. 그러나 원투룸 오피스텔은 그 어떤 경우에도 매수를 추천하지 않는다. 강남역 바로 앞에 있는 오피스텔도 원투룸은 가격이 잘 오르지 않는다. 특히 역세권과 고급 브랜드라는 이유로 지나치게 높은 분양가로 분양하는 원투룸은 계약하는 순간부터 후회할 일만 남았다고 봐도 좋다. 이렇게까지 강도 높게 이야기하는 이유는 많은 사람들이 가장 쉽게 접하고 가장 쉽게 취득하며, 가장 후회를 많이 하는 투자 상품이기 때문이다.

3룸 대단지 오피스텔은 아파트의 기능을 80% 이상 대체하기에 본질적 가치가 비교적 높다고 할 수 있지만, 원투룸은 단순 월세 수익 외에는 크게 시세차익을 가져오기가 어렵다. 오히려 시간이 지날수록 매매가격이 떨어져 그간 받은 월세 수익보다 훨씬 큰 손해를 보고 팔게 되는 경우가 더 많다.

원투룸 오피스텔 투자가 좋지 않은 이유는 **첫 번째로 토지 지분이 지나치게 작다는 것이다.** 주로 상업용지에 건축되는 오피스텔 특성상 높은 용적률을 허가받아 상당히 고층으로 지어지는데다가, 시행사의 수익을 위해 잘게 쪼개서 여러 칸을 분양하기 때문에 더욱 대지권이 적다. 이러한 이유로 인해 재건축, 재개발 등 정비사업에 포함될 확률이 0%로 수렴하며, 낡아 가는 건축물과 함께 매매가격이 떨어질 확률은 계속 올라간다.

두 번째로는 유동화가 어렵다는 것이다. 취득하고 월세를 받다가 꼭 팔아야 하는 때가 도래한다면 처분이 쉬워야 하는데, 가격을 깎아도 좀처럼 매수자가 나타나질 않는다. 그렇다고 헐값에 팔아 버리자니 그간 받은 월세 수익보다 깎아 주는 금액이 더 커서 고생만 하고 손해를 보게 되는 것이다.

세 번째로는 장기간 보유하겠다 마음을 먹더라도 수익성이 생각보다 없다는 것이다. 10년 전 원룸 월세나 지금 원룸 월세나 크게 다르지 않다. 그러나 건축물이 낡아 가면서 수리비는 증가한다.

예를 들어 보자. 매월 월세로 50만 원을 받으면 1년에 600만 원이다. 수리비와 재산세 등 세금 등을 납부하면 내 손에 떨어지는 돈은 많아 봐야 500만 원 정도. 5년 정도 지나면 2500만 원의 수익을 올렸을 것이다. 하지만 시간이 지나면서 매매가격이 4천만 원 떨어진다. 찾는 사람이 없기 때문이다. 이는 상담을 했던 분의 실제 이야기로, 매월 월세를 받는다는 생각에 원룸을 취득했다가, 팔게 되면서 취득세와 중개료 포함 수천만 원의 손해만 봤다. 원투룸 오피스텔은 금방 새 건물이 들어서니, 주변에 새로운 경쟁자들이 생기는 순간 오래된 나의 오피스텔은 시장으로부터 더욱 외면받을 뿐이다.

2 도시형 생활주택

도시형 생활주택은 300세대 미만의 국민주택 규모에 해당하는 주택으로, 국토의 계획 및 이용에 관한 법률에 따른 도시 지역에 건설하는 원룸형 주택, 단지형 연립주택, 단지형 다세대주택을 말한다. 정해진 형태가 있는 것은 아니지만 **통상 원룸형으로 건설되며 수익형 부동산으로 투자를 하는 형태가 많다. 원투룸 오피스텔과 본질적인 측면은 다르지 않다.**

도시형 생활주택은 남는 토지가 있어서 그 토지에 건축물을 지어 건물 전체를 수익형 부동산으로 운용하려는 사람 외에는 추천하고 싶지 않다. 원투룸 오피스텔의 단점에 주택 규제라는 단점이 추가되므로 매수를 원하는 사람은 더 적기 때문이다. 실제 강남역 바로 앞에 있는 도시형 생활주택도 매매가격 2억 원 정도가 많으며, 수년간 가격이 제자리인 경우가 많다. 강남역 바로 앞도 사정이 이러한데 이외의 지역은 어떨까? 한 칸 분양받는 순간부터 수천만 원의 손해를 안고 시작한다고 봐도 무방하다.

3 신축 빌라

신축 빌라는 투자든 임대든 조심해야 한다. 일명 '작업물건'이 되기 쉽기 때문이다. 신축 빌라 작업물건이 대체 무엇이며, 작업물건이 되는 배경은 무엇인지 알게 된다면 결코 **전세사기(전세 임대를 담보하여 보증금을 편취한 뒤, 이를 정해진 기한 내에 돌려주지 않는 사기 형태)** 같은 일은 벌어지지 않을 것이다.

2023년 이후 전국적으로 대규모 전세사기로 인해 많은 사람들이 몸살을 앓고 있다. 그러나 전세사기를 사기로 입증하는 것이 쉬운 일은 아니다. 계약만기 당시 보증금을 애초부터 반환하지 않으려 했다는 명확한 증거가 있어야 사기가 성립하는데, 역전세가 난 이유가 집주인 때문이라고 단정짓기가 어렵기 때문이다. 대체 이런 일은 왜 일어날까?

신축 빌라에서 이런 일이 자주 일어나는 이유는 작업물건으로 만들기가 쉽기 때문이다. **작업물건이란 불투명한 가치를 기반으로 하여 정보 비대칭성을 이용한 가격 조작**이라고 이해하면 된다. 우리가 이전 목차에서 빌라 가격을 가지고 감정평가 연습을 했던 이유가 바로 여기에 있다.

세대 수가 많은 아파트나 오피스텔에 비해 빌라는 개별성과 가격 편차가 크다. 그중에서도 신축 빌라는 더 그렇다. 새로 지었고 위치도 다 다르기 때문에 적절히 비교할 거래 가격이 없기 때문이다. 이러한 배경을 바탕으로 작업 팀들은 자신들과 주거래하는 곳에서 감정평가를 받아 내, 최대한 대출이 많이 일어날 수 있도록 시세를 띄운다. 건축주와 시세 조정 작업 팀이 협의한 목표 매도가격과 감정평가 작업을 통해 전세대출 금액이 매매가격과 얼마 차이 나지 않도록, 모든 작업을 한꺼번에 하는 것이다.

이렇게 하면 투자자 입장에서는 갭투자를 하기 용이해지고, 임차인 입장에서는 대출이 많이 나와 자기 자금을 적게 사용해도 된다. 바로 여기에 함정이 있다. **투자금은 적지만 채무는 늘어나는 식이기 때문에 투자자**

도 임차인도 시세 조정기기 도래하면 늘이난 채무를 서로 주고받기가 힘들어진다.

이런 작업은 보통 부동산 상승기에 자주 일어나며 사고가 터진 걸 알게 되는 순간은 부동산 침체기이다. 이를 사거나 임대한 사람은 계약한 지 수년이 지나서야 상황 판단을 하게 되고, 이를 돌이키기엔 너무 늦은 경우가 많다.

신축 빌라 자체의 잘못은 없다. 주차 문제나 그 외 시설 같은 것만 제외하면 꽤 살기가 좋기 때문이다. 인테리어도 잘해 놨을 뿐 아니라 아파트 구조처럼 지어 놓는 경우도 많다. 신축 빌라의 주거의 가치와 별개로, 작업이 들어갈 수밖에 없는 탄생 배경상 투자나 임대는 금물이라고 봐야 한다. 물론 이미 기초적 감정평가 등을 배운 우리에게 문제가 될 일은 없을 것이다.

신축 빌라도 충분히 저렴한 가격으로 분양한다면 시세차익과 임대수익 모두 거둘 수 있다. 주거가치 자체의 문제가 있는 것은 아니기 때문이다. 그러나 주변 시세 대비 1억 3천만 원이나 비싸게 전세 계약이 되는 기이한 광경을 목격한 나는 당시의 애석한 마음을 감출 수 없었다.

④ 생활형 숙박시설

생활형 숙박시설은 생숙, 레지던스 등으로도 불린다. 전국에 3,300개 정도가 있다고 하는데 주거용 부동산과 숙박시설의 혼합체이다. 오피스텔은 업무와 주거의 혼합체이지만 통상 업무면 업무, 주거면 주거로 한 가지 형태로 정해서 사용한다. 반면 생활형 숙박시설은 반은 주거용, 반은 숙박시설과 같은 형태로 사용되기 때문에 독특하다고 할 수 있다.

우선 생활형 숙박시설이 투자의 대상이 된 이유부터 살펴보면, 주택 규제를 회피할 수 있다는 장점이 있기 때문이다. 애초에 생활형 숙박시설은 정부의 관광 활성화 정책하에서 숙박시설의 투자를 늘리기 위해 개인에게도 분양을 받을 수 있도록 하기 위해 만들어졌다. 쉽게 말해 호텔을 쪼개서 파는 것이다. 정부에서 투자를 장려하기 위해 태어났으니 어떻겠는가? 각종 주거용 부동산에 적용되는 규제 대상에서 모두 제외된다. 어떠한 경우에도 주택 수에 포함되지 않으며 규제지역 여부와 상관없이 대출이 많이 나온다. 청약통장도 필요 없으며, 전매제한도 없다.

손 안 대고 코 풀 수 있을 것 같은 이 매력적인 투자처를 나는 쳐다보지도 않는다. 그만큼 독을 많이 품고 있기 때문이다.

〈사진 5-34〉 경매에 단골로 등장하는 생활형 숙박시설　　　　　(출처 : 법원경매)

사진 5-34처럼 생활형 숙박시설은 경매에 단골로 등장한다. 심지어 유찰이 5회나 되어 감정평가액 대비 17%의 최저가를 형성하고 있다. 연 단위의 장기 임차인이 있는 경우가 드문 숙박시설이니 명도 걱정도 없고, 이미 지어져서 운영되는 호텔임에도 아무도 찾는 사람이 없는 것이다. 무언가 문제가 있는 것이 분명하다.

생활형 숙박시설은 숙박객이 이용하는 수익금으로 대출한 원리금을 갚아야 한다. 이 과정에서 수분양자는 을의 위치로 변한다. 호텔이므로 이를 운영하는 대행사가 존재하기 때문이다. 고객이 항상 꾸준히 많아서 수익이 지속적으로 발생하는 호텔이라면 문제가 없겠지만, 대개 대행사의 운영수익과 수분양자의 원리금 상환을 충당하기에 역부족인 경우가 많다. 이 경우 원리금 상환을 하지 못하는 수분양자는 저당권자(은행 등)의 권리 행사로 경매를 당하게 된다. 이외에도 호텔의 운영 투명성이 부족하다. 운영하는 대행사가 자신들의 이익을 우선하게 될 것이 뻔하기 때문이다.

호텔로 운영하지 않고 일반적으로 임대계약을 하여 월세를 받는 경우는 어떨까? 이러한 행위는 불법이다. 비밀리에 임대에 성공해 원리금 상환액을 충당할 수 있다고 해도 이를 추후에 되팔기가 어렵다. 찾는 사람이 드물기 때문이다.

생활형 숙박시설은 주택법이 아닌 건축법상의 공중위생관리법을 적용받기 때문에, 용도변경을 별도로 거쳐야만 주거용으로 사용할 수 있다. 분양을 받으면 숙박업 신고를 해야 하며, 용도변경을 하지 않은 채로 주거용으로 사용 시 이행 강제금이 매년 부과된다. 규제 회피성으로 분양을 받았는데 이행 강제금을 피하려면 돈을 들여 용도변경을 해서 다시 주택으로 바꿔야 한다. 주택으로 바꾸려면 주차용지를 추가로 확보해야 하며 전 세대원 100% 동의라는 사실상 불가능에 가까운 일처리가 남는다. 이 과정에서 발생한 비용과 추후에 감당해야 할 손해는 수분양자 몫이다.

⑤ 지식산업센터 내 기숙사

지식산업센터는 아파트형 공장으로, 주로 중소기업, 스타트업 기업이 입주하여 업무용으로 사용한다. 지식산업센터 내 기숙사는 일반적인 오피스텔에 비해서 분양가도 저렴하고, 대출도 많이 나온다. 적은 돈을 투자하여 월세를 받기에 좋은 상품처럼 보인다. 내부도 오피스텔이랑 거의 똑같기 때문에 오피스텔과 같은 투자처처럼 보이지만, 적용되는 관련법이 다르다. 지식산업센터는 산업집적 목적으로 정부의 혜택을 받아 건설된다. 때문에 몇 가지 규제사항을 지켜야만 한다. 여기에 문제의 소지가 있다.

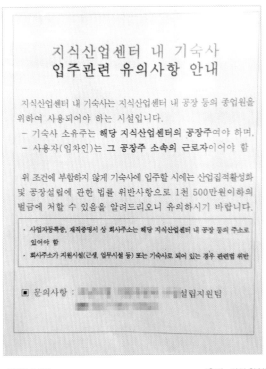

〈사진 5-35〉   (출처 : 직접 촬영)

사진 5-35는 구청, 시청 관리감독 기관이 단속하여 행정명령을 사전고지한 내용이다. 이처럼 구청, 시청이 단속에 돌입하면, 그 운명은 뻔하다. 물론 암암리에 전입신고를 하지 않는 조건으로 임대가 이루어지고 있는 것이 사실이지만, 이를 공모하는 수분양자와 공인중개사 모두 불법을 저

지르고 있는 것이다. 정부가 산업집적 목적으로 다양한 혜택을 주어 건설하게 해 준 만큼 지켜야 하는 법적 사항이 떡하니 있음에도 말이다.

산업집적활성화 및 공장설립에 관한 법률의 적용을 받는 지식산업센터는 동일 법 제28조 7항 3호에서 입주자를 제한하고 있다. 1500만 원 이하의 벌금에 처하는 사항이다.

제28조 7항 3호: 제28조의 5 제1항에 따른 입주대상시설이 아닌 용도로 지식산업센터를 활용하거나 입주대상시설이 아닌 용도로 활용하려는 자에게 지식산업센터의 전부 또는 일부를 양도·임대하는 행위

🔑 이와 같은 행위를 해서는 안 된다(1,500만 원 이하의 벌금에 처하는 사항)

굳이 단속을 하지 않더라도 임차인이 통보 없이 전입신고를 해 버리면 어떻게 될까? 그로 인해 발생하는 손해를 임차인에게 전가한다는 계약서를 작성했다고 해도 이는 불법 사항을 구성하는 계약이므로 무효이다. 민사소송으로 간다고 해도 소유자가 임차인에게 구상권을 청구해 봤자 패소할 것이다. 애초에 거주를 염두에 둔 임대에, 전입신고를 못하게 하는 것 자체가 불법이기 때문이다. 만약 이를 알고 있는 임차인이 소유자를 상대로 협상을 하려 한다면 어떻게 할 것인가?

월세 조금 벌어 보려다가 불법을 저지르고 을이 되는 바보 같은 행동을 해야 할 이유가 없다. **불법으로 쉽게 돈을 버는 것보다 열심히 공부해서 깨끗하게 돈을 버는 것이 길게 살아남는 법이다.**

　전원주택에 대한 로망은 누구에게나 있다. 자신만의 공간에서 뜰을 가꾸며 스트레스 없이 가족과 반려동물과 산다는 건 멋진 생각이다. 그러나 도심은 토지가격이 높기 때문에, 도심에서 전원생활을 즐기려면 수십 억에서 백억 대 단위의 자금이 필요하다. 평당 1억인 땅도 있으니 말이다. 이러한 수요를 위해 땅값이 저렴한 수도권 외곽과 지방에 타운하우스 단지를 조성하여 이를 분양하는 시행도 늘어나는 추세다.

　타운하우스에 살면서 한적한 삶을 즐기는 것이 문제가 되지는 않는다. 삶을 살아가는 가치관의 차이이기 때문이다. 그러나 처음에는 반드시 임차하여 거주해 보는 것을 권한다. 사정을 확인하지 않고 충동적으로 대지를 매입해서 건물을 올리거나, 타운하우스 분양을 받게 된다면 크게 후회할 수도 있으니 말이다.

　타운하우스를 짓는 사업자의 입장에서는 어떤 땅을 매입해서 건축을 해야 수익을 거둘 수 있을까? 말할 것도 없이 싼 땅이어야 한다. 최소 수백 평에서 천 평 이상 토지를 매입해야 하는 사업자 입장에서 수익을 남기려면 임야를 찾게 된다. 타운하우스가 산지에 많은 이유이다. 그러나 산지 주변에는 대부분 축사, 군부대, 공장, 창고, 분묘, 화장터 등 기피시설이 이미 존재한다. 이러한 기피시설의 존재는 삶의 질을 상당히 떨어뜨릴 확률이 높다.

　여기에 더해 임야를 개발할 경우 용적률, 건폐율과 같은 건축제한사항과 수익성을 위해 건물의 바닥 면적을 상당히 좁게 만들 수밖에 없다. 건축이 허가되는 임야는 보통 계획관리지역으로 용도지역이 설정되어 있고, 건폐율이 40%밖에 되지 않기 때문에 100평의 땅을 매입해도 건물의 바닥 면적이 최대 40평이다. 이와 더불어 판매가격을 위해 바닥 면적을 쪼개서 여러 세대를 지으려고 한다. 결과적으로 100평의 땅을 매입해도 사업자는 바닥 면적 20평, 2층은 15평, 3층은 5평 이런 식으로 1채를 짓는다. 이것이 뭐가 문제인가 싶겠지만 같은 평수라도 바닥 면적이 좁을수록 대기 접촉면이 넓어지기 때문에 여름에는 집이 펄펄 끓고 겨울에는 집이 얼음처럼 언다. 특히 2, 3층은 날씨에 따라 생활 조건이 훨씬 심각해진다.

그뿐 아니다. 수익성을 올리려면 판매가는 고정하되 원가는 줄여야 한다. 어떻게든 원가와 공수를 아끼기 위해 눈에 보이지 않는 곳(샷시, 벽체, 바닥의 마감 등)의 부실 공사는 피할 수 없다. 부실 공사는 추후 단열 불량, 결로 발생, 침수 등 곳곳에서 하자를 초래한다. 이로 인해 생기는 문제는 소유자가 해결해야 할 몫이다.

이러한 사정 때문에 타운하우스는 아파트에 비해 건축물 감가가 2배 정도 빠르게 진행되며, 몇 년만 살아도 매매가격 하락을 막을 수가 없다. 아무리 관리를 잘했다 하더라도 애초부터 되팔기조차 어려운 것도 사실이다. 막상 이 전원 생활에 지쳐 다시 도심으로 돌아가려 할 때, 내 집이 안 팔려서 옴짝달싹 못하게 되는 상황이 발생한다. 이 때문에 꼭 전원 생활을 해야겠다면 먼저 임차하여 살아 보라는 것이다.

시그니엘처럼 서울의 랜드마크급 나홀로 주상복합은 인기가 높다. 가격도 잘 오른다. 수백억 대 자산가들을 타깃으로 만들어지기 때문에 희귀성을 인정받는다. 그러나 일반적인 도심의 나홀로 주상복합의 장점은 기껏해야 역세권 정도이다. 그마저도 아니라면 더욱 암담하다.

부동산 투자에서 중요 고려사항은 가치의 희소성과 환금성이다. 그런데 대부분의 나홀로 주상복합은 이 두 가지 모두가 상대적으로 부족하다. 아파트보다 고층으로 지어지는데다가 저층에는 다양한 편의시설이 존재하고, 역과 가까운 경우가 많아 주거가치 측면에서는 아파트에 비해 부족함이 없다. 그러나 세대 수가 적은 만큼 아는 사람도 드물고 찾는 사람도 드물다. **사진 5-36**은 어느 나홀로 주상복합의 거래 현황이다. 최근까지도 이전 3년간 거래가 딱 세 번 되었다. 1년에 한 채 거래된 셈이다. 건설 브랜드가 자이이고 총 400세대이며(나홀로 주상복합치고는 대단지이다), 도보 1분 초역세권에 대형마트와 영화관까지 있는 랜드마크급 서울 소재 주상복합임에도 말이다. 몇 억 원을 내려 팔 것이 아니라면 팔기가 정말 어렵다. 임대를 주는 것도 아파트에 비해 만만치 않다.

매매 실거래가		2022.10. 국토교통부 기준
계약월	매매가	
2021.04.	10억 5,000(13일,19층)	
2020.09.	9억 8,000(1일,31층)	
2020.08.	~~9억 2,000(10일,9층)~~ 계약취소	9억 2,000(10일,9층)

〈사진 5-36〉 어느 서울 나홀로 주상복합의 실거래 내역   (출처 : 네이버부동산)

거기에 더해 나홀로 주상복합을 대체할 만한 오피스텔도 우후죽순 들어설 수 있어 희소가치도 분명 떨어진다. 임차인 입장에서도 새로 들어서는 오피스텔 대비 나홀로 주상복합을 선택해야 할 이유가 특별히 없기 때문이다.

또 한 가지 문제는 재건축의 희망이 거의 없다는 것이다. 주상복합은 사업성을 위해 좁은 대지 대비 높게 건물을 올린다. 건물이 높아질수록 세대 수는 많아지고 세대 수가 많아질수록 안 그래도 아파트에 비해 좁은 토지를 더 많은 세대가 분할하여 대지권을 가지므로, 재건축 사업성이 '0으로' 수렴한다. 수백, 수천 억의 돈을 들여 부수고 다시 지어도 다시 똑같은 층의 주상복합이 될 테니 말이다. 그래서 낡으면 낡을수록 기회를 얻을 수도 있는 아파트에 비해 시간이 지날수록 불리한 입장에 처하게 되는 주상복합이 많다고 볼 수 있다.

사진 5-36의 유명 주상복합은 거래는 잘 안 되어도 가격은 조금씩 올라가는 단지이다. 그나마 최선의 샘플을 소개한 것이다. 이 수준에 미치지 못하는 나홀로 주상복합들은 처참한 거래량과 가격 상승률을 보여 준다. 부동산 호황기에 종종 역세권이라는 이유만으로 초고가에 분양하는 주상복합 현장들이 있는데, 여기에 잘못 걸리면 분양가를 회복하는 데 10년은 기다릴 각오를 해야 한다. 그리고 그 비싼 돈을 주고 10년을 기다릴 바에는 재건축, 재개발을 공부해서 돈 되는 단지에 하나 묻어 놓고 10년을 보내는 것이 훨씬 현명한 선택이다.

어느 날 전화 한 통을 받았다. 부모님 지인의 아들이 분양 계약을 한 것 같은데 알아봐 달라는 것이다. 열심히 살아서 자기 집을 장만한 사연인가 싶었다. 나는 계약금을 얼마 정도 지불했는지 물어봤다. 계약금은 아직이고 알지 못할 이유를 대면서 일단 100만 원을 입금해 계약 우선 순위를 잡았다고 이야기를 들었다. 확인해 보니 지역주택 조합 아파트였다. 애당초 구축 아파트 시세가 10억 원인 동네에서 신축 아파트를 6억 원에 분양받게 된다는 이야기가 의심스러웠다. 일반 청약이라면 그런 일이 있을 수 있겠지만 4억 원이나 차익이 존재하는 로또급 일반 청약에서 일단 100만 원을 입금하는 경우는 본 적이 없다.

지역주택 조합 아파트의 사업 성공률은 5% 정도이다. 일반 사람들은 토지사용승낙비율과 토지확보비율의 개념도 헷갈릴 것이며, 지역주택 조합의 설립 인가 조건도 잘 알지 못할 것이다. 이런 사람들에게 만약 상담사가 토지사용승낙을 90% 확보했다고 말하면 어떻게 받아들일까? 10%만 더 확보되면 사업이 진행되겠다고 생각하기 쉽다는 것이다. 그리고 이것을 적극적으로 활용해 조합원을 모집하는 것이 현실이다. 좀 더 자세히 알아보자.

'지역주택조합 설립 인가'의 조건은 다음과 같다.

> ❶ 사업 예정 세대 수의 50% 이상 조합원을 모집할 것
> ❷ 주택 건설 예정 대지의 80% 이상 토지사용승낙서를 받을 것
> ❸ 15% 이상 토지소유권을 확보할 것

토지사용승낙서는 애초부터 80% 이상 받아야만 그제서야 조합이 설립되는 한 가지 조건을 충족한다는 것이다. 그리고 이 토지사용승낙서는 필요 조건일 뿐 조합원 입장에서는 아무런 쓸모가 없다. 정작 중요한 것은 '지역주택조합 설립 인가' 조건이 아닌, **토지확보비율이 95% 이상에 도달해야만 나머지 5%의 토지를 매도청구를 통해 강제 매입하여 100% 토지가 확보된 이후에 철거 및 이주를 시키고 착공에 들어갈 수 있는 것이다.** 이 과정만 봐도 몇 년이 걸릴지 알 수 없다. 실제로 95%가 넘는 지역주택조합 사업현장이 이 토지확보비율을 채우지 못해 좌초된다. 사업 예정지에 살고 있는 사람이 팔기 싫다고 하면 달리 방법이 없다.

토지확보비율을 채우지 못한 채 시간이 지날수록 조합원은 사업비 부담이 높아진다. 때가 되면 추가분담금의 명목으로 수천만 원씩 추가 입금해야 하는 날이 찾아온다. 토지의 가격은 올라가고 조합의 운영비는 계속 지출되며, 각종 소송이 진행되면서 사업은 멈추고 책임자는 횡령을 하기도 하며 좌초되는 것이다. 이때 들어간 모든 비용은 조합원의 몫이며 조합원은 이 사업의 주체이기 때문에 사기라고 주장하기도 어렵다.

〈사진 5-37〉 지역주택조합의 홍보 현수막 (출처 : 직접 촬영)

지역주택조합과 일반 아파트 분양을 구분하는 방법을 소개한다. 딱 두 가지만 알면 되고 알아보기 쉽다. 첫 번째, 지역주택 조합 아파트의 조합원 모집은 현수막 광고와 전화 영업을 한다. 사진 5-37처럼 현수막이 붙은 말도 안 되는 가격의 아파트는 조합원 모집이다. 두 번째, 아파트는 모델하우스, 견본주택이라는 말을 써도 되지만 지역주택조합은 '홍보관'이라는 말을 써야 한다. 아파트 분양 계약을 하는 것이 아니라 조합원으로 가입 계약을 하는 곳이기 때문에 법적으로 모델하우스, 견본주택이라는 말을 쓸 수가 없다. 그러나 내부는 우리가 보던 모델하우스와 똑같다. 따라서 입구 간판에 홍보관이라는 문구가 보이면 이건 일반분양하는 아파트가 아니라 지역주택조합 가입이라고 생각하면 된다.

〈사진 5-38〉 홍보관이라는 문구를 사용하는 지역주택조합　　　(출처 : 직접 촬영)

9 신도시 상가

　신도시 상가를 투자의 대상으로 삼기에 껄끄러운 이유는 분양 시점과 상권이 성숙되는 시점이 일치하지 않기 때문이다. 신도시는 국가가 도시 개발사업을 통해 수만 세대가량 도시계획을 하여 건설하기 때문에 수년에 걸쳐 지어지며 거기에 또 수년에 걸려 입주가 이루어진다. 입주 이후에도 교통망 건설, 대형 백화점 건설 등 상권이 성숙해지기까지는 또 몇 년이 걸린다. 때문에 엉성한 수익률 계산표, 분양 홍보용 팸플릿만 보고 계약이 이루어지는 경우가 많다.

　부동산의 투자 시점과 사용 시점이 다른 것이 반드시 문제인 것은 아니다. 투자 시기와 사용 시기 분리를 잘 활용하면 효율적 투자 방법으로 사용할 수 있기 때문이다. 하지만 상가는 길 하나 차이로 일명 '대박 집'과 '망할 집'이 갈린다. 누가 어떻게 왜 사용될지 모른 채 투자를 하기엔 지나치게 리스크가 크다. 또, 상권은 살아있는 것처럼 움직인다. 아직 완성도 안 된 지역이라면 더더욱 어디가 인기가 많은 상업지역이 될지 짐작하기가 어렵다. 생각과 다르게 다른 개발사업의 영향으로 메인 상권이 이동할 수도 있다.

〈사진 5-39〉 1층도 모두 공실인 신도시 상가   (출처 : 직접 촬영)

사진 5-39는 왕복 4차선 교차로 전면에 위치한 신도시 상가 1층 사진들이다. 사진 내에는 4칸의 상가가 구분되어 있다. 좌측부터 첫 번째는 내부 철거조차 안 된 채 10달 이상 문이 잠겨 있으며, 두 번째는 계속해서 공실인 상태, 세 번째는 편의점이 망해서 점포 정리 중인 상태, 네 번째는 계속해서 공실인 상태이다. 이 건물만 이런 것이 아니라 해당 지역 인근의 상가 대부분이 공실이 많은 상황이다. 이런 상황이라면 적절한 임대료를 받기가 어렵다.

반면 신도시 상가의 분양가는 어떤가? 상당히 비싸다. 비싼 대금을 지불했지만 수익은 고사하고 공실이 되어 수년간 방치되는 경우가 흔하다. 그냥 공실로 두고 기다리자니 매월 납입해야 하는 원리금 상환은 엄청난 부담이 된다. 그러다가 경매를 당하게 되는 것이다.

신도시 상가에 투자하고 싶다면 경매로 취득할 것을 권한다. 경매로 나왔다는 것은 이미 그 신도시가 완성되어 아파트 입주 및 상가 완공이 끝났다는 것이므로, 직접 현장을 확인해 보고 판단할 수 있다. 이외에도 유찰을 통해 비싼 분양가 거품을 걷어 내고 적정한 시장가치에 매입할 수 있는 기회도 가질 수 있다. 그리고 임대수익 운영을 위한 다양한 출구전략을 세워 놓는 것으로 마무리 지으면 된다.

10 일부 토지

모든 사람은 땅 위에 살고 있다. 아무리 아파트, 주식, 코인이 열풍이라 할지라도 토지만 한 것은 없다고 생각한다. 토지는 부동산의 근본이고 전부이다. 사실 토지만큼 믿을 만한 투자처도 드물다. 하지만 **아무리 토지의 가치가 궁극적이라 할지라도, 토지의 사용을 제한하는 법, 정책, 위치, 모양에 따라서 그 가치가 시간에 따라 달라지기 때문에 이러한 내용을 잘 알고 투자하여야 한다.**

국가의 성립 세 조건으로 국민, 영토, 주권이 있다. 영토가 100% 땅을 말하는 것은 아니지만 결국 근본은 토지라고 보면 된다. 국가 성립의 핵심 요인인 만큼 전 세계가 토지의 소유, 사용 등을 정책적, 법적으로 제한하거나 규제하고 있다. 우리나라는 안 그래도 작은 나라인데 산림이 워낙 많아 국토의 30% 정도만 개발하여 도시로 사용할 수 있다. 개발 가능한 땅은 그만큼 귀하다. 이렇게 땅이 귀하다 보니 정부는 법과 정책을 통해 개발에 대한 가이드를 두었다.

그 핵심의 되는 법이 바로 국토의 계획 및 이용에 관한 법률이다. 간략하게 설명하자면 땅의 사용 용도에 대한 가이드를 두어 난개발을 방지하고 국토를 효율적으로 이용하자는 취지의 법이다. 그리고 이 법 때문에 투자할 만한 땅, 그리고 투자했다가 망할 땅이 나눠지게 된다. 구체적으로는 용도지역, 용도지구, 용도구역과 같은 지역에 따른 개발제한 사항과 토지의 소유권에 관한 사항을 알아야 한다. 이것들만 알게 되면 적어도 땅을 샀다가 망할 일은 없을 것이다.

토지를 샀다가 망하는 경우는 크게 두 가지이다.

📍 매수한 토지가 인허가가 나오지 않아 건축행위를 할 수 없는 경우

먼저 법률상으로 건축행위를 할 수 없는 토지가 있다. 크게는 세 가지가 해당한다.

> ❶ 해당 토지로 진입하는 도로가 없는 경우
> ❷ 보전녹지지역과 같은 용도지역제한과 경관지구, 보호지구 등으로 설정된 용도지구 및 개발제한구역, 군사기지 및 군사시설 보호구역과 같은 용도구역으로 분류된 개발행위 제한 구역인 경우
> ❸ 토지 모양이 좋지 않거나 면적이 건축하기에 너무 작은 경우

첫 번째, 해당 토지로 진입하는 도로가 없는 경우이다. 건축법상 도로란 보행과 자동차 통행이 가능한 너비 4m 이상의 도로나 예정 도로를 말한다. 그리고 특수한 경우를 제외하고는 이 도로가 건축하고자 하는 대지에 2m 이상 접하여야 한다.

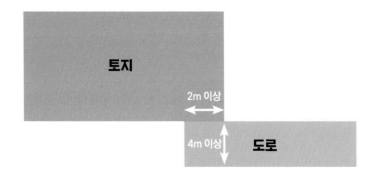

맹지라는 말을 들어 봤을 것이다. 타인 소유의 토지에 둘러쌓여 도로에 접하지 못한 경우 건축이 불가능한 땅을 일컫는 말이다. 일부 전문가들에게는 맹지도 투자의 대상이 될 수 있지만, 자금 여유가 없거나 관련 지식이나 경험이 없다면 맹지 투자는 고생길이 될 확률이 높다.

두 번째, 보전녹지지역과 같은 용도지역 제한과 경관지구, 보호지구 등으로 설정된 용도지구 및 개발제한구역, 군사기지 및 군사시설 보호구역과 같은 용도구역으로 분류된 개발행위 제한 구역인 경우이다. 앞서 기재된 것 외에도 수많은 용도지구, 용도구역이 있지만 위 경우에 걸리면 언제 개발을 할 수 있을지 기약이 없다. 첫 번째 경우처럼 맹지라면 어떻게든 도로를 확보해서 토지의 가치를 살려낼 수도 있지만 이 경우엔 방법이 없다.

이러한 사고를 막기 위해서는 토지이음(https://www.eum.go.kr) 사이트에 접속하여 '토지이용계획 확인원'을 열람해 보면 된다. 소재지를 입력하고 열람하면 토지이용계획 확인원을 통해 해당 소재지의 용도지역, 용도지구, 용도구역 지정 현황에 대해 확인할 수 있으며 상세 설명까지 모두 볼 수 있다.

〈사진 5-40〉   (출처 : 토지이음)

　세 번째, 다른 문제가 없으나 토지 모양이 좋지 않거나 면적이 건축하기에 너무 작은 경우이다. 이 경우는 사전에 지적도를 열람하여 땅 모양을 미리 확인하면 사고를 방지할 수 있다. 정부24(https://www.gov.kr) 홈페이지에 접속하여 '지적도'를 클릭하여 조회하면 필지의 모양을 확인할 수 있다. 통상 토지에 소액투자를 하려다 보면 이런 경우가 많이 발생하는데, 그 자체로 개발하여 팔 수가 없기 때문에 필요로 하는 사람에게 좋은 가격에 팔거나 인근 부지를 매입해서 함께 건축하는 방법이 있다.

〈사진 5-41〉   (출처 : 정부24)

📍 합유와 같은 형태로 취득하여 처분 권한을 자유롭게 행사하지 못하는 경우

이제 권리행사가 제한되는 토지에 대해 알아보자. 토지에서 권리행사 제한 사고는 주로 소액 투자를 하기 위해 토지를 공동 소유하는 경우에 발생한다. 공동 소유에는 세 가지 종류가 있는데 총유, 합유, 공유이다.

우리가 흔히 알고 있는 아파트 공동 소유는 공유이다. 공유인 경우, 지분을 소유한 소유자의 의사만으로 공유지분을 처분할 수 있다. 때문에 토지도 원리가 같을 것이라 짐작하여 소액 투자로 공동 소유하여도 추후 처분에 문제가 없을 것이라고 판단하곤 한다. 그러나 공동 소유의 형태가 총유인지, 합유인지, 공유인지에 따라 권리행사 가능 여부가 달라진다. 때문에 취득 당시에 어떠한 형태로 소유하게 되는지 파악해 둬야 한다.

구분		공유	합유	총유
의미		지분에 의해 다수의 인원이 소유	다수의 인원이 조합을 형성하여 소유	사단의 집합체로서 소유
지분	지분 존재	O	O	X
	지분 처분	누구나 자유롭게 처분 가능	합유자 전원의 동의를 구해 처분 가능	처분 불가
물건	관리	지분의 과반수로 결정	조합의 규약에 따름	사원총회 결의에 따름
	보존 행위	각자 가능	각자 가능	사원총회 결의에 따름
	분할 청구	가능	불가능	불가능
	사용 수익	지분 비율만큼 사용수익 가능	조합의 규약에 따름	사단의 정관과 규약에 따름
등기방식		공유등기	합유등기	사단명의등기

🔺 공동 소유의 세 가지 형태

이 세 가지 공동 소유의 형태 중 사기가 일어나는 소유의 형태는 합유이다. 기

획 부동산이라는 말을 들어 본 적 있을 것이다. 기획 부동산은 임야를 수천 평씩 매입한 뒤 지분으로 잘게 쪼개서 합유의 형태로 소유권을 넘긴다. 공유로 처리할 경우 개인 투자자들이 언제든지 자신의 지분을 팔 수 있어서, 기획 부동산 입장에서는 가격을 통제할 수 없기 때문이다.

문제가 터지는 소유 형태인 합유는 토지 등기사항증명서(등기부등본)를 열람하면 바로 알 수 있기 때문에, 사전에 확인하고 투자할 수 있다. 합유 등기는 다음과 같다. 등기사항증명서(등기부등본)의 갑구에 '합유자'라는 문구가 기재되어 있다. 공유의 경우 '공유자'라고 써 있으며 공유자별 지분 비율까지 함께 기재되어 있다.

[갑구] 소유권에 관한 사항

순위 번호	등기 목적	접수	등기 원인	권리자 및 기타사항
1	소유권보존	2XXX년 X월 X일		소유자 김XX 90XXXX-1XXXXXX 서울특별시 OOO OOOOO
2	소유권이전	2XXX년 X월 X일	2XXX년 X월 X일 매매	합유자 이XX 90XXXX-2XXXXXX 서울특별시 OOO OOOOO 최XX 87XXXX-1XXXXXX 경기도 OOO OOOOO 서XX 64XXXX-1XXXXXX 강원도 OOO OOOOO

🔺 등기부등본에 표기된 합유 등기의 예시

다만, 기획 부동산은 등기부등본을 열람하지 못하게 하기 위해 계약하기 전까지 지번(소재지)을 알려 주지 않는다. 지번을 알려 주지 않는 사유를 그럴 듯하게 꾸며 내지만 이런 말에 속아 넘어가지 말자. 지번을 알지 못하는 토지는 절대 사는 것이 아니다. 정상적인 공인중개사는 땅을 거래할 때 지번부터 알려 준다. 지번을 알려 주지 않으면서 땅을 파는 사람들은 공인중개사 자격증도 없다고 보면 된다.

이렇게 초보가 투자하지 말아야 할 열 가지 부동산에 대해 정리하였다. 모든 투자 상품에는 장점과 단점이 있지만, 초보 기준으로 후회할 가능성이 높은 유형들에 대해 이야기하였다. 100% 좋기만 한 것이 없듯, 나쁘기만 한 것도 없다. 하지만 열 가지 형태에 해당하는 부동산에 투자하였다가 심각한 재정난에 빠지거나 큰 기회비용을 치르는 경우는 흔히 찾아볼 수 있다.

투자 공부는 일생 내내 꾸준히 해야 한다고 생각한다. 그리고 자신이 어떤 것과 돈을 교환하고 있는 것인지 알지 못한 채 일을 저지른다면 언젠가 망한다고 생각한다. 여러분이 성실하게 돈을 벌고, 욕구를 절제하여 저축한 돈을 잘못 투자했다가 한순간에 잃어버리고 좌절하지 않기를 희망한다. **투자해서 돈을 버는 것보다 중요한 것은 열심히 모은 돈을 무지했다는 이유로 잃지 않는 것이다.**